U0092313

晚明海外貿易數量研究

——兼論江南絲綢產業與白銀流入的影響

李隆生　著

推薦序一

晚明史是引人入勝、饒有興味的領域,至今仍有不少有待解析的歷史之謎,晚明的海外貿易便是其中之一。

前輩學者全漢昇先生就此寫了一系列高水平的開拓性論文,令人茅塞頓開,驚嘆於當時海外貿易竟然如此之輝煌!全先生的研究表明,1571年至1821年的兩個半世紀中,以「馬尼拉大帆船」為載體的中國與西班牙美洲殖民地之間的貿易,使得從美洲運往馬尼拉的白銀貨幣-4億比索,至少有一半甚至更多一些流入了中國。

這一研究成果引起了法國年鑑學派大師布羅代爾(Fernand Braudel)的關注,他在《15至18世紀的物質文明、經濟和資本主義》書中說:「一位中國歷史學家最近認為,美洲1571年至1821年間生產的白銀至少有半數被運到中國,一去而不復返」,就是徵引全漢昇的結論。

如果說上述這些觀點足以使人眼睛為之一亮,感到前所未有的頓悟。那麼,美國學者弗蘭克(Andre Gunder Frank)的《白銀資本-重視經濟全球化的東方》,則可以說是使人震聾發聵之論。弗蘭克指出:

(1500-1800年)整個世界經濟秩序當時名符其實地是以中國為中心的……外國人,包括歐洲人,為了與中國人做生意,不得不向中國人支付白銀,這也確實表現為商業上的「納

貢」……中國貿易造成的經濟和金融後果，中國憑藉著絲綢、瓷器等方面無與匹敵的製造業和出口，與任何國家進行貿易都是順差－美洲白銀或者通過歐洲、西亞、印度、東南亞轉入中國，或者用從阿卡普爾科出發的馬尼拉大帆船直接運往中國。

弗蘭克的這番論斷，引來了世界各國學者的強烈反響，仁者見仁，智者見智，贊成與反對兼而有之。它的直接影響，是重新激起學者們對晚明以降的海外貿易的研究興趣。

確實，晚明的海外貿易是有重新檢討之必要。李隆生博士的專著《晚明海外貿易數量研究－兼論江南絲綢產業與白銀流入的影響》，可以說是對此的一個回應，提供一個對這一段歷史的新解讀方式。

隆生先生在美國獲得經濟學博士後，在台灣靜宜大學國際貿易學系從事教學工作。出於對學問的痴心追求，來上海復旦大學攻讀歷史學博士學位，博士論文的題目就是晚明的海外貿易。目前以優異成績通過了博士論文答辯，獲得了歷史學博士學位。對於一個非歷史專業出身的人，致力於以史料實證見長的歷史研究，其困難可想而知。這種「為學問而學問」的精神，令我和我的同事深為感動。

李博士的經濟學背景，使他的研究具備歷史學者所不具備的獨特視角和處理方式，給人以耳目一新之感。

最為引人注目的是，他依據西文資料以及研究成果，對晚明海外貿易所達到的水平，作出一個清晰的數量分析。文中大量統計數字與圖表，給人以深刻的印象：這是一項計量史學的實證分析。他提出這樣的估計：在 16 世紀來到 17 世紀的前 40 年，西屬美洲每年約向馬尼拉輸出 200 萬兩白銀，

這些白銀的絕大部份流向中國。據估計，在整個明代，從菲律賓流入中國的白銀，可能達到 8,000-9,000 萬兩；晚明時期，每年約在 100-200 萬兩之間。

巨額白銀的流入中國，被海外學者稱為「絲─銀對流」。因此關於中國以生絲、絲綢為主的出口商品的數量估計，勢必成為一個關注焦點。我本人對這個問題關注已久，始終不甚了了。李博士經過反覆論證，做出這樣的估計：1600 年，江南絲綢產業生產毛額為白銀 203 萬兩，國內市場和國外市場分別佔有 120 萬兩、83 萬兩。1637 年江南絲綢產業毛額為 337 萬兩，國內市場和國外市場分別佔有 120 萬兩、217 萬兩。

這些數據使人們對晚明的絲貨出口有一個更加具體的了解：內銷與外銷之比，從 120：83，發展為 120：217，很明顯，出口數量有迅猛增長，一舉超過了內銷。這就為巨額白銀的流入，提出了一個非常合理的解釋。

就此一點，本書就可能引起學術界的重視與討論。

當然，晚明的海外貿易是一個涉及面非常廣泛的複雜問題。牽涉到葡萄牙、西班牙、荷蘭、日本等國，要深入探究，必須利用葡文、西文、荷文、日文原始資料，也必須借重葡、西、荷、日等國的論著。以個人之力，是難以勝任的。希望有志於此的學者從不同的角度深入探究，使人們愈來愈接近歷史真相。

樊樹志

於復旦大學涼城宿舍
2005 年 7 月 9 日

推薦序二

李隆生博士是我擔任育達商業技術學院校長時的同事,時任應用經濟系主任。隆生是一位近乎傳奇的讀書人,研究領域廣泛,十幾年間取得美國著名大學的物理學、經濟學博士學位和上海復旦大學歷史學博士學位,學界中同時具有三種領域博士學位的學者,恐怕找不到第二人,他追求知識的堅毅與熱忱,令人敬佩。

從事財政工作的人常把「財政為庶政之母」掛在嘴邊,而研究經濟的人,則說「經濟實力即國力」。第二次大戰以後崛起的強國,都有強大的經濟實力,而國際貿易常是經濟實力中重要的支柱。近十年來,「全球化」是經濟發展中一句響亮的口號,雖然這句口號也引起許多反對的聲浪,但佈局全球,分工合作的貿易新形式,卻是無法可擋的趨勢。

李隆生博士跨經濟與歷史兩個專長領域,當全球化成為熱門名詞的時候,他選擇大約 400 年前第一波全球化的時代——明代晚期的海外貿易,作為研究主題,以中外的歷史資料、著作論文為本,用經濟學的角度來研究當時的國際貿易內容與規模,以及絲綢交易白銀之貿易結果對江南產業的影響,同時也對西方學者認為因世界性的不景氣,使得白銀輸入減少,導致明朝軍費不足而滅亡的論述,進行驗證,提出與眾不同的結論。

《晚明海外貿易數量研究》這本著作,主要以文獻探討方式進行,隆生蒐集中外學者的著作、論文和歷史文獻,資料十分豐

富。對於歷史資料散佚不全的貿易數據,則以其經濟學的知識與方法,進行大膽的推估,歷史學者或謂推估不等於歷史研究的真實,但對亟欲瞭解晚明海外貿易全貌的人,則提供了具體方便完整的參考數據,其用心嘗試值得肯定。

　　這本著作,是隆生三年鑽研的初步成果,可以確信的是,在他明清海外貿易史的研究中將只是一個小小的逗點,以他認真追求知識的一貫態度,更精彩深入的下文,值得大家期待。

林政弘

2005 年 7 月 19 日

(本序作者歷任教育部人事處處長、台灣大學主任秘書、體育委員會副主任員、育達商業技術學院校長、華夏工商專科學校董事長。)

推薦序三

記得在 1996 年,我擔任中山大學經濟學研究所所長期間,隆生曾申請本所教職。隆生畢業於美國知名大學,擁有經濟學和物理學雙博士學位,深具學術發展潛力,但因所內已無教師缺額,故只能遺憾割捨。後來隆生前往長榮管理學院任教,與我多有往來,即便他數年後轉往他校教職,仍持續保持連絡。數週前,接到隆生電話,希望我能從經濟學者的觀點,為此書寫篇推薦序。

本書巧妙結合經濟學與歷史學,書名中的「貿易數量研究」,有著兩層意義:一是使用經濟學的數量方法,來探討晚明的海外貿易對中國帶來的影響,此可參見本書第五章內容(貿易的數量研究);其二是,本書的前半部聚焦於貿易數據的蒐集和推估,以作為本書後半部討論的基礎(貿易數量的研究)。

在本書第五章,作者使用經濟學中的費雪方程式,進行實證研究,分析明末平均白銀年增率、白銀流通速度改變率、GDP 改變率、物價上漲率,發現「中國十七世紀白銀危機」假說並不成立。隆生大膽嘗試,利用經濟學的實證方法,對「中國十七世紀白銀危機」的研究,注入新的元素。

在本書後半部,對於晚明的 GDP,作者分從人口數和人均糧食消費量、土地產出、稅收和稅率三種方向進行推估,得到客觀和合理的估計值。另外,作者使用經濟學中生產毛額的概念,討論了晚明江南的絲綢產業與海外貿易的關連。

在本書最末一章，作者從現代貨幣理論的觀點，重新審視晚明大量白銀流入所產生的效應，他結論道：「大量流入的海外白銀，應該沒有像傳統的見解所理解的那樣，對中國產生太大的影響，甚且可能反而對中國貨幣制度的演進形成負面障礙」。隆生的論點相當嚴謹，立意甚新。

在許多數據不可考的情況下，作者勇敢運用經濟學的方法和概念，來研究晚明中國的海外貿易，此一創新做法相當值得肯定。除此，本書透過文獻蒐集與合理推估，提供許多寶貴的貿易數據，這些資料也很值得研究明朝經濟的學者參考。

雖然本書和經濟學的傳統架構有不同的地方，難免引發一些爭議，但也正顯現作者的創新之處。總而言之，本書取材豐富、研究方法得宜、見解創新，是一部難得的佳作。

林慶宏

總統府顧問

高苑科技大學商業暨管理學院教授兼院長

2005 年 10 月 19 日

自序

　　過去存在許多有趣的事物，去思考研究這些歷史是學者的興趣與責任。透過經濟學的架構來詮釋歷史，為探究人類活動記錄的一把重要鎖鑰。過去幾十年來，將經濟分析與數量資料應用於經濟史的研究，漸成主流。經濟史的研究不僅掌握人類過去發展的脈動，也指引人類的未來。

　　明代位居中國歷史發展的轉折點。在 17 世紀的晚明時代，歐洲國家幾乎已追上中國的發展水準，到 18 世紀工業革命後，西歐更急速而大幅地將中國拋到後面。回溯 15、16 世紀，西班牙、葡萄牙主要受到貿易利潤驅動，建立了全球的海上航線，從此進入全球化的第一階段。中國過去雖有鄭和遠航的輝煌成就，卻未能繼續抓住歷史的新契機，因此在海權時代缺席。對晚明貿易史的研究成為關鍵，有助於我們回答為何中國與歐洲會走上不同的發展路徑、未來中國有哪些方向可以選擇。

　　BOD（Book on Demand、隨需隨印）彈性大，我得以微幅修改一刷的版本，是為一版二刷。二刷和一刷的不同處，在於增加了一篇經濟學者的推薦序[*]及自序，期望讀者更能理解本書的內容。

李隆生

2005.10.21

---

[*] 萬分感謝林慶宏教授為本書寫序。

致謝

　　我從小很喜好歷史，負笈美國後，先讀物理，後於 1996 年取得康乃狄克大學（University of Connecticut）經濟學博士學位。康大在美國新英格蘭地區，向來以經濟史學的研究著稱，亦燃起我於此一領域再予深究的熱情。

　　本書源自於靜宜大學 90-91 學年度補助新進專任教師執行專題研究計畫：「明末百年絲綢國際貿易對中國江南經濟的影響－兼論白銀流入對明朝貨幣發展的影響」。很感謝靜宜大學提供了所需的部份研究經費，更感謝學校長官、特別是系上同仁的支持和友誼，讓我得以兼顧教職和學業。

　　另一方面，本書也是從我的博士論文修改和發展而來。2001年機緣巧合進入復旦大學歷史學系就讀，師事以明清經濟史見長的史學大家樊樹志教授，後於 2005 年年初取得博士學位，學位論文為《明後期海外貿易的探討》。非常感謝恩師的教誨和指導，特別是他總願意以不同的角度和正面的態度來看待我的著作——和傳統歷史論著不盡相合的博士論文。要是沒有恩師的鼓勵和包容，也就不會有本書。

　　我對以下諸位深表謝意：復旦大學副校長兼研究生院院長周魯衛教授，研究生院廖文武主任、王永珍副主任，以及歷史學系主任吳景平教授、黃洋副教授、楚永全老師、周興老師、張麗青教務員，感謝他們在我入學和就學過程所給予的寶貴協助。歷史

學系朱維錚教授、張廣智教授、韓昇教授、鄧志峰副教授、馮筱才副教授、陳新副教授，歷史地理研究所鄒逸麟教授，文物與博物館學系楊志剛教授、陳淳教授，國際經濟系尹翔碩教授、國際金融系干杏娣教授以及外文學院查國生副教授，感謝他們在學業上的盡心教導。歷史學系韓昇教授、鄒振環教授、戴鞍鋼教授、張海英副教授、鄧志峰副教授、姚大力副教授、高智群副教授、錢文忠副教授、巴兆祥副教授，歷史地理研究所王振忠教授，華東師範大學歷史學系王家范教授，上海社會科學院經濟研究所張忠民研究員，上海大學社會學系張佩國教授，感謝他們對我論文的建議和指導。另投稿過程中，期刊匿名審查委員提供了許多寶貴意見，本書乃據以做了修正，對這些學界先進，在此致上我最深的感激。歷史學系同學陳時龍、李伏明、馮玉榮、萬明、傅駿、田錫全等人，以及在滬的台灣友人施雲龍、張滌芳，他們的大力幫忙，亦銘記五內。最後不能不提及秀威資訊科技公司和李坤城先生，感謝他們對本書出版作出的貢獻。除此，還要特別感謝恩師樊樹志，以及我之前在育達商業技術學院服務時的校長和證婚人林政弘先生，非常感謝他們百忙之中撥冗為本書寫序。

最重要的是，要對我的妻子張瀞文表達最深的謝意和敬意。最後的最後，身為基督徒，本書若是能有些許的成就和價值，都要感謝神的引領，所有的榮耀歸於主。當然書中如有任何錯誤和疏漏之處，全然是作者個人的責任。

李隆生

於台北市溝子口家中
2005 年 7 月 18 日

目次

圖目次

表目次

第一章　緒論

第一節　時代背景[1]

　　15 世紀末、16 世紀前期，新航路的發現，開始了全球化的最初階段，[2]也揭起海權時代的序幕；「誰能控制海洋，就能控制海上交通，就能掌握海上貿易，就能獲得世界財富，因此能控制整個世界」。[3]16 世紀中葉直到明亡的這段時期，全球貿易出現快速發展，和此時期貴金屬產量的突然增加有著很大關連（西屬美洲和日本發現了大銀礦）。明中期[4]以後，國外對中國奢侈品（如絲綢和精美瓷器）需求的大幅增加，以及中國商品經濟的發展，因之對白銀（以白銀取代寶鈔作為大額支付的工具）需求快速成長，使中國遠勝以往地捲入世界經濟體系中。

---

[1] 本節內容除特別註明外，餘皆參考 O. Prakash, 'Introduction', in O. Prakash ed. *European Commercial Expansion in Early Modern Asia*, xv-xxvi, Aldershot: Variorum, 1997.

[2] 萬明：《中國融入世界的步履》，北京：社會科學文獻，2000 年，第 2-3 頁。「全球化是指一連串複雜、看似獨立、實彼此相關的過程，這些過程深化和加快了全球人類在各個層面（經濟、社會、文化、環境、政治、外交、安全）的關連。使在某處的事件、決定和行動對遠處的個人、團體和國家發生迅即影響」。參見 S. S. Kim, 'East Asia and globalization', in .S. S. Kim ed. *East Asia and Globalization*, 1-26, Maryland: Rowman & Littlefield, 2000.

[3] 英國首相 Walter Raleigh（1552-1618）的名言。參見張增信：《明季東南中國的海上活動（上編）》，台北：中國學術著作獎助委員會，1988 年，第 1 頁（自序）。

[4] 明前期：1368-1448；明中期：1449-1580；明後期：1581-1644年。參見湯綱、南炳文：《明史（上）》，上海：上海人民，1985 年，第 206 頁。本書採大概時間來作分期，晚明(明後期、明後葉、明代後期、明代後葉、明代晚期)指的是 c. 1550-1644 年。

　　W. S. Atwell 認為晚明大量的白銀流入，產生重大影響。第一、使政府賦稅收入和支出得以大幅成長；第二、基本上讓大部分的地租、勞役和額外課徵改以用銀繳納的一條鞭法得以實行；第三、中國產銀的數量，遠遠不足所需，大量進口的白銀使貨幣足夠，讓經濟得以運行順暢和維持成長；第四、造成東南沿海城市更形繁華、專業市鎮興起，以及集市數目快速增加。[5]另外，明代的一些政府官員（例如張居正），對不確定的海外白銀供給感到憂慮，認為會使政府喪失對貨幣數量的控制，並擔心將損害中國長期經濟的健全。[6]

　　輸入中國的白銀以日本銀為主，其次是西屬美洲。西屬美洲的白銀經由三條路徑運往中國，這三條路徑依其重要性分別為：（1）西屬美洲→菲律賓馬尼拉→中國（1570 年代以後）；（2）西屬美洲→西班牙→葡萄牙→中國（1570 年代以後）；（3）西屬美洲→西班牙→荷蘭、英國→中國（17 世紀初以後）。[7]

　　經常性的歐亞接觸至晚可溯至中國漢代，透過非常複雜的海陸貿易網絡，亞洲的奢侈品（如中國的絲、印度尼西亞的香料、印度的紡織品）經過中東和地中海，運往歐洲。從自然地理上，這廣大的區域可分成三個部份：阿拉伯海、孟加拉灣、南中國海，有著非常多的區域內和跨區域的貿易在進行。最長的貿易航線連結位於紅海口的亞丁（Aden）與中國的廣州，此條航線的主要經營者先是波斯人，後來是阿拉伯人，到了 12 世紀，中國人也開始參與。

---

[5]　W. S. Atwell, 'International bullion flows and the Chinese economy circa 1530-1650', *Past and Present* 95 (1982), 68-90.

[6]　R. von Glahn, *Fountain of Fortune*, Berkeley: University of California Press, 1996, pp. 143-146.

[7]　W. S. Atwell, 'International bullion flows and the Chinese economy circa 1530-1650', *Past and Present* 95 (1982), 68-90.

直到元朝，中國政府對海外貿易大都持著開放和鼓勵的態度，[8]在此基礎上，中國的海權於 15 世紀初達於頂點。鄭和在 1405-1433 年，七次奉命出使亞、非各國，最遠抵達非洲東岸。[9]當時中國擁有世界最龐大的船隊和最大的巨艦。每次遠航，艦隊由 100-200 艘大小船隻組成，其中包括約 60 艘的大海船，航行人員則多達兩萬餘人；大型船隻長約 152 米、寬 61 米，中型船隻長約 136 米、寬 51 米，這些中大型船隻的噸位介於 1,500 噸至 2,500 噸之間。

元明兩代的海外擴張自鄭和而絕：一是由於耗費巨大，造成政府財政上難以承受的負荷；二是明廷把關注的焦點重新放在威脅中國生存的北方邊患；三是從獲取奇珍異寶[10]的經濟觀點來看，鄭和遠航的利益實在太小。

明代的海外擴張，由政府主導，所需經費龐大，背後絕大部份出自政治動機，欲建立以中國為核心的政治秩序，幾乎不具經濟利益。所以當國力衰弱，遠航事業便難以為繼。相反的，中世紀末期和近代初期，歐洲人為了追逐財富和宗教因素進行的海外探險和征服，對整個世界產生了深遠影響，而鄭和的遠航效應幾

---

[8] 張彬村：〈十六─十八世紀中國海貿思想的演進〉，《中國海洋發展史論文集（第二輯）》，台北：中央研究院三民主義研究所，1988 年，第 39-57 頁。

[9] 洪武十六至洪武三十年（1383-1397），到中國朝貢的國家如下：琉球 14 次、高麗 11 次、暹邏 10 次、安南 9 次、占城 8 次、真臘 4 次、爪哇 2 次，其餘南海諸國受到爪哇的阻撓，無法前來朝貢；爪哇當時控制馬來西亞海域，扼住馬六甲海峽咽喉。明廷要建立東亞新秩序（朝貢貿易體系），和爪哇的對抗便變得無法避免，唯有展示實力（鄭和遠航）才能威攝爪哇和南海諸國。參見鄭永常：〈明太祖朝貢貿易體制的建構與挫折〉，《新亞學報》，2003 年第 22 卷，第 457-498 頁。

[10] 《西洋朝貢典錄》載：「命〔鄭〕和為使……由是明月之珠，鴉鶻之石，沈南龍涎之香，麟獅孔翠之奇，梅腦薔露之珍，珊瑚瑤琨之美，皆充舶而歸」。轉引自童書業：〈重論「鄭和下西洋」事件之貿易性質〉，《明代國際貿易》，台北：學生，1968 年，第 97-108 頁。

如曇花一現。[11]

　　15 世紀 90 年代，葡萄牙發現經過非洲好望角的歐亞新航路，哥倫布發現新大陸，標示著一個歐亞以至全球貿易新時代的開端，「現代世界體系」露出了端倪。歐洲人初到亞洲的前幾百年，並未取得絕對的支配地位，亞洲的航海者和商人仍能與之有效競爭，初來乍到的西方諸國（西、葡、荷、英）只能參與既有的貿易網絡。但到 18 世紀末和 19 世紀初，整個情勢才完全往歐洲列強傾斜。[12]

　　15 世紀末和 16 世紀，由於亞洲缺乏海上強權（中國除外），[13]葡萄牙很快就成了印度洋和東南亞太平洋海域的霸主。隨後，西班牙、荷蘭和英國也來到亞洲。從西班牙和葡萄牙的航海大發現開始，歐洲在科技上的整體水平就慢慢開始凌駕於亞洲各國，但是直到工業革命前，歐洲製的商品並不具有成本上的優勢。因此，貴金屬換貨物（"bullion for goods"）就成了 16 和 17 世紀歐亞貿易的重要特徵；當時白銀的主要來源為日本和西班牙的美洲屬地墨西哥、祕魯。

　　香料（尤以胡椒為大宗）是葡國王室歐亞貿易的最主要商品，一直到了 17 世紀中葉，歐亞的香料貿易仍是葡國企業待在東方的重要原因。葡國另外一項在亞洲從事的商業活動為參與亞

---

[11] 馬超群：〈鄭和下西洋與西方人航海的比較研究〉，《文化雜誌》，1995 年第 22 期，第 130-138 頁；施子愉：〈從有關鄭和下西洋的三項文獻看明代的對外政策和輿論〉，《文化雜誌》，1995 年第 22 期，第 161-169 頁。J. K. Fairbank, 'Tributary trade and China's relations with the West', *The Far Eastern Quarterly* 1:2 (1942), 129-149.

[12] J. E. Wills, Jr., 'Maritime Asia, 1500-1800', *The American Historical Review* 98: 1 (1993), 83-105.

[13] 16 世紀初期，中國早已放棄海外擴張政策，海軍的角色轉變為近海防禦，商船也不再進入印度洋貿易。參見 C. R. Boxer, *The Portuguese Seaborne Empire, 1415-1825*, London: Hutchinson, 1969, p. 43.

洲內部的貿易（"trade from India to India"），其開始可溯至 16 世紀初年，到了 16 世紀中期，葡國亞洲內部貿易之貿易量和利潤開始超越果阿與里斯本的貿易。

1554-1557 年間，葡萄牙向中國租借了澳門。自此以澳門為基地，開始了澳門和日本（長崎）的貿易，主要將中國的生絲和絲織品輸往日本，換取日本的白銀。在明季，另一條重要的貿易線為澳門—馬尼拉航線，尤其在 1619-1631 年間，此條貿易線特別興旺，主要將中國的生絲和絲織品運往馬尼拉，再由西班牙大帆船運往墨西哥，以換取西屬美洲所產的白銀。葡澳所獲得的白銀，大部份用於在廣州購買中國商品。

大約到了 1580 年，葡萄牙建立包括歐、亞、非、美四洲的龐大貿易網絡（參見附錄 D-1）。但好景不常，在 17 世紀初，荷蘭和英國東印度公司成功挑戰了葡萄牙在亞洲的海上霸權。約在 17 世紀中葉，葡萄牙在亞洲除保有澳門這個重要據點外，其餘幾乎皆被荷蘭奪佔。葡澳當時最重要的獲利來源是與日本的貿易，但在 1639 年劃下句點。另一方面，綜觀 17 世紀的歐亞貿易，可以發現貿易量快速增長，主要貨物從 17 世紀初的香料變成 17 世紀末的紡織品和生絲。

1565 年，西班牙在菲律賓的宿務建立了第一個亞洲殖民基地。1571-1815 年，每年西班牙使用 1-4 艘重數百噸到一、兩千噸的大帆船（史稱「馬尼拉大帆船」），往返於墨西哥的阿卡普爾科和菲律賓的馬尼拉之間，從事中國—西屬菲律賓/馬尼拉—西屬美洲的貿易。在這條航線上，中國的輸出商品幾乎為生絲和絲織品，西班牙則為美洲白銀，因此這條航線，又被稱為「太平洋絲綢之路」。據估計，從航路開通到明末，在正常年份，每年輸入菲律賓/中國的白銀在 100-200 萬兩左右。

　　起初主要為獲取胡椒和其他香料，荷蘭在 1602 年成立荷蘭東印度公司（以下簡稱 VOC）。1620 年代，VOC 獲得了東南亞肉豆蔻和肉豆蔻衣的獨買權，大幅增加公司利潤。1619 年 VOC 總督向公司董事會遞交一份關於從事亞洲內部貿易的藍圖：將古及拉特（Gujarat）的衣物換取蘇門答臘（Sumatra）的胡椒和黃金；將科羅曼得爾（Coromandel）的衣物換取萬丹（Bantam）的胡椒；將檀香木、胡椒、銀幣換取中國的黃金和商品；將中國的商品輸往日本用以得到白銀；將香料和其他商品運往中東換得銀幣。由於獲取中國商品是整個藍圖的一個重要環結，為此荷蘭多次攻擊葡屬澳門和西屬馬尼拉，並在 1624 年佔領台灣，作為和中國貿易的基地。一直到 1662 年鄭成功光復台灣，荷屬台灣一直為 VOC 的重要資產，充當中、荷兩國的貿易窗口。

　　成立於 1600 年的英國東印度公司，初始目的是到東方獲取穩定的香料來源和銷售英國製商品。在遠東的最早據點為 1612 年的暹邏（Siam）和北大年（Patani），以及 1913 年的日本，但由於受到荷蘭競爭和所在據點市況不佳的雙重打擊，在 1623 年全面退出在遠東的交易據點。由於此時期失敗的經驗，遠在倫敦的當局，在 1665 年以前，對遠東幾乎不再產生興趣。[14]1637 年，英國商船來到珠江，中、英雙方發生武裝衝突，後經葡澳調停，英商終獲准進入廣州貿易。這是兩國首次的直接接觸，但英商「『沒有賣出一件英國貨，只是拋出了 80,000 枚西班牙銀元』，及購買數量不多的中國貨物然後離去」。此後直至 1644 年明亡，由於中、英政局皆不穩定，雙方貿易未能有所發展。[15]

---

[14] D. K. Basset, 'The trade of the English East India Company in the Far East', in O. Prakash ed. *European Commercial Expansion in Early Modern Asia*, 208-236, Aldershot: Variorum, 1997.

[15] 李木妙：〈明清之際中國的海外貿易發展〉,《新亞學報》,1997 年第 18 卷,第 99-149

　　綜上所述，明季後葉和中國從事貿易的歐洲國家，以其重要性言之，首推葡萄牙和西班牙，到了 1620 年代，荷蘭也開始扮演重要角色。

　　明朝自太祖起，開始實行海禁政策，禁止國人出海貿易，僅允許外國政府以朝貢貿易的方式與中國進行貿易。[16]但由於東南沿海（特別是福建）平地少而人口稠密，居民不得不靠海生活，從事捕魚、貿易工作，甚至移民海外。[17]因此，明朝的海禁政策並未能貫徹實施，國人出海貿易也在地方官的默許下，持續進行。[18]

　　明代的倭亂以嘉靖朝（1521-1567）為禍最烈。隨著中、日官方貿易在 16 世紀 40 年代中斷、中國東南沿海商品經濟的繁榮、日本銀產量增加、中國對白銀幾近無窮盡的需求、日本對中國商品（以生絲和絲織品為主）的特別喜好，在這些背景因素的作用下，中、日間的非法私人貿易發展的很快，出現擁有龐大武裝的海上走私集團。[19]

頁。

[16] 陳玉英：〈明代貢舶貿易研究〉，《樹德學報》，1975 年第 3 期，第 189-216 頁。曹永和：〈試論明太祖的海洋交通政策〉，《中國海洋發展史論文集（第一輯）》，台北：中央研究院中山人文社會科學研究所，1984 年，第 41-70 頁。以及內田直作（王懷中譯）：〈明代的朝貢貿易制度〉，《明代國際貿易》，台北：學生，1968 年，第 61-70 頁。

[17] 《明神宗實錄》卷 262，萬曆 21 年 7 月癸酉：「土窄人稠，五穀稀少……以船為家，以海為田」。

[18] 張彬村：〈十六世紀舟山群島的走私貿易〉，《中國海洋發展史論文集（第一輯）》，台北：中央研究院中山人文社會科學研究所，1984 年，第 71-95 頁。以及陳東有：〈禁海與通商〉，《歷史月刊》，2004 年第 192 期，第 44-49 頁。陳東有做了很傳神的描述：「出現了似禁非禁，似通非通，時禁時通，似禁似通，禁時有通，通時有禁的局面」。

[19] 林仁川：《明末清初私人海上貿易》，上海：華東師範大學出版社，1986 年，第 66 頁。順帶一提的是，雖然記錄不多，但中國海盜的存在，其實是相當普遍的現象，最早出現於後漢，到了唐代，海盜因繁榮的海外貿易而興起。參見松浦章：

　　這些海上貿易集團，在面對明廷的海禁政策，採取武裝反抗的手段，扮演了海商與海盜的雙重角色，對中國東南沿海進行劫掠。這些武裝海上集團的首腦（如汪直）和組成成員多為中國人，只有少部份是日本人。[20]

　　為禍數十年的倭亂，造成中國東南沿海嚴重損失，和龐大的軍費負擔，到了 1560 年代中期，倭亂大致平定。[21]為防止再次出現「乘風揭竿，揚帆海外，無從追捕，死黨一成，勾連入寇」[22]現象，在福建巡撫都御史涂澤民的奏請下，明政府乃於隆慶元年（1567）同意在福建漳州海澄月港開放海禁，[23]有限度地准許私人出海貿易，但仍禁止外國商船入港貿易，並嚴禁中國商船赴日貿易。從月港出發貿易船的航行範圍達 24 個國家和地區，此一開放海禁政策，終使明代後期私人海外貿易得以迅速發展。[24]

　　自 1570 年初至明末，從中國東南沿岸每年前往馬尼拉貿易的商船，通常少則 10 餘艘，多則 40-50 餘艘，經常獲利在 100%

《中國の海賊》，東京：東方書店，1995 年，第 9-12、21-31 頁。

[20] 樊樹志：〈"倭寇" 新論 〉，《復旦學報（社科版）》，2000 年第 1 期，第 37-46 頁。以及林仁川：《明末清初私人海上貿易》，上海：華東師範大學出版社，1986 年，第 50、71 頁。

[21] 隆慶以後，不再有大群海寇侵犯內陸的情事，僅發生零星的沿海騷擾。此一時期福建海寇為主角。參見張增信：〈明季東南海寇與巢外風氣（1567-1644）〉，《中國海洋發展史論文集（第三輯）》，台北：中央研究院中山人文社會科學研究所，1988 年，第 313-344 頁。

[22] 《明神宗實錄》卷 262，萬曆 21 年 7 月癸酉。

[23] 到了明中、後期，贊成開海禁的主張日漸佔上風，這些開海派官僚的意見，主要以海外貿易與東南沿海地區秩序和安定的關連性為基礎，強調政治利益，但也提及「餉足安民」和「官民同利」的海貿經濟利益。參見張彬村：〈十六—十八世紀中國海貿思想的演進〉，《中國海洋發展史論文集（第二輯）》，台北：中央研究院三民主義研究所，1986 年，第 39-57 頁。以及施瀚文、龔抗云：〈論明代中後期海外貿易思想〉，《探求》，2004 年第 2 期，第 44-47 頁。

[24] 李金明：〈十六世紀中國海外貿易的發展與漳州月港的崛起〉，《南洋問題研究》，1999 年第 4 期，第 1-9 頁。

以上。[25]中國的絲綢源源不絕地經菲律賓輸往西屬美洲，大量白銀則反向流入中國。17 世紀的頭十年，中國商船再度前往日本貿易。海商鄭芝龍在 1620 年代中期，日漸展露頭角，到了明亡的前幾年，成了東亞海上唯一可與 VOC 抗衡的一股新興勢力，在東亞貿易佔有重要地位。

第二節　文獻探討

有關探討晚明國際貿易的研究，很早以來就受到國內外學者的重視，而絕大部份的原始資料都為外文資料：葡萄牙文、西班牙文、荷蘭文，中文的極少。近百年來，相關英文著作非常的多，不少原始資料被編譯成英文（如 *The Philippine Islands*），也有許多以英文寫成的經典著作（如 *The Manila Galleon*、*The Great Ships from Amacon*）。除此，明朝歷史的整體圖像，作者參閱《劍橋中國明代史》、樊樹志著《晚明史》；《劍橋中國明代史》被譽為西方關於明朝歷史唯一的重要著作。[26]

既然相關研究非常豐富，散在專著和論文的原始史料也已足夠，本書文獻的部份，主要除記錄 VOC 在東亞殖民和商業活動的《巴達維亞城日記》（*Dagh-register gehouden int Casteel Batavia, vant passerende daer ter plaetse als over geheel Nederlandts-India*）外，[27]皆採用次級資料。既然有關的中文原始文獻不多，中文古

---

[25] A. Felix, Jr., *The Chinese in the Philippines 1570-1770 (Vol. 1)*, Manila: Solidaridad Publishing House, 1966, pp. 42-43.

[26] E. L. Farmer, 'The Cambridge History of China. Volume 7, The Ming Dynasty, 1368-1644, Part 1.' (Book Review), *American Historical Review* 95: 5 (1990), 1601-1602.

[27] 另少量參考了 *The Philippine Islands* 和 *Spaniards in Taiwan (Documents)*。

典籍基本上除如《明史》、《明實錄》、《澳門紀略》、《東西洋考》等等外，餘皆採轉引。

　　C. R. Boxer 被譽為「關於研究葡萄牙海外開拓史的一個準確和值得信賴的歷史學者」[28]，關於葡萄牙在亞洲的活動，他引用大量的原始文獻，特別是里斯本和果阿的檔案。他的重要著作 *The Great Ships from Amacon*，詳細描述 1555-1640 年間葡屬澳門—日本的貿易情況。在澳門出版的《文化雜誌》有中文、英文、葡文三種版本，內有許多文章是關於明季的中葡關係和當時葡澳的對外貿易，反映了某些葡萄牙學者的觀點。張天澤（Tʾien-tsê Chang）在 1933 年著成 *Sino-Portuguese Trade from 1514-1644* 一書，書中兼容並蓄葡文和中文文獻。在中國古典籍部份，作者參考了《澳門紀略》。

　　關於中國—西屬菲律賓—西屬美洲貿易，重要的文獻如下：W. L. Schurz 著的 *The Manila Galleon*，這本書出版於 1939 年，為有關「太平洋絲綢之路」研究的濫觴。[29]E. H. Blair 等人編的 *The Philippine Islands*，共計 55 冊，內有許多一手資料。P. Chaunu 的法文著作 *Les Philippines et le Pacifique des Iberiques*，包含許多關於貿易的大量數字資料，被視為「相信數十年之內，仍很難見到超越 Chaunu 其成就的著作出現」。[30]全漢昇的有關著作，相當完整地收錄於《中國經濟史論叢》、《中國近代經濟史論叢》和《中國經濟史研究》，全漢昇被公認為關於明季海外

---

[28] C. R. Boxer, *The Great Ship from Amacon*, Macao: Instituto Cultural de Macau, 1988, introduction.

[29] 李毓中：〈「太平洋絲綢之路」研究的回顧與展望〉，《新史學》，1999 年第 10 卷第 2 期，第 145-169 頁。

[30] 李毓中：〈「太平洋絲綢之路」研究的回顧與展望〉，《新史學》，1999 年第 10 卷第 2 期，第 145-169 頁。

貿易，著作最豐，成就最高的中國學者。古文獻，則參照《東西洋考》。

明季中國與荷蘭貿易的著作，主要參考《巴達維亞城日記》，它記載巴達維亞城發生的重大事件和 VOC 其他商館的報告書綱要，由總督府以日記體編撰。作者所引用的版本為台灣省文獻委員會據日人村上直次郎的譯著翻譯而來，共兩冊，包含 1624 年 1 月至 1645 年 12 月的日記。另外，筆者還參考了精通古荷蘭文的中央研究院曹永和院士的一些著作、曹永和學生林偉盛的博士論文《荷據時期東印度公司在台灣的貿易》、大陸學者楊彥杰的《荷據時代台灣史》。其中，《荷據時期東印度公司在台灣的貿易》，大幅參考了原始荷蘭文獻《台灣日記》。

中文著作中有關晚明的海外貿易研究，作者主要引用 2 本經典：李金明《明代海外貿易史》和林仁川《明末清初私人海上貿易》。其他還包括知名學者，如張廷茂、陳炎、黃啟臣、黃鴻釗、聶德寧等人的期刊論文。

明季流入中國之日本白銀的有關研究，當首推日本學者岩生成一和小葉田淳，許多英文著作都引用他們的數字。西屬美洲白銀的研究，Brading 和 Cross 於 1972 年發表在 *The Hispanic American Historical Review* 的期刊論文裡，有精確的官方數字和相當可信的估計。全漢昇發表過一些關於白銀流入中國的重要研究，參見他的論文集《中國經濟史論叢》等書，另外，莊國土在 1995 年發表的論文，也做了很好的整理和估計。

晚明國際貿易興盛，大量白銀因之輸入中國。過去一些美國學者認為明末中國受到全球經濟景氣不佳，導致對外貿易嚴重衰退，造成了貨幣（白銀）危機，這個危機是全球性的，史稱「十七世紀危機」。「中國十七世紀貨幣危機」的研究，由對歐洲十七

世紀危機的研究延伸而來，中國學者的研究非常少，並持反對意見，[31]不認為明末最後幾年白銀輸入的減少，造成明朝在 1644 年滅亡。其中林滿紅對明清的貿易和白銀有很深入的研究，發表過數篇著作，但其對明末的白銀危機部份，只有極小幅度的探討。[32]外文部份，作者主要引用 W. S. Atwell 的兩篇論文：'A seventeenth-century "general crisis" in East Asia?'、'Some observations on the "Seventeenth-Century Crisis" in China and Japan'，R. von Glahn 的著書 *Fountain of Fortune: Money and Monetary Policy in China 1000-1700*，以及倪來恩、夏維中的論文（中文翻譯）：〈外國白銀與明帝國崩潰〉。Atwell 的看法比較傳統，von Glahn 和倪來恩、夏維中他們的觀點比較新，對過去傳統的看法做了不同幅度的修正。

晚明的海外貿易，出口以江南絲綢佔了大部分。江南絲綢產業和絲綢商品化，一直是中國大陸學者相當關注的研究主題，其中一部份的研究，對中國絲產業是否在明中、後期出現資本主義萌芽進行了論證。資本主義萌芽參考了許滌新、吳承明主編《中國資本主義的萌芽》，吳承明為此一議題的權威，雖然他已否定過去的論點，但書中還是有很多史料和觀點可以參考。關於明中、後期到清中葉時期江南絲綢產業的發展狀況，作者引用范金民、金文《江南絲綢史研究》，以及樊樹志《明清江南市鎮探微》。這幾位作者長期研究此一主題，在其書中引用了非常完整

---

[31] 林滿紅：〈明清的朝代危機與世界經濟蕭條〉，《新史學》，1990 年第 1 卷第 4 期，第 127-147 頁。

[32] 林滿紅主要探討 19 世紀前期中國的白銀危機。參見前述〈明清的朝代危機與世界經濟蕭條 - 十九世紀經驗〉；以及〈中國的白銀外流與世界金銀減產（1814-1850）〉，《中國海洋發展史論文集（第四輯）》，台北：中央研究院人文社會科學研究所，1991 年，第 1-44 頁。

的中國古籍（包含地方志），對江南絲綢產業有非常精確和詳盡的描述。

日本學者的研究成果，本書主要引用他們所發表的英文著作和中文翻譯著作，餘採轉引。包括以下重要學者的著作：加藤榮一、永積洋子、松浦章（日、荷、台灣的貿易）；岩生成一、田代和生（日本對外貿易和對外關係）；小葉田淳、岩生成一、山村耕山、神木哲男（日本白銀生產和輸出）。關於晚明日本的對外貿易，雖稱不算完整，但應不致有太嚴重的疏漏。

有關晚明中國對外貿易的外文著作，雖然取材豐富、結構嚴謹、並運用一手史料，但多從西方觀點來看待此一時期的歷史，並缺乏對明季中國貿易的全面關照，顯得零碎和片段；目前還沒有一本重要的外文著作，以晚明中國的對外貿易為題。即使像布羅代爾（F. Braudel）被譽為 20 世紀最宏大的歷史巨著《15 至 18 世紀的物質文明、經濟和資本主義》，[33] 不論是內容份量和分析架構，仍脫不了以歐洲為立足點的世界史，畢竟歐洲的一切才是布羅代爾所最熟知的。

中國大陸的學者通常著重於定性陳述、分析和討論，數量資料常處於輔助論點的地位。例如某論文中有以下字句：「這一時期澳門至長崎之間的貿易利潤是澳門經濟的主要支柱。16-17 世紀之交的數十年裡，葡人每年經營這條航線的貨物價值即達 100 萬兩以上」。[34] 誠然，從這段話裡可以得知為何澳門至長崎之間的貿易利潤是澳門經濟的主要支柱，以及這段時期，每年的貿易額大概是多少。但美中不足的是，澳門和長崎兩地每年的貿易額

---

[33] 張廣智、陳新：《西方史學史》，上海：復旦大學出版社，2000 年，第 305 頁。

[34] 戚洪：〈試析明清時期的澳門貿易〉，《徐州師範大學學報》，1999 年第 25 卷第 4 期，第 78-81 頁。

起伏很大，物價的變動也很大，因此無法從這樣的研究，得知較詳細的貿易狀況。另外，某些研究議題確實需要較詳盡的貿易數量資料。

　　台灣學者近十餘年來，對此一研究課題開始變得較少探討。即使全漢昇的研究，也仍留給後進學者一些後續研究的空間，他的研究雖涵蓋晚明中國對外貿易的大部份，但較多著墨於中、菲、西屬美洲的貿易。

第三節　研究動機、目的和章節安排

　　晚明中國和西歐國家的海上實力並未有太大差距，甚至明初的鄭和遠航，顯示中國是當時唯一的海上強權。但由於種種因素，15、16 世紀地理大發現的成就卻和中國人無涉。[35]在 18 世紀中期的工業革命後，西歐開始進入一個根基於科技進步的現代經濟成長時期，[36]但一直到 19 世紀初，西方的整體國力才算真正超越了中國。[37]

---

[35] K. S. Chang, 'The maritime scene in China at the dawn of great European discoveries', *Journal of the American Oriental Society* 94: 3 (1974), 347-359. Chang 認為明成祖的遺訓、中國人對疆界的傳統認知、以及中國對外貿易僅佔整體經濟一個極微小的比例，因此造成地理大發現由西方人、而不是由中國人完成。

[36] A. Feuerwerker, 'Presidential address', *The Journal of Asian Studies* 51: 4 (1992), 757-769.

[37] （1）「但是事實上，只有極少的證據顯示西歐在 1800 年以前存在資本存量數量上的領先，或是一組可持久的情況（人口或其它）給歐洲在資本累積上顯著的優勢。歐洲不太可能有明顯較優秀的人力資源和生產力，也不是靠長期緩慢累積優勢而勝過亞洲較先進的地區」。參見 K. Pomeranz, *The Great Divergence*, Princeton: Princeton University Press, 2000, pp. 31-32.（2）「因此，中國經濟只是在 19 世紀初才急劇失序。鴉片貿易及其引起的大量白銀外流搖了整個經濟體系。這種衰敗過程在鴉片戰爭和中國『崩潰』時達到頂峰」。參見弗蘭克：《白銀資本》，北京：中央編譯，2001 年，第 368 頁。（3）「〔19 世紀初〕中國在世界瓷器市場

　　1840 年鴉片戰爭的慘敗，開始中國一百多年受列強欺凌的時代，頭一次鮮明地顯出中國的無能軟弱。這是由於中國未能及時搭上 18 世紀下半期工業革命的列車，以致無法對抗英國的船堅砲利嗎？中國最有可能最先出現工業革命的地方為江南地區，由於「近代工業化實際上是一個從『發達的有機經濟』向『以礦物能為能源基礎的經濟』的轉變」，李伯重認為明清江南的產業特點是「規模龐大的輕工業加上規模同樣龐大（甚至更為龐大）的農業……由於缺乏煤鐵資源，江南不可能出現能源革命（以及材料革命），因此當然也不可能發展到近代工業化」。[38] 真的只是如此簡單，由於缺乏煤鐵，江南/中國未能及時跟上西方工業革命的腳步？

　　C. R. Boxer 認為在 1450-1700 年間，世界權力和經濟力量開始了一個巨大變化，從中國向西歐移轉。[39] 布羅代爾認為明朝在 15 世紀前期，將首都從南京遷往北方內陸的北京，此一舉措，有著非常深遠和決定性的影響，[40] 可以說很大程度上造成中國背

上依然保持支配地位，在絲綢市場上還有部份的優勢，在茶葉市場上擁有越來越大的優勢，在紡織品方面基本上維持自給自足」。參見弗蘭克：《白銀資本》，北京：中央編譯，2001 年，第 418 頁。不過若從平均每人 GDP 來看，西歐超越中國的時間就要更早一些，據估計 1820 年時，平均每人所得最高的兩個國家，英國和荷蘭分別是中國的 3.5 倍和 3 倍。參見吳聰敏：〈從平均每人所得的變動看臺灣長期經濟的發展〉，《經濟論文叢刊》，2004 年第 32 輯第 3 期，第 293-319 頁。

[38] 李伯重：〈英國模式、江南道路與資本主義萌芽〉，《歷史研究》，2001 年第 1 期，第 116-126 頁。

[39] C. R. Boxer, *The Dutch Seaborne Empire 1600-1800*, Harmondswoth: Penguin, 1990, p. xix.

[40] 布羅代爾於 1958 年提出三種歷史時段理論：各項結構因素，如地理、生態、經濟、社會、思想文化，對人類變化緩慢的長時段（longue durée 稱為地理時間）歷史發展有著決定性的作用；在中時段時間（10-100 年、稱為社會時間），可以觀察到諸如價格升降、人口消長、生產增減等的週期變化，受到情勢、事態（conjoncture）所支配；突發性事件，諸如戰爭、政治領袖的死亡，僅對短時段時間（稱為事件 event 時間）有所影響，對整個歷史的發展進程，最多只有極其

離未來數百年的潮流：面向海洋、擁抱全球。《15 至 18 世紀的物質文明、經濟和資本主義》第三冊有以下敘述：[41]

> 明朝於 1421 年決定遷都，放棄了因有長江之利而對航海開放的南京，為應付滿族和蒙古族入侵邊界的危險而定鼎北京：作為一個經濟世界，龐大的中國無可挽回地實現了中心的轉移，在某種意義上，它背離了利用大海之便發展經濟和擴大影響的方針。北京扎根在陸地的中心，是個沈悶、閉塞和十分內向的城市。不論這一選擇出於有意或者無意，它肯定具有決定性作用。正是在這時候，中國在爭奪世界權仗的比賽中輸了一局；中國於十五世紀初以南京出發進行海上遠航時便投入角逐，雖然它對此並不十分清楚。

　　15、16 世紀之交，新航路的發現可視為全球化的開端，「美國學者羅伯特・基歐漢（Robert O. Keohane）與約瑟夫・奈（Joseph S. Nye）在他們的論著《全球化：來龍去脈》中，對「全球性因素」與「全球化」作了具有歷史縱深感的探討。他們指出：「全球性因素是指世界處於洲際層次上的相互的網絡狀態。這種聯繫是通過資本、商品、信息、觀念、人員、軍隊，以及與生態環境相關的物質的流動及其產生影響而實現的」。[42]從 16 世紀初期開始，中國這個經濟圈（包含中國和其東亞周邊地區）再也不可視

微小的作用。參見張廣智、陳新：《西方史學史》，上海：復旦大學出版社，2000年，第 307 頁。

[41] 費爾南・布羅代爾：《15 至 18 世紀的物質文明、經濟和資本主義》第三冊，北京：三聯，1996 年，第 14-15 頁。

[42] 樊樹志：〈“全球化”視野下的晚明〉，《復旦學報（社科版）》，2003 年第 1 期，第 67-75 頁。

為一個單獨、孤立的個體，明中、後期日漸興盛的國際貿易，開始把中國捲入世界體系中。因此導致「17 世紀上半葉，中國在經濟、社會、文化和政治生活等重要方面，是一個跟過去很不相同的國家。甚至從 16 世紀初期起，中國社會所發生的變化，不僅對目前研究的這個時期〔明末泰昌、天啟、崇禎三朝，1620-1644 年〕，而且對此後中國文明的發展，都是極為重要的」。[43]另外，樊樹志指出：「從全球化的視野來看晚明時期的中國，或許會與以往傳統史著中的晚明史視角大異其趣，或許會給今天的中國人帶來更多新的啟示」。[44]

戴逸認為「要更深刻地理解某個時段、某個地區的歷史，應該跳出時空的限制，把它放在更廣大的範圍中，以克服時段和地區的狹隘性。中國是世界的一部份，只有把中國放在世界的座標系中，才能認識中國的真實地位和狀態，而世界中又必須包括中國這樣一個巨大的有機組成部份，如果拋開了中國史，世界就不是完全的真正的世界史」。[45]另外，黃仁宇認為研究中國歷史，需要以「宏觀」和「放寬視野」來進行探究和理解。[46]

因此我將研究時期設定在全球化的起點和東西交流的第一個高峰：晚明，[47]藉著重新檢視這段歷史，試圖理解為何中國由世界的頂端向下滑落，以及試圖透過對這段歷史的觀察，體察影

---

[43] 牟復禮、崔瑞德：《劍橋中國明代史》，北京：中國社會科學，1992 年，第 632 頁。

[44] 樊樹志：《晚明史（上卷）》，上海：復旦大學，2003 年，第 5 頁。

[45] 戴逸：《18 世紀的中國與世界・導言》，瀋陽，遼海，1999 年，第 18 頁。

[46] 黃仁宇：《中國大歷史》，台北：聯經，1993 年，第 1 頁（中文版自序）。

[47] 松浦章認為 16 世紀中葉到 19 世紀初這段期間為商品貿易全球化的階段，參見黃啟臣、張德信：〈一部揭示貿易全球化的佳作〉，《史學集刊》，2003 年第 4 期，第 102-103 頁。雖然 1511 年中國人和葡萄牙人在馬六甲有了第一次接觸，但直到 16 世紀中葉起，明朝的對外貿易才開始顯著增長，因此把研究焦點放在晚明應是適當選擇。

響深遠的各項結構因素。另外，基於「當經濟開展活動時，所有對它有利或不利的社會實在都不斷起作用，並且起碼可以說，反過來受到它的影響」；此外，「1514-1662 年間，中國的政府和人民捲入和受到『現代世界體系』發展最初階段的影響。這些牽涉和影響是經由連接全球各大洲（南極和澳洲除外）的海上航線所導致，經由這些航線，商品、作物、疾病、概念進行了交換」。[48] 因而將研究焦點放在屬於經濟領域的國際貿易。當時國際貿易的發展，不只對中國，並對整個世界面貌的改變都發生了很大的作用。[49]

　　本書將立足點放在中國，並採用全球的視角來考察晚明中國的對外貿易，亦即採取立足中國、放眼全球的研究態度：把中國看成焦點，採取隨著與中國距離和關係上由近而遠，則內容由多而少、由密而疏來描述和分析這段時期的外貿；另探詢受國際貿易所驅動的全球化對中國的意義，以及中國如何回應全球化挑戰的問題。因此，第一層研究目的為透過文獻探討（特別是外文文獻），從數量上釐清晚明海外貿易的狀況，尤其是明末 1636-1644 年間的情形。盡可能地找出或推估每年中國的對外出口額，並據以推測流入的白銀數量。當時中國對外貿易，主要是絲銀貿易，所以生絲和絲織品佔整體出口貨品總值的比重，為另一個探討的焦點。總之，將特別看重數量資料和量化推估，以補中國學者研究的不足。

---

[48] J. E. Wills, Jr., 'Relations with maritime Europeans, 1514-1662', in D. Twitchett and F. W. Mote ed. *The Cambridge History of China (Vol. 8) – The Ming Dynasty 1368-1644 (Part 2)*, 333-375, Cambridge: Cambridge University.

[49] 當時東西方的重要接觸，除經濟外，還有文化（如透過耶穌會士，傳入中國基督教、中國古籍翻譯成拉丁文介紹給西方）、農業（如玉米、番薯引進中國種植）和軍事科技（如火炮）。

　　既然是絲銀貿易，第二層的目的為透過對晚明海外貿易的探討，回答兩個對中國相當重要的問題：第一、明末最後十年是否有發生白銀輸入急劇減少的現象，如果有，程度如何？白銀輸入的減少所導致的貨幣危機對明朝在 1644 年的滅亡之關連度有多高？第二、中國的絲產業在晚明出現一些前所未見的變化，商品化（commercialization）的程度達到很高水平，這是在其他產業難以見到的。從商品需求驅動的角度觀之，國內市場和國外市場都對晚明中國絲產業的發展，產生非常大的影響，但究竟是國內市場還是國外市場為比較重要的驅動力，將是本書探討的一個重點。

　　明季來到中國貿易的歐洲國家，最早是葡萄牙，隨後是西班牙，最後是荷蘭。第二章分別探討明季葡萄牙、西班牙、荷蘭（依跟中國接觸的時間先後）的海外擴張；重點放在東亞，並替本書勾勒出全球的整體圖像。由於白銀流入中國，日本和菲律賓/西屬美洲為最重要的兩個管道，因此第三章和第四章分別討論明季中國和日本、菲律賓（西屬美洲）的貿易。由於內容不足以單獨成章，第二章兼論了晚明葡澳和印度洋/歐洲的貿易，以及中國和荷屬巴達維亞的貿易。第五章從貿易和白銀產量的角度，推估流進中國白銀的數量，並兼論中國唐、宋、元、明四朝的白銀產量。隨後，根據推估的明末中國白銀存量、1636-1644 每年因貿易流入中國的白銀數量，以及其他數據資料，運用費雪方程式（Fisher equation）和其微分形式，探討明末最後幾年白銀輸入減少所造成的影響。第六章，估計了明季江南十七世紀生絲和絲織品的國內市場和國外市場的銷量，希望對晚明江南絲產業的高度商品化現象，提供一些線索。最後一章（第七章）是結語。除此，第二至第六章的結尾，都附上摘要，總結全章內容，方便讀者閱讀。

在附錄中，列出了匯率和度量衡。為了有一個統一比較的標準，本書將所有貨幣金額都轉化成銀兩，當然由於國際匯率經常變動，所用的轉化匯率只是一個合理的數字而已，談不上精確。在附錄的最後部份，附了幾幅地圖，並列出中英對照的地名。原則上，本文中出現的地名，皆使用中文地名或譯名，再於其後括弧內加上外文地名以為參考，但對於少數作者找不出中文為何的地名，則直接用其外文地名。另外，文中出現的外國人名，除少數非常知名者，如哥倫布、利瑪竇等，使用廣為人知的中文譯名外，其餘皆使用原名而不翻譯。除此，由於牽涉中外史料（外文史料較多），時間採西元紀年為主。最後，文中出現的學者，一律直書其名，略去諸如教授、先生、權威、院長等的尊稱和頭銜，以符合國際學術慣例。[50]最後，外文著作引文部份，作者一律譯成中文，不附原文。

最後要指出，晚明中國海外貿易的數據資料，存在片段、不完整的問題，甚至有不一致或互相矛盾的情況，所以本書只能儘量引用知名學者從原始文獻整理得出的數據，作為討論的基礎。另外，由於數據不完整，作者在書中做了許多的推估和假定。而欠缺數據和不得不的推估、假定，不可避免成為本研究最重要的研究限制。

---

[50] 這裡沿用李伯重的做法。他在《多視角看江南經濟史（1250-1580）》第 13 頁中說：「遵循現在的國際學術慣例，在有關討論中涉及到的學者，除個別特殊的場合外，都直書其名，而略去諸如先生、教授等尊稱或頭銜。這樣做並不是對有關作者不敬，而是因為在學術討論中，所有學者都應處於平等的地位。我們應當注意的只是他們發表的意見和看法，而非其身分與地位」。

第二章　葡萄牙、西班牙和荷蘭在東亞的擴張

第一節　葡萄牙海上帝國

一、葡萄牙的海外擴張與全球貿易[1]

　　葡萄牙的海外冒險，開始於 1415 年，背後有各項相互關連的因素：宗教、經濟、策略、政治等。他們往往同時存在，在不同的時點上，各項因素佔有不同的重要程度。1415 年，葡萄牙攻佔臨直布羅陀海峽的休達城（Ceuta），開啟近代歐洲海外擴張的序幕。休達是繁榮的商業中心、穿越撒哈拉之黃金貿易的終點站之一，也是侵略直布羅陀對岸區域的前進基地。

　　由於支付香料和其他東方的進口品，以及面臨中歐金銀礦的產量減少，整個西歐（特別是葡萄牙）面臨了貴金屬缺乏的窘境，獲取非洲幾內亞的黃金因此成為重要目標。除此之外，尋找位於印度次大陸（"the Indies"）傳說中的基督國度，一直有著非常強的宗教吸引力。在此背景下，葡萄牙沿著非洲西海岸進行發現和貿易之航。從 1433 年起，在政府和私人企業家的贊助下有系統地開始進行，而到了 1460 年代，香料變成海外探險的最重要驅動力。

　　1487 年是一個重要的里程碑，Bartolomeu Diaz 抵達好望角，不久後，於船員的脅迫下返航，至此完成葡萄牙沿非洲西海

---

[1]　除特別註明外，本小節內容參考 C. R. Boxer, *Four Centuries of Portuguese Expansion, 1415-1825*, Berkeley: University of California Press, 1969, pp. 6-16.

岸長達數十年的探險航行。此段期間，葡萄牙取得位於大西洋的 Acores 群島、非洲西北沿海的馬德拉群島 (Madeira)、非洲大陸最西端的維德角（Cape Verde）、非洲幾內亞海灣的 São Tomé 作為殖民地。同年，D. João II 國王派遣 Pero de Covilhã 經陸路前往印度。Bartolomeu Diaz 和 Pero de Covilhã 的探險，為日後經好望角前往印度奠定了重要基礎。

1494 年的托德西利亞斯條約（Treaty of Tordesillas），解決了西、葡間關於航海發現歸屬的爭端，確立了葡萄牙對向東航行所發現的新陸地之擁有權。1497 年，葡王 Manuel I 派遣達‧迦馬（Vasco da Gama）出航，1498 年，艦隊繞過好望角後，在 Ahmad-Ibn-Madjid 的引導下，橫渡了印度洋，於次年 5 月到達印度西岸的卡利刻特（Calicut）；卡利刻特位於印度西南部的馬拉巴爾(Malabar)海岸，為一重要的胡椒貿易中心。達‧迦馬 1497-1499 年的航行，不僅發現歐亞的直接海上通道，更重要的是，此次航行開啟海上強權的世紀。有數百年的時間，歐洲列強控制了全球的海洋。

由於亞洲缺乏海上強權（中國除外），[2]葡萄牙很快地就完全掌控了印度洋和東南亞的太平洋海域。[3]1509 年，Francisco de Almeida 率領的艦隊在印度西部的第屋（Diu）與埃及艦隊交戰，取得重大勝利；1510 年，Affonso de Albuquerque 從回教徒手中

---

[2]　16 世紀初期，中國早已放棄了海外擴張政策，海軍的角色轉變為近海防禦，商船也不再進入印度洋貿易。參見 C. R. Boxer, *The Portuguese Seaborne Empire, 1415-1825*, London: Hutchinson, 1969, p. 43.

[3]　「雖然在葡萄牙抵達前，亞洲人就已在戰爭中使用了大炮，但是他們並不知道如何建造足夠堅固到足以放置大砲的戰艦，這一點上，葡萄牙因此有了決定性的優勢。葡萄牙的帆船（caravel）除了 10 座旋轉炮（gun on swivel）和在船尾的成對炮（twin gun）外，還裝配了四門重型大砲和六門輕型大砲（cannon）」。參見 C. G. F. Simkin, *The Traditional Trade of Asia*, London: Oxford University Press, 1968, p.261.

取得印度果阿、1511 年取得東南亞馬六甲、1515 年取得波斯灣荷莫茲島（Hormuz）。果阿是印度洋上東西方商船的必經之地，葡萄牙佔領後，隨即在果阿設置了永久性的總督府；馬六甲是香料貿易的主要交易中心，以及通往南中國海和印尼的咽喉；荷莫茲島為控制波斯灣水域和陸路香料貿易的樞紐。

　　16 世紀前期，葡萄牙在印度洋和東南亞海域的擴張，主要是為了取得香料貿易的壟斷權。因中世紀西歐開始大量消費肉類，需要香料用以保存和調味，所以對香料產生很大需求。歐洲不產香料，從遙遠亞洲運來的香料，稀少價昂，利潤極高。[4]

　　葡萄牙在金錢和宗教的驅動下，展開海外探險，最終成為16 世紀最重要的海上強權，建立起跨歐、非、亞、美四洲的龐大貿易網絡。[5]重要的交易商品包括幾內亞、東南非、蘇門答臘的黃金，馬德拉群島、São Tomé、巴西的糖，馬拉巴爾和印尼的胡椒，Banda 的豆蔻（mace）和肉豆蔻（nutmeg），特內島（Ternate）、帝兜島（Tidore）、Ambonia 的丁香（clove），錫蘭的肉桂（cinnamon），中國的黃金、絲、瓷器，日本的白銀，波斯和阿拉伯的馬，古吉拉特（Gujarat）和科羅曼得爾（Coromandel）的棉織品。[6]表 2-1 臚列了和本研究直接相關的貿易航線和所交易的重要商品，附錄 D-1 畫出 16 世紀後期葡萄牙世界的商品貿易線。簡略而言，亞洲商品流向歐洲，貴金屬（金、銀）流入亞洲。

---

[4]　張德明：〈論 16 世紀葡萄牙在亞太地區擴張活動的性質〉，《世界歷史》，2003 年第 4 期，第 67-74 頁。

[5]　C. R. Boxer, *Portuguese Trade in Asia under the Habsburgs, 1580-1640*, Baltimore: Johns Hopkins University Press, 1993, pp 16-17.

[6]　C. R. Boxer, *The Portuguese Seaborne Empire, 1415-1825*, London: Hutchinson, 1969, p. 51.

　　葡萄牙的歐亞貿易網絡一般分成兩個部份：里斯本－果阿
（稱為 Carreira da Índia）以及亞洲內部。里斯本－果阿的貿易以
香料（特別是胡椒）為主；亞洲內部的貿易幾為葡萄牙私人企業
所掌控，所需資本也多在亞洲籌集。由於距離因素，葡國王室對
亞洲內部的貿易，只能採放任政策。[7] C. R. Boxer 認為葡萄牙在
印度洋與東亞海面，所建立的海上霸權，為一非常了不起的成
就；「在這期間〔1498-1945 年〕，沒有甚麼比葡萄牙在 16 世紀
於東方海上，巧妙地成功保持其貿易獨佔的優勢，更加吸引我們
的目光」。[8]

表 2-1：葡萄牙海上帝國的商品流動（僅列出與本研究相關的貿易線）

項次[9]	貿易線	主要商品
12	葡萄牙→巴西	橄欖油、油、麵粉、鱈魚、酒、工具、手工製品
13	巴西→葡萄牙	巴西蘇木、糖、黃金、鑽石、獸皮、木材、樹脂、油、棉、煙草、銀、飲料（如咖啡）
16	巴西→西非	煙草、黃金、白蘭地酒、獸皮、馬
17	西非→巴西	奴隸、象牙
22	果阿／科欽→Bandas／摩鹿加	棉、銅
23	Bandas/摩鹿加→果阿／科欽	丁香、肉豆蔻、豆蔻
24	果阿→西非	紡織品
25	西非→果阿	奴隸、黃金、象牙
26	果阿→荷莫茲	香料、絲貨
27	荷莫茲→果阿	銀、馬
28	果阿→葡萄牙	香料、絲貨、棉、瓷器、香木、印花棉布、象牙、寶石、香水、漆、藥用植物
29	葡萄牙→果阿	金／銀塊、銅、金屬、歐洲衣料／織物、歐洲商品、鏡片、鐘
30	果阿/科欽→馬六甲	印度亞麻品、棉品、歐洲商品、香料、胡椒、

[7]　C. R. Boxer, *Portuguese Trade in Asia under the Habsburgs, 1580-1640*, Baltimore: Johns Hopkins University Press, 1993, pp. 3-13.

[8]　C. R. Boxer, *The Portuguese Seaborne Empire, 1415-1825*, London: Hutchinson, 1969, p. 39.

[9]　對照附錄 D-1 地圖中的數字。

項次[9]	貿易線	主要商品
		象牙、鏡片、鐘
31	馬六甲→果阿/科欽	黃金、銅、絲貨、麝香、瓷器、珍珠、藥用植物、日本商品
32	馬六甲→澳門	香料、胡椒、木材、獸皮、歐洲商品、印度衣料/織物、象牙、鏡片、鐘
33	澳門→馬六甲	珍珠、藥用植物、瓷器、麝香、絲貨、銅、黃金、日本商品
34	澳門→長崎	歐洲商品、黃金、絲、瓷器、麝香
35	長崎→澳門	日本白銀、漆器、傢具、屏風、武器
36	澳門→馬尼拉	中國絲貨、傢具、瓷器、印度衣料/織物
37	馬尼拉→澳門	美洲白銀

資料來源：A. J. R. Russell, *The Portuguese Empire 1415-1808*, Baltimore: Johns Hopkins University Press, 1998, p. xxix.

二、中、葡首次接觸到澳門租借

葡王 Dom Manoel 一世派遣 Diego Lopes de Sequeira 於 1508 年 2 月 13 日啟程，目的在馬達加斯加島與馬六甲之間發現陸地和收集有關中國的訊息。葡萄牙首次與中國人面對面接觸為 1511 年的馬六甲，並在中國人協助下，佔領了馬六甲。第一次踏上中國領土是在 1513 年，登上珠江口的屯門島，Jorge Alvares 在島上立了一塊刻有葡萄牙國徽的石碑。接下來的這一時期，直到 1554 年 Leonel de Souza 和 Chaul 與廣州官吏達成協議前，[10] 中葡貿易幾乎都是在台面下進行。即使在沒有穩定形式的通商關係下，中葡間的商業貿易活動仍持續進行，在中國一些地方官吏與

---

[10] Leonel de Sousa 在 1556 年 1 月 15 日，寫給葡萄牙王儲 Luis 王子的信中提到：「這項協議沒有形諸條文或寫成文字，正如我一直沒有特許信函一般。但是我們已經繳納了百分之二十的關稅……現在我們的船、貨得以進入廣東水域；我們的人也有機會可以自由安全地進入廣州城內或其他地方，而不會遭到任何阻礙……所有這些都經歷了極大的困難，遠超過我所能描述的」。轉引自張增信：《明季東南中國的海上活動（上編）》，台北：中國學術著作獎助委員會，1988 年，第 248 頁。

勢豪或明或暗的協助下，致使廣東、浙江、福建沿海許多商埠的走私貿易相當興盛。[11]

從首次接觸到 1554-1557 年澳門[12]開埠，葡萄牙在中國東南沿海的貿易活動，可分成三個時期：（一）1514-1522 年的廣州外海時期；（二）1522-1549 年的閩浙沿海時期；（三）1549-1557 年的重返廣州海域時期。最後終於在 1554-1557 年入據澳門，長久定居下來。[13]

約在 1554 年，葡人透過行賄，獲海道副使汪柏同意借居澳門，而葡人每年向廣東海道副使繳納 500 兩白銀。直至 1973 年，才將這筆錢改成地租，收歸國庫，並被記入《廣東賦役全書》中，自此成為定例。1554 年，另一個重要事件是：中葡達成協議，葡萄牙同意繳納關稅而得以進入廣東口岸貿易。至此，葡人對中國的策略已完全放棄武力手段，轉而改採行賄和恭順的政策。[14]

關於葡萄牙人入居澳門的緣由，可歸納為四種不同的學說：借地說、混入說、佔領說及酬勞說，學者的見解南轅北轍。丁順茹認為葡萄牙人趁中國海防廢弛，並利用廣州對外商開放的時機，趁機混入澳門。[15]顏廣文認為明政府推行以夷治夷的政策和葡萄牙人卑恭的態度，是明政府讓葡萄牙人租借澳門的主要原因。[16]

---

[11] 依查烏‧山度士：〈十六、十七世紀圍繞澳門的葡中關係〉，《文化雜誌》，1989 年第 7/8 期，第 3-9 頁。

[12] 關於澳門名稱的來源，《澳門紀略‧形勢篇》有如下記載：「濠鏡澳之名，著於明史。其曰澳門，則以澳南有四山離立，海水縱橫貫其中，成十字，曰十字門，故合稱澳門。或曰澳有南臺、北臺兩山，相對如門，云澳」。

[13] 張增信：《明季東南中國的海上活動（上編）》，台北：中國學術著作獎助委員會，1988 年，第 323-324 頁。

[14] 黃曉峰：〈澳門開埠時期的歷史觀察〉，《文化雜誌》，1997 年第 33 期，第 73-80 頁。

[15] 丁順茹：〈明季葡萄牙殖民者佔據澳門緣由管見〉，《學術研究》，1999 年第 6 期，第 1-6 頁。

[16] 顏廣文：〈再論明政府允許葡人租借澳門的原因〉，《中國邊疆史地研究》，1999

劉學祥認為明朝同意葡人長期租佔澳門，最重要的因素是「明廷對葡萄牙殖民者侵略本性認識不足，而視北方民族為主要威脅，實行以防北方民族為主這一民族政策的結果」。[17]盛菊、李令彬認為葡萄牙人長期賃居澳門，背後最重要的兩個原因是：第一、中國王朝傳統自大心態，不把葡萄牙這個海外小國放在心上；第二、通商所帶來的經濟利益，尤其是對廣東當局有著非常大的吸引力。[18]依查烏·山度士認為中國通過「割讓」澳門，獲取下列利益：「平息了海盜，穩定了南方，促進了商業，遏止了華人出洋和防止了洋人入境……中國在這裡從外貿中獲益匪淺，自己的文化、宗教和倫理價值又未受到絲毫觸動。中國人從而發現了在澳門既可得益又不冒風險的有效權宜之計」。[19]

三、葡屬澳門的黃金時代

澳門自開埠到 17 世紀的 40 年代初，從一個僅有少數臨時建物的荒島蛻變成為一個亞洲重要的海上貿易中心，此一時期為葡澳的黃金時代。島上居住著眾多的人種，包括葡萄牙人、華人、日本人、印度人、非洲奴隸、以及歐亞混血。它同時也是對東方傳播天主教福音的基地和中西方文化交流的管道，在明末，即使它不是唯一，至少是西方極為重要通往中國的窗口。[20]另外，葡

年第 2 期，第 42-50 頁。

[17] 劉學祥：〈從明朝中後期的民族政策看葡萄牙殖民者竊佔澳門得逞的原因〉，《中國邊疆史地研究》，2000 年第 36 期，第 53-64 頁。

[18] 盛菊、李令彬：〈從賃居到強佔〉，《淮北師院學報（哲社版）》，1999 年第 4 期，第 61-64 頁。

[19] 依查烏·山度士：〈十六、十七世紀圍繞澳門的葡中關係〉，《文化雜誌》，1989 年第 7/8 期，第 3-9 頁。

[20] J. Porter, 'The transformation of Macao', *Pacific Affairs* 66: 1 (1993), 7-20.

葡牙人將美洲食用植物引入中國種植，如玉蜀黍和甘藷，這些高產作物對中國產生極為重大的影響。[21]

　　明季葡屬澳門的主要三條貿易線分別為澳門－長崎、澳門－馬尼拉和澳門－果阿－里斯本三條。[22]澳門－果阿－里斯本航線參見下一小節，其餘兩條航線分別參見第三章和第四章。葡澳最重要的出口品是中國的生絲和絲織品，其次是瓷器和黃金，而白銀是最重要的進口商品，葡澳獲得的白銀大部分流入中國。詳細內容參見以下小節。

　　葡澳的經濟腹地包括中國的東南沿海，特別是珠江三角洲。中國商人對葡澳的海上貿易扮演了非常重要的角色。他們在葡澳的海外貿易中扮演著溝通內外商貨往來交易的界面角色，不只充當通事傳譯，還替葡商代購代銷進出口貨物，甚至從事商品加工業務。到了萬曆中，在澳門專門承攬進出口業務的中國行鋪已發展到 36 個，有「三十六行」之稱。[23]另外，1640 年 Francois

---

[21] A. J. R. Russell, *The Portuguese Empire 1415-1808*, Baltimore: Johns Hopkins University Press, 1998, pp. 168-169.

[22] 澳門－長崎和澳門－果阿航線，有些著作將之併為一條航線來討論，例如 C. R. Boxer 在其所著的 *Fidalgos in the Far East*（pp. 15-16）有以下陳述：「當澳門日本貿易興盛之時，每年載運木材、深紅色衣料、水晶和玻璃製品、法藍德斯鐘的葡萄牙船隻於 4 月或 5 月離開果阿前往澳門，中途常在馬六甲停留，將部份貨物換成香料、香木、鯊魚皮、鹿皮，於 6 月至 8 月間抵達澳門後，停留 10 個月到 1 年的時間採購中國商品。隔年的 6 月底到 8 月初，乘著西南季風前往日本，葡萄牙人在日本主要是將中國絲貨和其他商品換成日本白銀，然後在同年的 12 月到下一年的 3 月，返航澳門，抵達澳門後，大部分的日本白銀會保留在澳門作為明年購買中國絲貨之用，另外將中國絲貨、麝香、珍珠、象牙和瓷器搬上船運往果阿」。本研究將之分為兩條航線來討論，一是便於分析；二是由於到了 17 世紀上半葉，葡船在馬六甲海域受到荷蘭的武力封鎖和攻擊，葡萄牙澳門果阿間的航運受到影響、甚至中斷十數年。

[23] 彭澤益：〈清代廣東洋行制度的起源〉，《歷史研究》，1957 年第 1 期。轉引自聶德寧：〈明末清初澳門的海外貿易〉，《廈門大學學報（哲社版）》，1994 年第 3 期，第 64-70 頁。另外，楊仁飛指出，除三十六行官商外，不合法的私商亦扮演了重

Caron 寫給他在巴達維亞的長官信中提到：「葡萄牙人之所以能牢牢掌握了絢爛奪目的絲織品，並不是由於他們有何等了不起的智慧和技巧，也不是因為我們〔荷蘭東印度公司〕的故意忽視，而是得之於強大且聰慧的中國人的幫助所致。中國人和葡萄牙人總是一起合作貿易，他們彼此幫助，中國人負責提供貨源，葡萄牙人負責銷售，要是沒有中國人的合作，葡澳的貿易根本難以為計」。[24]

澳門開埠到 1577 年這段期間，中國的對外貿易主要在澳門進行，中國商人到澳門與外國商人進行貿易，貨物的進出口關稅皆由中國商人負擔。1571 年（隆慶五年），廣東市舶司將十抽二的實物進口關稅改成貨幣稅，由於逃漏稅和賄賂造成稽徵的困難，漸轉變成定額稅，葡澳每年繳納約在 2 萬兩左右。明政府對外國商人徵收貨物出口稅，稅率約在 10%左右，但並無資料可以得知澳門海關每年所徵出口稅的金額。1574 年，中國在連接大陸和澳門的地峽處，建立了關閘，派軍駐守、限制人員進出，並憑藉對澳門的糧食供應，以控制葡澳。[25]

從 1578 年起，葡人每年以 4,000 兩白銀賄賂廣州官員，因而得到在受到行動限制的前提下，進入廣州城進行貿易的許可。1580 年以前此集市（廣州交易會、簡稱廣交會）每年舉行 3-6 次，1580 年以後，每年兩次，葡澳商人 1 月份採購要銷往馬尼拉、印度洋和歐洲的商品，6 月份起購買運至日本的貨物，以即

要角色，而如王廷憲、曾沛證、查騰蒼、謝玉宇、陳節登、舒泰證、洪麗五、許耀軒等之流的官商也從事運私貨、冒領庫銀、減國餉的勾當。參見楊仁飛：〈走私與反走私〉，《文化雜誌》，2003 年第 48 期，第 81-88 頁。

[24] C. R. Boxer, *The Great Ship from Amacon*, Macao: Instituto Cultural de Macau, 1988, p. 168.

[25] 《澳門紀略·官守篇》。以及黃啟臣：〈16-19 世紀中葉中國政府對澳門海關的管理〉，《文化雜誌》，1998 年第 34 期，第 53-62 頁。

時配合季風出航。這意味葡人在華享有了壟斷性的直接貿易特權，這項特權一直持續到 17 世紀的 30 年代。[26]

在 1582 年以後，中國和葡萄牙人的交易就完全採白銀作為交易媒介，不再以貨易貨。另外，葡萄牙也享有中國進出口關稅的優惠。例如，一艘 200 噸級的葡萄牙商船除第一次抵達之時，須繳交 1,800 兩的泊稅，以後每次前來，只需繳納 600 兩的泊稅，是其他國家同樣噸數船隻所繳金額的九分之一；葡萄牙在廣州購買的所有商品，其徵稅額也只有其他國家的三分之一。[27]

1614 年，廣東海道喻安性建請兩廣總督張鳴岡和巡按御史周應期，將《海道禁約》勒石立碑於議事廷，其內容包括禁止葡澳蓄養倭奴、買賣人口、兵船騙餉、接收私貨、擅自興作等五款。由於葡澳的行賄和中國官員的腐敗，此一禁約並未切實執行，禁約規定：「一禁蓄養倭奴，凡新舊澳商敢有仍前蓄養倭奴，順搭洋船貿易者，許當年歷事之人前報嚴拿，處以軍法，若不舉，一併重治。一禁買人口，凡新舊夷商不許收買唐人子女，倘有故違，舉覺而佔紊不法者，按名究追，仍治以罪。一禁兵船騙餉，凡蕃船到澳，許即進港，聽候丈抽，如有拋泊大調環，馬騮洲等處外洋，即係奸刁，定將本船人貨焚戮。一禁接買私貨，凡夷趨貿貨物，俱赴省臣公賣輸餉，如有奸徒潛運到澳與夷，擲送提調司報道，將所獲之貨盡行給賞首報者，船器沒官，敢有違禁接買，一併究治。一禁擅自興作，凡澳中夷寮，除前已落成，遇有壞爛，准照舊式修葺，此後敢有興建房屋，添造亭舍，擅興一土一木，

---

[26] 莊國土：〈略論早期中國與葡萄牙關係的特點 1513-1613〉，《文化雜誌》，1994 年第 18 期，第 4-8 頁。

[27] T'ien-tsê Chang, *Sino-Portuguese Trade from 1514-1644*, Leyden: Late E. J. Brill, 1969, pp. 102-103, 108.

定行折毀焚燒，仍加重罪」。[28]

　　葡萄牙人在亞洲的商業活動到了 17 世紀初，開始面臨一些挑戰，在 17 世紀 30 年代，從盛而衰。長期性和結構性的主要原因有三：第一、葡萄牙僅在少數沿海地區建立殖民據點，造成結構上的脆弱；第二、因過長的歐亞航線，造成船舶的驚人損壞，從 1550 至 1650 的百年間，葡萄牙因海上災難就喪失了 130 艘船；第三、荷蘭海上力量的崛起。[29]

　　到了 17 世紀 30 年代，葡澳的麻煩開始了。首先是在明崇禎四年（1631），明廷下令禁止葡人進入廣州貿易，僅允中國商人赴澳，崇禎十年（1637）和崇禎十三年（1640）又重申此一禁令，此一禁令雖然沒有確實被執行，但或多或少還是給葡澳帶來一些麻煩。[30]進入 17 世紀的 40 年代，由於中國改朝換代，使得中國沿海的內陸市場變得很不穩定，對葡澳的貿易造成了最嚴重的打擊。[31]另外，在 1640 年前後，葡澳先後喪失日本和馬尼拉的市場，以及喪失馬六甲，這都使得情況更加雪上加霜。

　　17 世紀的 30 年代起，澳門—東南亞航線開始變得較為重要，整個 30 年代，澳門平均每年有 1-2 艘商船載貨前去貿易，但直到 40 年代初，由於澳門—長崎、馬尼拉、果阿的航線受到嚴重打擊，這條航線才成為澳門重要的生命線。[32]即使如此，葡

---

[28]　《澳門紀略・官守篇》。

[29]　何芳川：〈葡萄牙與近代太平洋貿易網的形成〉，《文化雜誌》，1998 年第 34 期，第 33-38 頁。

[30]　陳小錦：〈明清時期澳門在中西貿易中的地位〉，《廣西師範學報（哲社版）》，2001 年第 22 卷第 2 期，第 114-118 頁。

[31]　S. Subrahmanyam, *The Portuguese Empire in Asia, 1500-1700*, New York: Longman, 1993, p. 216.

[32]　張廷茂：〈明清交替之際的澳門海上貿易〉，《文化雜誌》，1997 年第 33 期，第 81-85 頁。

澳的黃金時期已不復在，根據 1646 年 6 月，從印度駛往澳門的
船長敘述，此行的目的「只是裝回在澳門餘下的炮兵，那裡因為
戰爭連綿，貿易很蕭條」。[33]

四、澳門–果阿–里斯本航線

每年載運木材、深紅色衣料、水晶和玻璃製品、法藍德斯鐘
的葡萄牙船隻於 4 月或 5 月離開果阿前往澳門，中途常在馬六甲
停留，將部份貨物換成香料、香木、鯊魚皮、鹿皮，如果趕得上
季風，可於同年 6 月至 8 月間抵達澳門。由澳門返航的船隻則載
運中國絲品、麝香、珍珠、象牙和瓷器等商品。[34]運抵果阿的貨
物，一部份在印度當地銷售；一部份運到荷莫茲，供應阿拉伯世
界；一部份運到里斯本，供應歐洲市場；剩餘的轉運到其他地方。
1600 年前後，每艘由澳門駛往果阿的葡船所載貨物明細如表
2-2，生絲約佔商品總額 20 餘萬兩（以澳門/廣州當地價格計算）
的 35%，絲織品約佔 25%，兩者合計約佔 60%。此一時期，每年
可能約有 1-3 艘葡船來往澳門和果阿間，所以，每年約有價值 40
萬兩（以澳門/廣州當地價格計算）的中國商品，其中絲貨價值
24 萬兩，由澳門運往果阿，毛利率約為 100%、甚或更高一點。

---

[33] 維因克：〈荷屬東印度公司和葡萄牙關於葡船通過馬六甲海峽的協定
1641-1663〉，《文化雜誌》，1993 年第 13/14 期，第 20 頁。

[34] C. R. Boxer, *Fidalgos in the Far East*, London: Oxford University Press, 1968, pp.
16-17.

表 2-2：葡萄牙澳門至印度的大帆船所載商品明細（c. 1600）

商品名稱	數量 （擔 picol）	進價 （兩/擔）	進貨成本 （兩）	印度售價 （兩/擔）	附註
白色生絲	1,000	80	80,000	200	
錦緞 silk damask 綢 taffeta	10,000-12,000 件	約 5/件	55,000		大部分賣給 印度當地人
黃金	3-4 擔	5.4-6.6/兩	33,897	約 11.1	
銅	500-600	40	22,000	80	印度當地人 需用
麝香	6-7	640	4,160	1,600	印度當地人 需用
汞	100	40-53	4,650	約 81.4	
硃砂	500 件	8	4,000	14	
糖	200-300？	約 1	250	2-2.5	
牛尾草的塊莖 （China-wood）	2,000	1-1.2	2,200	約 2.6	
銅鑼	2,000	5.6-7	12,600	約 12.6	輸往孟加拉
樟腦	200				輸往葡萄牙
砂器、陶器	數量很多				
鍍金床、桌、寫 字盒 writing-box	數量很多				部份鍍金床 的售價為 300-400 克魯 賽羅/兩
品質好未織的 色絲	數量很多	200			
			小計 > 218,757 兩		

資料來源：C. R. Boxer, *The Great Ship from Amacon*, Macao: Instituto Cultural de Macau, 1988, pp. 179-184.

其他的估計如下：

　　António Bocarro 在 1636 年，指出在荷蘭有效封鎖馬六甲海峽前，葡萄牙每年約將 6,000 擔的中國絲從澳門運往果阿，這個數字似乎過於誇大。大約與 Bocarro 同時代的 Linschoten，認為 1580 年代從澳門運往果阿的中國絲每年應僅約略超出 3,000 擔。[35]

---

[35] C. R. Boxer, *The Great Ship from Amacon*, Macao: Instituto Cultural de Macau, 1988, p. 6.

　　William S. Atwell 根據 C. R. Boxer、G. Parker、Vilar 的著作，估計在 16 世紀末到 17 世紀初這段期間，葡萄牙船隻每年攜帶 16-80 萬兩白銀從果阿運到澳門。[36]

　　由於氣候因素，相較於新世界和西南非，歐洲對亞洲奢侈品（香料除外）的需求並不高。[37] 1580-1640 年間，以里斯本的當地價格計算，印度的商品佔葡萄牙官方、印度到里斯本航線貨物總值的 85%，而來自中國和日本的商品只佔該航線的 1%、63.7 萬克魯賽羅/兩銀，此條航線平均每年運送的商品總值約為 112 萬克魯賽羅/兩銀（參見表 2-3）。除了果阿－里斯本航線外，果阿－西非和果阿－荷莫茲是另外兩條重要航線。在此兩條航線上，葡萄牙人主要將印度紡織品輸往西非，將印度尼西亞的香料和中國絲輸往阿拉伯世界（參見表 2-1）。特別要指出的是，葡萄牙從未能壟斷印度到歐洲的貿易，且在 1580-1640 年間，此條航線上的葡國官方貿易額和葡國私人貿易額的比為 7：93。[38]綜上所述，葡萄牙（含官方和私人）平均每年約將值 14.9 萬兩（以里斯本價格計算）的中國商品輸往歐洲/里斯本。

---

[36] W. S. Atwell, 'International bullion flows and the Chinese economy circa 1530-1650', *Past and Present* 95 (1982), 68-90.

[37] C. R. Boxer, *Portuguese Trade in Asia under the Habsburgs, 1580-1640*, Baltimore: Johns Hopkins University Press, 1993, pp. 15-16.

[38] C. R. Boxer, *Portuguese Trade in Asia under the Habsburgs, 1580-1640*, Baltimore: Johns Hopkins University Press, 1993, p. 42.

表 2-3： 1580-1640 年間，葡萄牙官方從印度輸往里斯本的商品和
其來源地（單位：1 千克魯賽羅 cruzado）

地區	里斯本的當地價	佔總值的百分比
坎貝灣、古吉拉特、Sindh	41,110	60%
比賈布爾、戈爾康達	9,391	14
卡納拉	4,727	7
馬拉巴爾	2,545	4
錫蘭	2,196	3
科羅曼德爾	847	1
孟加拉、奧里薩邦	4,235	6
白古、暹邏	816	1
Melaka、Malukus	1,819	3
中國、日本	637	1
莫三比克、Mombassa	31	—
總值	68,354	100%

資料來源：C. R. Boxer, *Portuguese Trade in Asia under the Habsburgs, 1580-1640*,
Baltimore: Johns Hopkins University Press, 1993, p. 67.

綜上所述，在 1600 年前後，葡萄牙每年約將價值 40 萬兩（以
澳門／廣州價格計算）白銀的中國商品從澳門運往果阿，其中生
絲和絲織品大概佔了 60%左右。絕大部份商品在果阿出售，其
餘的運往阿拉伯和歐洲，運往歐洲的商品價值可能在 4 萬兩左右
（以澳門/廣州價格計算）。

五、帝國的沒落

葡萄牙海上帝國的衰落，有著複雜的原因，最重要的原因是
來自於荷蘭的挑戰。荷蘭對西班牙的獨立戰爭開始自 1568 年，
到了 1579 年，荷蘭獨立。另一方面，西班牙和葡萄牙在 1580
年合併，自然導致荷蘭對葡萄牙的敵意。而西葡兩國中，葡萄牙

較為弱小，且其殖民地多局限在海港與其狹小腹地，使之易於以海上武力予以佔領。更重要的是所牽涉的巨大經濟利益，概略言之，包括亞洲的香料貿易、西非的黑奴貿易、巴西的糖貿易，使得葡萄牙和荷蘭間的衝突變得不可避免。荷蘭 1598-9 年攻擊葡屬 Principle 和 São Tomé 島，揭開了序幕。最終，荷蘭在亞洲幾乎大獲全勝，葡萄牙僅保住巴西和部份的非洲殖民地。[39]

荷蘭在 1605 年從葡萄牙手上奪取了香料群島中的帝兜島（Tidore）和 Amboina 島，從此開始對印度尼西亞的鯨吞蠶食。1634-1640 年間，開始封鎖馬六甲海峽，馬六甲最後在 1641 年陷落。在 1660 年前後，葡萄牙在印度洋沿岸的基地也相繼失陷。到了 1663 年，荷蘭幾乎控制了從阿拉伯到日本的整個海域，葡萄牙僅僅保有澳門和印度尼西亞最偏遠的幾個島嶼，包括帝汶（Timor）、Solor、Flores。[40]

荷蘭在亞洲的勝利，主要有三點原因：經濟、人力、海上勢力。第一、荷蘭母國遠較葡萄牙母國來得富裕；第二、雖然荷、葡兩國人口約略相等，但荷蘭軍隊和船艦大量雇用鄰近國家人力，而葡萄牙在 1640 年以前，須支援西班牙部份人力，之後（獨立後）又必須分出人力與西班牙抗衡；第三、荷蘭擁有的船隻數量遠超過葡萄牙。[41]

---

[39] C. R. Boxer, *The Portuguese Seaborne Empire, 1415-1825*, London: Hutchinson, 1969, pp. 107-110.

[40] C. R. Boxer, *The Portuguese Seaborne Empire, 1415-1825*, London: Hutchinson, 1969, pp. 110-111.

[41] C. R. Boxer, *The Portuguese Seaborne Empire, 1415-1825*, London: Hutchinson, 1969, p. 114.

第二節　西班牙海上帝國

一、西屬美洲和白銀

　　哥倫布（Christopher Columbus）認為既然地球是圓的，那麼應可以不必東行繞經非洲南端這條長且危險的航線，一直向西航行必能快速抵達東方的印度。他曾求助一些歐洲國家王室，支持他的冒險活動，但一無所獲。最後才得到西班牙費南度和伊莎貝爾的幫助，他們給了他三艘船。

　　1492 年 8 月 3 日，哥倫布帶著西班牙國王給印度君主和中國皇帝的國書，率領三艘百十來噸的帆船，從西班牙巴羅斯港（Palos）揚帆出大西洋，直向正西航去。經數十晝夜的艱苦航行，1492 年 10 月 1 日凌晨終于發現陸地。哥倫布以為到達了印度，但後來才知道，哥倫布登上的這塊土地，屬於現在中美洲巴勒比海中的巴哈馬群島（Bahama Islands），他在此獲得一些黃金，建立了一個殖民基地，並對西印度群島有了一個初步的認識。1493 年 3 月 15 日，哥倫布回到西班牙，受到西班牙王室極大的嘉勉，不久，教宗便認可西班牙對美洲新獲領地的所有權。1590 年代，哥倫布的遠航和達・伽馬（Vasco da Gama）繞過好望角來到印度是大航海時代的開端。新航路開闢後，世界歷史便進入了全然嶄新的時代—全球化的起端。

　　在 1500 年代初期，西班牙控制了西印度群島。雖然西班牙人並未將原住民看成奴隸，但毫無疑問並未善待他們。然而真正造成印第安人大量死亡的原因，在於歐洲人所帶來的疾病，而印

第安人身上毫無抗體。[42]因此，為了開礦和種植農作物，便開始大量引入黑奴。1518 年後接下來的數十年，西班牙人開始向墨西哥、祕魯、智利、佛羅里達擴張。

Hernando Cortes 在 1520-1521 年間，消滅了位於現今墨西哥的阿茲特克（Aztec）帝國；1532-1533 年間，Francisco Pizarro 徹底擊垮位於現今祕魯的印加（Incas）帝國；1535 年興建利馬城（Lima）、現今為祕魯首都。Cortes 和 Pizarro 兩個人驚人的成就，乃在於只用很少的武力，就讓西班牙從原住民手中奪取了中、南美洲的大片土地。[43]到了 16 世紀中葉，西班牙已大致完成在美洲的征服工作。

從 1503 年開始，直至 1717 年止，西班牙和美洲的貿易都被限制在西班牙的塞維爾港（Seville），並完全受到設立於 1503 年的貿易院（*Casa de Contractación*、House of Trade）之完全管制。貿易院有三項主要業務：第一、執行所有有關船貨裝載和註冊，以及懲處走私和偷渡至美洲的法令；第二、作為航海學校，是當時歐洲最重要的數學和科學研究中心；第三、作為司法機構，所管轄的範圍極廣，包括發生在船隻上的所有事情，以及幾乎與美洲貿易相關的所有事物。[44]

西屬美洲殖民地的最高管理機關是設置在西班牙的印度事務院（Council of the Indies），它將西屬美洲和亞洲分成兩部份，分別交給在墨西哥城和利馬城的兩位總督管理，墨西哥城總督管

---

[42] E. G. Bourne, *Spain in America 1450-1580*, New York: Harper & Row, 1968, pp. 204-213.

[43] http://www.carpenoctem.tv/military/cortes.html；以及 http://www.carpenoctem.tv/military/pizarro.html。（2003/07/19）

[44] R. T. Davies, *The Golden Century of Spain 1501-1621*, London: Macmillan, 1954, p. 21.

轄墨西哥、北美洲所有殖民地、西印度群島、委內瑞拉和菲律賓群島，利馬城的總督負責祕魯和南美洲其他殖民地。

西班牙在美洲最重要的事業是開發金、銀礦，它帶給西班牙非常巨大的財富，至 1660 年止，西班牙從美洲得到總計 18,600 噸註冊的白銀（約 5 億兩）和 200 噸註冊的黃金。除開礦外，種植經濟作物（甘蔗、煙草、棉花、咖啡）是西屬美洲另一項獲利豐厚的事業，主要使用從非洲進口的奴隸從事生產，供應歐洲市場所需。[45]

1503-1660 年間，西班牙自西屬美洲進口的金、銀總值顯示於表 2-4。除頭三年外，其餘皆為五年期的數字。表中顯示的貴金屬價值並未包含走私進入西班牙的部份，估計走私的部份佔總進口量的 10-50%，可能約在 20% 左右。另外平均說來，官方註冊有案數量的近 25%，進了王室口袋。若走私佔進口總量的 20%，則此期間，共進口價值 321,860,523 英鎊的貴金屬，其中白銀價值 301,451,113 英鎊。一英鎊約相當白銀 2.3 兩，[46]因此，1521-1660 這段期間，西班牙自西屬美洲大概進口 700 百萬兩白銀，平均每年約 5 百萬兩。

表 2-4：1503-1660 年西班牙自美洲進口貴金屬的價值

期間	貴金屬價值（英鎊）	金、銀比例	白銀價值（英鎊）
1503-5	213,400	金 100%	0
1506-10	468,970		
1511-15	687,410		
1516-20	571,090		

---

[45] http://www.angelibrary.com/real/world/029.htm。（2003/07/19）

[46] 1505 年，1 英鎊 ≒ 2.89 批索（1 peso = 8 reals = 272 maravedis）。參見 R. T. Davies, *The Golden Century of Spain 1501-1621*, London: Macmillan, 1954, pp. 22, 297. 據此推估一英鎊約等於 2.3 兩白銀。

期間	貴金屬價值（英鎊）	金、銀比例	白銀價值（英鎊）
1521-25	77,148	金 97%	20,227
1526-30	597,100	銀 3%	
1531-35	948,900	金 12.5%	2,785,650
1536-40	2,234,700	銀 87.5%	
1541-45	2,848,600		13,844,970
1546-50	3,167,600	金 15%	
1551-55	5,672,600	銀 85%	
1556-60	4,599,400		
1561-65	6,444,050	金 3%	14,137,895
1566-70	8,131,100	銀 97%	
1571-75	6,848,000		141,866,020
1576-80	9,919,300		
1581-85	16,890,000		
1586-90	13,703,000		
1591-95	20,231,000	金<2%	
1596-1600	19,796,000	銀>90%	
1601-05	14,032,000		
1606-10	18,058,000		
1611-15	14,130,000		
1616-20	17,314,000		
1621-25	15,530,000		68,505,969
1626-30	14,348,000		
1631-35	9,838,200		
1636-40	9,380,500	金<1%	
1641-45	7,913,800	銀~99%	
1646-50	6,767,000		
1651-55	4,193,900		
1656-60	1,932,650		
	總計 257,488,418		總計 241,160,890

資料來源：E. J. Hamilton, *American Treasure and the Price Revolution in Spain*, Harvard Univ. Press, 1934; C. H. Haring, 'American gold and silver production in the first half of the sixteenth century', *Quarterly Journal of Economics* 29 (1915), 433-479; Adolf Sötbeer, 'Edelmetall-produktion und Werthverhältniss zwischen Gold und Silber seit der Entdeckung Amerikas bis zur Gegenwart', *Petermanns Mitteilungen* (1879); W. Lexis, 'Beiträge zur Statistik der Edelmetalle', *Jahrbücher für Nationalökonomie und Statistik* 347 (1879), 361-417. 轉引自 R. T. Davies, *The Golden Century of Spain 1501-1621*, London: Macmillan, 1954, pp. 299-300.

美洲所產的貴金屬（特別是白銀），大量流入西班牙，對西班牙、甚至全球都產生重大影響。藉著這些貴金屬，西班牙得以支撐它的鉅額政府開支，並維持其海上霸權。另外，西班牙成為全球商品最重要買主，對當時的海上貿易發生了深遠的作用。

二、西班牙在東南亞的擴張

西班牙在亞洲的擴張，幾乎僅侷限於菲律賓群島一地；西班牙對菲律賓的統治前後達 334 年（1565-1898）。菲律賓像是籠罩在西屬美洲的陰影下，受到在墨西哥總督的直接管轄。[47]1566年，當西班牙國王菲力普二世（Philip II），在其位於塞戈維亞（Segovia）的夏季行宮，收到關於 Legazpi 航海報告時，甚至找不到任何畫有菲律賓群島的地圖。他隨後指示印度事務院的官員，「應盡最大努力去找出所有關於菲律賓群島的既存文件和圖表，並將之妥善保存在事務院的辦公室裡」。[48]

1521 年 3 月，麥哲倫（Ferdinand Magellan）抵達菲律賓，為西班牙最早和亞洲的接觸。1519 年 9 月，麥哲倫在西班牙國王查理一世的資助下，率領一支由 5 艘 75-120 噸重的帆船、266人組成的探險隊，從西班牙聖路加（Sam Lucar）港起航，渡過大西洋、沿南美洲東岸南行，歷經千辛萬苦，穿過南美洲南端的麥哲倫海峽進入太平洋。終於在 1521 年 3 月抵達菲律賓群島的莎馬（Samar），並在同月底，宣佈西班牙對菲律賓的統治權。同年 4 月，抵達宿務，開始傳教，初期獲致一些成果，但終因失之

---

[47] N. Tarling, *The Cambridge History of Southeast Asia (Vol. 1)*, Cambridge: Cambridge University Press, 1992, p. 355.

[48] J. M. Headley, 'Spain's Asian presence, 1565-1590', *The Hispanic American Historical Review* 75: 4 (1995), 623-646.

急躁，和島上的土著發生戰爭衝突，麥哲倫受傷身亡，餘眾分乘兩條船，在 Caballo 的帶領下逃離菲律賓，這一年的 11 月到達此行的目的地：香料群島，12 月返航西班牙。最後在 1522 年 9 月 6 日，裝滿東方珠寶和香料的維多利亞（Victoria）號，載了倖存的 18 人返抵西班牙，整個航行費時近 3 年。麥哲倫船隊完成的第一次環球航行，以確鑿事實證明地球是圓的。這在人類歷史上，永遠是不可磨滅的偉大功勳。[49]

　　1522 年麥哲倫艦隊返航後，又重新燃起西班牙統治者佔據香料群島和獨佔高獲利香料貿易的美夢。但自 1512 年起，葡萄牙就已進佔香料群島，因此開啟西、葡兩國對於香料群島的爭奪戰爭，1529 年簽訂 Zaragoza 條約，以摩鹿加（香料群島）以西 297.5 里格（league）的經線劃定了西、葡兩國在遠東的勢力範圍，根據此條約，葡萄牙付出 35 萬葡元（cruzado），得到西班牙對香料群島主權的放棄。[50]西班牙人因而將目光轉向菲律賓。

　　西班牙王室分別在 1528 到 1542 年間，從墨西哥共派出四隻探險隊，前往菲律賓，但因無法找到從菲律賓和香料群島返航墨西哥的航路，以失敗收場。[51]

　　1564 年 12 月 21 日，Miguel Lopez de Legazpi 帶領 4 艘船和 400 餘人從墨西哥 Navidad 出發，其目的為探索和征服菲律賓群島、傳教、取得香料、使帝國因貿易或其他方式獲利、發現從菲律賓到墨西哥的可行航路。[52]1565 年 8 月 9 日，主艦 San Lucus

---

[49] 陳烈甫，《菲律賓的歷史與中菲關係的過去與現在》，台北：正中，1968 年，第 63-66 頁。

[50] J. E. B. Mateo, *Spaniards in Taiwan (Documents), Vol. 1: 1582-1641*, Taipei: SMC, 2001, p. xiii.

[51] J. M. Headley, 'Spain's Asian presence, 1565-1590: Structures and aspirations', *The Hispanic American Historical Review* 75: 4 (1995), 623-646.

[52] N. Tarling, *The Cambridge History of Southeast Asia (Vol. 1)*, Cambridge: Cambridge

號成功返抵 Navidad。這次航行的重要意義在於：第一、開始西班牙在菲律賓的正式殖民，Legazpi 在宿務建立了第一個永久的殖民據點；第二、完成第一次由西向東直接橫越太平洋的壯舉；第三、開始一個持續三百多年菲律賓與墨西哥的關係。

　　雖然從一開始，土著的基督教化就是西班牙人最重要使命，在不到 200 年的時間，菲律賓就成了東方唯一的基督宗教國家，但經濟動機和商業利益也是不可忽略的。Legazpi 剛來到菲律賓時發現，菲律賓群島唯一有市場價值的香料肉桂，生長在由回教控制的民答那峨，而且數量也不足以維持跨太平洋的貿易。另一方面，土著窮到沒有能力購買西班牙的手工製品。為了克服這些困境，1571 年，Legazpi 將總部從宿務移到呂宋島的馬尼拉，以建立西班牙和中國的貿易關係，馬尼拉從很早時，就常有中國人前來貿易。[53] 至於明季中國和西屬馬尼拉的貿易詳情，參見第四章。

　　在 1570 年代初，西班牙已大致征服呂宋和 Visayas（菲律賓群島中部區域），[54] 但菲律賓群島南部信奉回教的摩洛族（Moro），直到西班牙統治菲律賓的末期，才算完全獲得控制。[55]

　　由於西班牙輕易的征服了菲律賓，並羨於中國的富裕和眾多人口，為了商業利益和傳教，因此有征服中國之議。1576 年，菲律賓總督 Francisco de Sande 提出了完整的攻擊計畫，要求以

University Press, 1992, p. 356.

[53] N. Tarling, *The Cambridge History of Southeast Asia (Vol. 1)*, Cambridge: Cambridge University Press, 1992, pp. 356-357.

[54] 菲律賓群島大致分成三個區域：北部的呂宋島；中部的 Visayan 區域（包含一堆島嶼、如宿務）；南部的蘇祿—民答那峨區域（包括 Sulu、Archipelago、Mindanao）。參見 J. A. Larkin, 'Philippine history reconsidered', *The American Historical Review* 87:3 (1982), 595-628.

[55] W. L. Schurz, *The Manila Gallon*, New York: Dutton, 1959, pp. 25-26.

4,000-6,000 的兵力征服中國、或以 2,000-3,000 的兵力佔領任何一個省,最後遭到菲力普二世的否決。前進中國之議,在 1586 年達到最高點,由馬尼拉所有重要人士簽名的備忘錄,呈遞給了印度事務院和國王。由於始終受到西班牙國王的反對,西班牙無敵艦隊在 1588 年被英國擊毀、國勢中衰,以及最終認知到中國人幾乎一切都優於西班牙人,因而放棄征服中國的主張。[56]

1586 年,馬尼拉政務會(junta)送給印度事務院的備忘錄中,記載了政務會因軍事和宗教緣由,須向鄰近地區擴張的主張。這些鄰近地區包括 Babuyanes、 Isla Hermosa(台灣)、Isla de Cavallos、Lequios、Isla de Ayuno(海南島)、Jabas(爪哇)、Burney(婆羅洲)、Para Juan、Calanianes、Mindanao(民答那峨)、Siao(暹邏)、Maluco 和其他地方。1589 年 8 月 9 日,印度事務院以國王的名義給新任的菲律賓總督的指示中提及:為了那些上述地區人民的福祉和西班牙人的安全,你應該盡力盡早地作好征服和安撫那些上述地區的工作。[57]

根據這項計畫,西班牙在 17 世紀的前 60 餘年,為爭奪香料群島,和荷蘭人發生多次戰爭,但所獲不多;1606 年派兵佔領了香料群島的部份島嶼,1662 年撤出。1593 年以後的 20 年間,數次出兵高棉,因兵力不足而退出。1626 年,進攻暹邏,失敗收場。1640 年,進攻澳門,被葡萄牙擊退。1626-1642 年曾短暫佔領台灣北部。[58]

---

[56] J. M. Headley, 'Spain's Asian presence, 1565-1590', *The Hispanic American Historical Review* 75: 4 (1995), 623-646.

[57] J. E. B. Mateo, *Spaniards in Taiwan (Documents), Vol. 1: 1582-1641*, Taipei: SMC, 2001, pp. 16-17.

[58] 陳烈甫,《菲律賓的歷史與中菲關係的過去與現在》,台北:正中,1968 年,第 73 頁。

　　西班牙在菲律賓的統治，多次受到外來勢力的攻擊，特別是
17 世紀前期荷蘭的挑戰。葡萄牙駐香料群島的總督，分別於 1568
和 1570 年率軍攻擊宿務；1574 年，中國海盜林鳳攻擊並嘗試佔
領馬尼拉；1600、1610、1616、1617、1618、1621、1624、1646、
1647 年，荷蘭 9 次進攻馬尼拉。這些攻擊，都徒勞無功。在這
之後，西班牙對菲律賓的統治，才算真正穩固下來。[59]

　　1590 年豐臣秀吉統一日本後，1591 年遣使要求馬尼拉臣
服，1592 年出兵韓國意欲征服中國，處於這樣的氣氛下，在馬
尼拉的西班牙人認為日本的確有可能攻擊呂宋，日、西（菲律賓）
關係陷入緊張，直到豐臣秀吉滅亡，兩國關係方見和緩。[60]1600
年，德川家康在關原之役，取得決定性勝利後，開始了德川幕府
時代。德川家康在 1603 年放棄豐臣秀吉在 16 世紀末的對外侵略
政策，轉而實行和平通商的貿易政策。隨著日本銀礦產量增加，
日本的朱印船貿易開始興盛起來，每年至少派 20 艘船赴海外貿
易，馬尼拉和日本的貿易也恢復起來。[61]但到了 1630 年代，因
為日本採取鎖國政策，只和中國人及荷蘭人進行貿易，日、西屬
馬尼拉間的貿易因此中斷。除此，即使在此之前，雙方有貿易往
來的短暫時期，貿易也常因宗教因素而大幅衰退過數次。[62]

---

[59] 陳烈甫，《菲律賓的歷史與中菲關係的過去與現在》，台北：正中，1968 年，第
　　74-75 頁。以及陳荊和：〈林鳳襲擊馬尼拉事件〉，《明代國際關係》，台北：學生，
　　1968 年，第 109-130 頁。

[60] 曹永和：《台灣早期歷史研究續集》，台北：聯經，2000 年，第 50 頁。

[61] J. E. B. Mateo, *Spaniards in Taiwan (Documents), Vol. 1: 1582-1641*, Taipei: SMC,
　　2001, p. ix.

[62] W. L. Schurz, *The Manila Gallon*, New York: Dutton, 1959, p. 99.

第三節　荷蘭海上帝國

　　荷蘭於 1581 年宣佈脫離西班牙獨立，1588 年成立共和國。約從 1590 年起便積極地展開海外擴張，與西班牙、葡萄牙爭取殖民地。此時，西、葡已開始沒落，而英、法兩國因內部仍未完成國家的統一，實力未厚，荷蘭人因而成為 17 世紀的海上霸主；17 世紀可說是荷蘭「經濟繁榮的黃金世紀」（"a golden age of economic prosperity"）。

　　1596 年荷蘭初次到達東亞，Cornelis de Houtman 率領的第一隻船隊繞過好望角抵達萬丹，次年返國。當時東亞的中國、葡萄牙、西班牙、日本已建立完整且運作良好的貿易網絡。因此荷蘭要在東亞擴展貿易，其策略有二：一是與中國和日本建立直接或間接的貿易往來（最好是能直接往來）；二是取西、葡而代之。1598-1602 期間，荷蘭派了 15 艘船隻來到亞洲，意圖了解亞洲的貿易路線和貿易體系，並在印度尼西亞和摩鹿加群島的重要地點留下代理人來收購所需貨物。荷蘭於 1600 年初抵日本，將裝備在 *De Liiefde* 船上的炮借給德川家康，助其在關原之戰取得勝利。1601 年，荷蘭艦隊在謀取西屬菲律賓失敗後，轉往澳門，廣東稅監李道在廣州接待了荷蘭使節，但拒絕與中國直接貿易的請求。[63]

　　1602 年成立荷蘭東印度公司（Vereenigde Oostindische Compagnie、以下簡稱 VOC），[64]被授與貿易壟斷、徵兵、造幣、

---

[63]　《明史和蘭傳》載：〔萬曆〕二十九年（1601）駕大艦，直薄呂宋。呂宋人力拒之，則轉薄香山澳。澳中人數詰問，言欲通貢市，不敢為寇。當事難之。稅使李道即召其酋入〔廣州〕城，游處一月，不敢聞於朝，乃遣還。澳中人慮其登陸，謹防禦，始引去。

[64]　有關荷蘭東印度公司的部份，係參考 J. W. Witek, 'The seventeenth-century Euro-

立法、任免官吏、建立據點的權力，總督為其最高長官，向荷蘭母國公司董事會和荷蘭國會負責，擔負在亞洲開拓商業和擴張領土的任務。在經過一連串的嘗試和遷移後，最後於 1619 年在巴達維亞設立總部，經營東至日本、西到波斯灣的貿易，並以此為基地向東南亞其他地區擴張，1641 年取得馬六甲，1669 年取得望加錫（Makassar）、1684 年取得萬丹（Bantam）。17 世紀末，整個印度尼西亞群島基本上已置於荷蘭人的控制中。

為了和印度尼西亞進行以貨易貨的交易，荷蘭首先在印度的戈爾康達（Golconda）和蘇拉特（Surat）建立商館。另為了要控制錫蘭的肉桂貿易，荷蘭在 1632 年開始攻擊葡屬錫蘭，直到 1658 年終於取得了完全控制權。1630 年代，荷蘭控制科羅曼德爾（Coromandel）海岸，以此為基地將勢力伸進了孟加拉和緬甸。到了 17 世紀末期，面對英國、丹麥、法國的威脅，荷蘭已在印度次大陸（孟加拉和印度西南部的馬拉巴爾海岸）建立了穩固地位。

VOC 在亞洲各地都設有商館，重要的商館設在日本、台灣、東京、暹邏、廣南、柬埔寨、巴達維亞、萬丹、錫蘭、蘇拉特、科羅曼得爾、波斯等地，這些商館組成一個巨大的貿易網絡。[65]表 2-5 列出 1602-1690 期間，VOC 船舶往返母國和亞洲的數量，以及運往亞洲的金銀總值（大部分為銀）。可以看出，有相當大比例的荷蘭船隻留在亞洲海域，從事亞洲內部貿易，這些船隻多

---

pean advance into Asia', *Journal of Asian Studies* 53:3 (1994), 867-880. L. Blusse, 'No boat to China', *Modern Asian Studies* 30:1 (1996), 51-76. 全漢昇：〈再論十七八世紀的中荷貿易〉，《中央研究院歷史語言研究所集刊》，1993 年第 63 本第 1 分，第 33-66 頁。聶德寧：〈明末清初中國帆船與荷蘭東印度公司的貿易關係〉，《南洋問題研究》，1994 年第 3 期，第 67-74, 87 頁。以及喻常森：〈明清之際中國與荷屬東印度殖民地的交往〉，《中山大學學報（社科版）》，2001 年第 169 期，第 69-75 頁。

[65] 楊彥杰：《荷據時代台灣史》，台北：聯經，2000 年，第 121 頁。

為大型船隻，平均載重 600 噸。另外，從歐洲運入的白銀，是用以作為 VOC 營運的資本，以及用以購買亞洲的商品，如香料、絲貨、瓷器。

表 2-5：荷蘭東印度公司船舶往返母國和亞洲的數量

年份	開往亞洲船數	自亞洲返荷船數	輸往東印度白銀（萬兩）
1602-09	76	40	166
1610-19	115	50	309
1620-29	141	71	399
1630-39	157	75	293
1640-49	165	93	308
1650-60	205	103	294
1661-70	238	127	417
1671-80	232	133	384
1681-90	204	141	690

資料來源：船隻數目來自 Ivo Schöffer and F. S. Gaastra, 'The import of bullion and coin into Asia by the Dutch East India Company in the Seventeenth and Eighteenth Centuries', 轉引自全漢昇：〈再論十七八世紀的中荷貿易〉，《中央研究院歷史語言研究所集刊》，1993 年第 63 本第 1 分，第 33-66 頁。開往亞洲的船數減去自亞洲返荷船數，可做為留在亞洲海域船數的上限值。輸往東印度的白銀數量來自 F. S. Gaastra, 'Geld tegen goederen', 轉引自 J. I. Israsel, *Dutch Primacy in World Trade 1585-1740*, Oxford: Oxford University Press, 1990, p. 177。以 1 荷蘭盾 ＝0.32 兩（1636 年含以前）和 1 荷蘭盾 ＝0.35 兩（1637 年以後）進行換算。

1603 年，荷蘭於馬六甲海峽，擄獲一艘由澳門開往印度的葡萄牙船隻，船上載有 1,200 包生絲（每包重 225 磅、1 擔重 133.33 磅，因此 1,200 包相當於 2,025 擔），以及近 60 噸的瓷器。該批船貨，於 1604 年 8 月在阿姆斯特丹拍賣，全歐商人蜂擁而來，生絲出售所得為 225 萬荷蘭盾（72 萬兩），其餘貨物拍賣所得為 125 萬荷蘭盾（相當 40 萬兩），總計為 350 萬荷蘭盾（112 萬兩）。此後阿姆斯特丹成為歐洲最主要的生絲市場，雖然中國生絲品質

優異，但因距離因素，來自波斯和孟加拉的生絲在數量上還是佔大宗。另外，中國瓷器也吸引了歐洲人的目光；歐洲人認為中國瓷器比水晶還優美，且價廉實用，很快成為歐洲人喜愛的物品。劉增泉估計從 1604-1656 年間，歐洲總共輸入 300 萬件的中國瓷器。[66]

1604 年，荷蘭人在中國商人的引導下抵達澎湖，不久被明朝逐出。1607 年，謀求澳門，但仍以失敗收場。為了挑戰葡澳對日本的貿易，以取得日本白銀，荷蘭於 1609 年在日本平戶（Hirado）建立商館。為取得中國商品，VOC 竭盡全力吸引中國商人到其所屬的商館（例如北大年、下港）進行貿易，中國商船載來生絲、絲綢、麝香和其他商品，將胡椒、檀香、象牙、白銀運回中國，[67]由於貿易嚴重逆差，荷蘭從歐洲運來大量白銀。1622 年，荷蘭再度攻擊澳門，意圖將葡萄牙趕出澳門取而代之，結果荷蘭人傷亡慘重，無功而返。

1619 年荷蘭東印度公司總督 Jan Pieterszoon Coen 向公司董事會遞交一份關於從事亞洲內部貿易的藍圖：將古及拉特（Gujarat）的衣物換取蘇門答臘的胡椒和黃金；將科羅曼得爾的衣物換取萬丹的胡椒；將檀香木、胡椒、銀幣換取中國的黃金和商品；將中國的商品輸往日本用以得到白銀；將香料和其他商品運往中東換得銀幣。這個計畫的目的是為建立荷蘭在亞洲自給自足的貿易網，而獲取中國商品以換取日本白銀是整個藍圖的一個

---

[66] 劉增泉：〈明清之際中國陶瓷西傳歐洲始末〉，《淡江史學》，1990 年第 2 期，第 73-81 頁。

[67] 「在以上諸島的港口又與大航海時代而東來的歐洲諸國貿易船相遇。當時有名的港口城市爪哇島東部的下港，就有滿載生絲與綢緞的中國貿易船和為獲得東方物產而來的荷蘭、英國貿易船在同地交易的記錄」。參見松浦章：〈十七世紀初における歐洲人の見た中國船の南海交易〉，《東方學》，1993 年第 85 輯，第 5-7 頁。轉引自松浦章：《清代台灣海運發展史》，台北：博揚文化，2002 年，第 197 頁。

重要關鍵。[68]

　　在進攻澳門失敗後，1622 年轉往澎湖建立據點，1624 年，在明廷的軍事脅迫下，轉往台灣[69]發展，從事轉口貿易，將中國商品運往日本、巴達維亞和其他商館，1635-1640 年為台灣的黃金時代，對日轉口貿易取得極大成功。1641 年起，提供重要貨源的鄭芝龍決定自己從事中日直接貿易，荷蘭的對日貿易產生很大打擊。1662 年，鄭成功將荷蘭人趕出台灣，1683 年，清滅明鄭。荷據時期台灣對外貿易航線和商品，整理於表 2-6。

　　約從 1650 年代起，日本白銀產出開始減少；1685 年，清廷解除海禁，許多中國商船載運中國商品到巴達維亞；1687 年荷蘭向清廷請求直接貿易再次被拒；1688 年爆發荷蘭和法國的 9 年戰爭，導致嚴重缺乏船隻。在此背景下，1690 年起，公司決定將重心從東亞移往印度洋。

---

[68] 林偉盛：《荷據時期東印度公司在台灣的貿易》，台灣大學歷史學研究所博士論文，1998 年，第 2 頁。

[69] 台灣之名始自 1430 年代，大概在 16 世紀中葉成了中、日倭寇的巢穴，漢人在 17 世紀初開始移居台灣，從事農業墾植，到了 1624 年，荷蘭人從倭寇手中取得台灣。《台灣縣志‧輿地志》載：「宣德間，太監王三保舟遭颶風入臺，始知有臺灣之名。嘉靖，林道乾沿海作亂，都督俞大猷追之，道乾潛逃臺中」；《台灣府志‧藝文志》載：「明天啟間，海寇顏思齊入巢於此，始有漢人從而至者，後為荷蘭所據，東建赤崁城，西築安平鎮城，彼所以圖往來貿易，作儲頓之藪也」。

表 2-6：荷據時期台灣對外貿易航線和商品

貿易航線	商品名稱
中國大陸→台灣	生絲、紗綾、縮緬、緞子、綸子、坎甘布、麻布、衣服、砂糖、磁器、黃金、白蠟、土茯苓、生薑、砂糖、糖薑、茶、大米、小麥、麵粉、酒、明礬、水銀、錫、磚、瓦、板、柱、壺、鐵鍋、砂糖桶、木器等
台灣→中國大陸	白銀、胡椒、蘇木、丁香、沒藥、阿仙藥、白檀、安息香、豆蔻、紅色檀香木、沈香、犀牛角、象牙、琥珀、珊瑚、帶羽皮的鳥皮、鉛、銅、硫磺、鹿肉、鹿脯、鹽魚、魚卵、紫薪、米、其他雜貨
日本→台灣	丁銀、蠟、木材、木綿、硫磺、大米、乾鰈、Achar 漬、銅
台灣→日本	生絲、縮緬、綸子、緞子、毛織品、麻布、坎甘布、鹿皮、大鹿皮、砂糖、錫、珊瑚、胡椒等
巴達維亞→台灣	胡椒、紅色檀香木、沈香、龍血、豆蔻、椰子油、椰粉米、大米、藤、琥珀、錫、綿、綿紗、幾內亞麻布
台灣→巴達維亞	生絲、絹、綸子、緞子、絹紐扣、絹襪、撚紗、金襴、寬幅交織、坎甘布、絲綿、中國靴、砂糖、冰糖、砂糖漬、糖薑、人參、麝香、安息香、土茯苓、草藥、蜜、茶、大米、小麥、麥粉、蕎麥、酒、烏魚卵、肉豆蔻、大茴香、赤膠、日本煙草、磁器、硫磺、黃金、白蠟、珊瑚、黃銅、金絲、明礬、日本樟腦、日本木、堅木、禁木、杉木、板、煤炭、鐵鍋、傘、釜、扇子、粗紙、信箋、茶碗、日本紙
暹邏→台灣	大米、鉛、沈香、蘇坊木、燕窩、椰子油、豬油、鹿皮、鮫皮、犀牛角、帶羽毛的鳥皮、象牙、梁木、板、方材
台灣→暹邏	生絲、絲絹品、瓷器、砂糖、白蠟、土茯苓、雄黃、水銀、金絲、鐵、大鐵鍋、衣料
東京→台灣	生絲、絲絹品
台灣→東京	硫磺、坎甘布、Lanckin、紡織品、瓷器、砂糖
柬埔寨→台灣	胡椒、安息香、麝香、赤膠、鹿皮、帶羽毛的鳥皮、水牛角
台灣→柬埔寨	硫磺
台灣→蘇拉特	白蠟、土茯苓、紅色染料、胡椒、黃金、白銀
台灣→科羅曼得爾	生絲、各色鍛子、瓷器、茶、土茯苓、明礬、白蠟、煤炭、磁水瓮、金絲、黃金、白銀
台灣→波斯	砂糖、糖薑、生絲、瓷器、白蠟、明礬、硫磺、茶、土茯苓、日本樟腦

資料來源：楊彥杰：《荷據時代台灣史》，台北：聯經，2000 年，第 125 頁。

第四節　中國與巴達維亞的貿易（1636-1644）

荷蘭人自 1600 年代初和中國開始有了接觸以後，就積極試圖和中國建立直接貿易往來，但直到 1624 年佔據台灣，才達成此一目標，中、荷貿易方有明顯進展。[70]

1628-1632 年日本禁止對荷蘭的貿易，1620 年代中期以後到 1630 年代中期以前，中國東南沿海海盜橫行，中、荷之間的貿易受到很大影響。

鄭芝龍曾在 VOC 任職，大約在 1625-1626 年加入中國的海盜行列，1627 年春，鄭芝龍開始在中國沿岸搶劫，1628 年秋，鄭芝龍被朝廷招安，正式任命為「防海游擊」。[71]數年後，鄭芝龍剿滅其他海盜，稱霸中國東南沿海。

1633 年 10 月 22 日的圍頭灣之役，荷蘭、李國助聯軍被鄭芝龍帶領的中國政府海軍所擊潰，1 艘荷蘭船被燒毀沈沒、1 艘被俘、6 艘敗回台灣。自此以後，荷蘭放棄以武力威逼中國開放港口進行直接貿易的念頭，而鄭芝龍在這時已大致控制福建海域。在荷蘭和鄭芝龍的合作下，從 1633 年起，福建和台灣的貿易，有了大幅和穩定的成長，荷屬台灣的對日出口也隨之增加。1635 年鄭芝龍消滅廣東海盜劉香後，控制了中國的東南沿海，1636 年 5 月，鄭被任命為福州都督。[72]

---

[70] V. M. Campbell, *Formosa under the Dutch*, Taipei: SMC, 2001, pp. 26-27.

[71] 何孟興：〈從《熱蘭遮城日誌》看荷蘭人在閩海的活動（1624-1630 年）〉，《台灣文獻》，2001 年第 52 卷第 3 期，第 341-356 頁。

[72] 永積洋子：〈荷蘭的台灣貿易（上）〉，《台灣風物》，1993 年第 43 卷第 1 期，第 13-43 頁。

　　1629-1632 年日本對荷蘭的禁運解除後，以及台灣海峽航行安全大致恢復的兩項有利因素下，1633 年，荷屬台灣對中國和日本的貿易顯著增加。1630 年代中期開始，日本禁止日本船隻出海貿易，VOC 抓住這個機會，取代日本的朱印貿易船。1635-1640 期間，可以說是荷蘭在東亞的蜜月年代（"the honeymoon years"）。[73]

　　1636-1644 年間，中國和巴達維亞的貿易透過兩個管道進行：一是華船直接到巴城貿易，二是透過台灣進行中轉貿易。大概到了 1634 年以後，VOC 就未有船隻到中國沿海進行貿易。根據《巴達維亞城日記》的記載，地古士號是最後一艘直接到中國沿海通商的荷船，從中國泉州或漳州返航，於 1634 年 4 月抵達巴城（巴達維亞城的簡稱）。[74]所以在 1636-1644 這個時期，VOC 不是在巴城等待華船前來貿易，就是透過台灣和中國進行貿易，根據表 2-7、2-8 和 2-9，可以看出以台灣進行中轉貿易為當時荷蘭和中國間貿易的最主要管道。

　　1636-1644 年，中國和荷蘭的貿易以台灣中轉的貿易佔絕大部份，然後再從台灣輸往日本、巴達維亞和其他地方。以 1640 年為分水嶺，可分成前後兩個時期，1640 年以前，台灣輸出的商品以中國商品為主，包括黃金、絲貨、瓷器、砂糖；對中國大陸輸出的商品主要為購自東南亞的香料（特別是胡椒）。1640 年以後，由於中國內部動亂和其他因素（鄭芝龍崛起、荷蘭鼓勵在台生產），中國商品供應減少，台灣本地生產的商品（如砂糖、硫磺）出口日多，而對中國大陸的出口，香料比重下降，軍需品

[73] 永積洋子：〈荷蘭的台灣貿易（下）〉，《台灣風物》，1993 年第 43 卷第 3 期，第 45-91 頁。

[74] 郭輝、王世慶譯：《巴達維亞城日記》第一冊，台中：台灣省文獻委員會，1990 年，第 90 頁。

（如硫磺、鉛）則增加。[75]另外，華船向巴城直接輸出的商品多是一些價值不高的雜貨，而返程運回的商品以香料為主。

1937 年 10 月的命令指示：要求 VOC 在不妨礙對日貿易的前提下，每年輸往荷蘭 5 萬餘磅（約 400 擔）的中國生絲。[76]明末的中、荷貿易，以中國—荷屬台灣—日本的轉口貿易最為優先，詳見第三章。中國—荷屬巴達維亞—印度洋／歐洲的貿易，較不重要，歐洲所需生絲，多由波斯就近供應。

荷蘭人購買中國商品有兩種模式，一是向如鄭芝龍之流的大商人訂購，或是向散商購買。和大商人訂購，要預付訂金和簽署貿易合同，並常會根據國際市場的需要，針對絲織品和瓷器量身訂製。向散商（小商人）收購，則會根據市場需要決定收購價格和數量。荷蘭人和華商進行貿易，通常採以貨易貨方式，不足的部份才付現金，以減少對現金週轉的需求。[77]

表 2-7 和表 2-8 根據《巴達維亞城日記》，分別列出 1636-1644 年從中國大陸和台灣出發到巴達維亞進行貿易的船貨資料。表 2-9 和表 2-10 亦是根據《巴達維亞城日記》列出從巴達維亞出發到台灣、大陸以及從台灣出發往印度洋進行貿易的船貨資料。《巴達維亞城日記》包含巴達維亞城發生的重大事件和 VOC 其他商館的報告書綱要，由總督府以日記體編撰，記載荷蘭統治時代之巴達維亞城及全「印度」發生的重大事件。作者所引用的版本為台灣省文獻委員會據日人村上直次郎的譯著翻譯而來，共兩冊，包含 1624 年 1 月至 1645 年 12 月的日記，其中有部份年月因佚失而無記載。

---

[75] 楊彥杰：《荷據時代台灣史》，台北：聯經，2000 年，第 144 頁。

[76] K. Glamann, *Dutch-Asiatic trade 1620-1740*, Hague: Martinus Nijhoff, 1958, p. 117.

[77] 楊彥杰：《荷據時代台灣史》，台北：聯經，2000 年，第 146、147、154、155 頁。

　　受到季風影響，大約在每年的 5-8 月間，從巴城北上的船隻出發航向台灣，再前往日本；10 月至次年初，荷船從日本返航，中途常停靠台灣（有時直航巴城），大概在 12 月到隔年 4 月這段時間，抵達巴城。荷蘭的台灣安平商館在日本來船和巴城來船的這兩段時期之前，必須備好所需貨品（主要是中國商品），讓這些船運走。巴城—台灣這條航線的船隻，以直航最為常見，但有時中間會停靠暹邏、廣南、柬埔寨等地。最後，集中在 VOC 總部巴城的貨物或利潤，再用船隻運往印度洋、波斯、荷蘭，但有時也直接從台灣出發前往印度和波斯。[78]

表 2-7：1636-1644 年從中國大陸抵達巴達維亞的船貨

抵達巴城時間	華商人名船名	起點	船載內容和有關事項	出處
1636 年				
2 月 21 日		中國沿岸	小戎克船 1 艘，海員 141 人，運載瓷器、織品、啤酒、其他貨品。	Vol. 1 p. 154
4 月 4 日		中國	第四次中國戎克船，搭乘 330 名中國人和中國雜貨。	Vol. 1 p. 156
4 月 11 日	Sicqua	中國	第五次中國戎克船，346 人和各種中國貨物。	Vol. 1 p. 156
4 月 22 日		中國	第六次中國戎克船，搭乘 120 人和各種中國貨物。	Vol. 1 p. 172
4 月 27 日		中國	搭乘中國人 75 人和各種中國雜貨。	Vol. 1 p. 172
1637 年				
2 月 2 日		中國泉州或漳州	本年自中國第一次開出，重 500 噸的戎克船，船員 300 人，載運各種中國雜貨。	Vol. 1 p. 187
2 月 9 日		中國泉州或漳州	2 艘中國戎克船重 360 噸，滿載瓷	Vol. 1

[78] 楊彥杰：《荷據時代台灣史》，台北：聯經，2000 年，第 123 頁。

抵達巴城時間	華商人名船名	起點	船載內容和有關事項	出處
			器、織品及其他中國貨物。	p. 188
2月25日		中國泉州或漳州	3艘戎客船載運各種中國貨品和織品。另據報,還有2艘戎克船將要前來。	Vol. 1 p. 196
1644年				
2月13日	許瓜Sicoa	中國安海	本年第一艘船,人員450人,載了各種中國貨品。另據報,因中國動亂,高級瓷器缺貨。	Vol. 2 p. 379
2月25日		中國	一艘搭乘500人、一艘搭乘400人,各載運了中國貨品。	Vol. 2 p. 380
3月7日		中國福州	人員45人,搭載中國啤酒、大紙張、其他雜貨。本年自中國抵達的艋舺船。	Vol. 2 p. 380
3月9日		中國	帆船一艘搭載650人及各種中國貨品。	Vol. 2 p. 380
3月29日		中國	帆船一艘搭乘700人、未提及載運的商品。	Vol. 2 p. 382
4月4日		中國	本年第7艘中國帆船,搭載55人及各種中國商品。	Vol. 2 p. 382

資料來源:郭輝、王世慶譯:《巴達維亞城日記》,台中:台灣省文獻委員會,1990年。

表2-8:1636-1644年從台灣抵達巴達維亞的船貨

抵達巴城時間	船名	起點	船載內容和有關事項	出處
1636年				
2月11日	Hambguan	台灣安平	海員97人、滿載中國貨物。同年5月24日返航、運載胡椒65,100斤、Calitwurs Hout 1,500斤、Poetsjock 1,050斤、檀香木1,017斤、水牛角493斤、Caijolacko 525斤。	Vol. 1 pp. 149, 174
4月21日	古羅號哇耳門德號回士太連號	日本→台灣安平→廣南	據送貨單所列船貨價額共計211,546荷蘭盾。另外,古羅號和哇耳門德號尚載日本銅錢、	Vol. 1 pp. 157-8

抵達巴城時間	船名	起點	船載內容和有關事項		出處
	夫雷德船 Rarop 號	日本→台灣安平	現款及雜貨,輸入廣南。		
4 月某日	拉洛布號	台灣安平	船貨包括價值 158,081 荷蘭盾的日本貨物、中國貨物及商品。		Vol. 1 p. 158
5 月 1 日	廣南號	台灣安平→交趾	船貨為上等瓷器、Lanquins、絹襪、撚絲等中國貨物,據貨單所列,價值 6,203 荷蘭盾。		Vol. 1 p. 172
11 月 26 日	士希布船鐵西號及邦美耳號	台灣澎湖	搭載黃金、砂糖、瓷器、絹糸、其他中國貨物。	所載貨物共值 182,107 荷蘭盾	Vol. 1 pp. 177, 184-5
10 月或 11 月某日	也哈多船 Cleijn Bredan 號	台灣安平			
12 月 6 日	也哈多船哇地羅衛回號	台灣安平	搭載上席商務員 Vander Haghe。另在比爾敦島附近,捕獲載運米糧之爪哇船。未提及船貨(可能不是因商業因素出航?)		Vol. 1 p. 184
12 月 9 日	也哈多船 Hoochearspel 號	台灣安平	載運價值 29,690 荷蘭盾的貨物。		Vol. 1 p. 184
12 月 10 日	士希布船布列丹號	台灣安平	載運中國貨物包括黃金、織品類、絹絲、瓷器、砂糖等物,價額為 111,126 荷蘭盾。		Vol. 1 pp. 184-5
12 月 12 日	也哈多船打曼號 夫雷德船士哈享號	台灣安平	分別載運價值 71,199、86,261 荷蘭盾的中國貨物。		Vol. 1 p. 185
12 月 14 日	士希布船 De Caliasse 號	日本→台灣安平	載價額 76,019 荷蘭盾的中國貨物。		Vol. 1 p. 185
12 月 19 日	夫雷德船回士太連號	台灣安平	載 17,882 荷蘭盾貨物。		Vol. 1 p. 185
1637 年					
2 月 10 日	戎克船 Diemen 號	台灣安平	載運價值 17,099 荷蘭盾貨物。		Vol. 1 p. 188
2 月 12 日	戎克船 巴達維亞號	台灣安平	船貨包括中國士回德銀幣 5,000 兩、中國絲絹千斤、日本銅 1 萬斤、粗細瓷器 41,240 件、絹織品,共值 35,344 荷蘭盾。		Vol. 1 p. 199

抵達巴城時間	船名	起點	船載內容和有關事項	出處
3月3日	夫雷德船白丁號	台灣安平→廣南	載運黃金 1,722 兩、米、銅、樟腦、白蠟、Cangan 布、錫等，價額共達 121,578 荷蘭盾。	Vol. 1 p. 197
4月28日	夫雷德船拉洛布號	日本→台灣安平→廣南	從台灣和廣南分別運來價額 189,241 和 5,006 荷蘭盾的商品。	Vol. 1 p. 202
1640 年				
12月6日	也哈多船 Ackerslooth 號	台灣安平	載運絲織品大小 22 箱、絲鈕扣和線帶兩籠、Lan ckin 3,900 斤、Cangan 布 2,075 匹、砂糖 2,350 籠、其他貨品 748 大箱，總價額 138,969 荷蘭盾。	Vol. 2 p. 237
12月21日	帆船 Uytercht 號	台灣安平	載運 14,839？荷蘭盾的貨品	Vol. 2 pp. 252-3
12月31日	夫雷德船 Broeckoort 號	日本→台灣安平	載 42,115 荷蘭盾的貨品。	Vol. 2 p. 253
1641 年				
1月29日	夫雷德船羅和號	台灣安平	船貨包括蠶絲 20,038 斤、同撚絲 2,247 斤、青赫色 Lan ckin 9,060 匹、絲靴襪子 942 雙、砂糖 190,635 斤、糖醃生薑 13,294 斤、人參 2 斤、黃金 348 兩 7 錢、上等麝香 13.5 斤、粗瓷器 3,064 個、粗瓷精巧品少數，總價額 167,608 荷蘭盾。	Vol. 2 p. 291
4月11日	夫雷德船歐斯多卡伯魯號	日本→台灣安平→柬埔寨	各種安息香 11,500 斤、紅色橡皮 3,400 斤、尼斯多橡皮 145 個、Lan ckin 、Cangan 布、日本地板石 1,000 個……總價值為 24,430 荷蘭盾。	Vol. 2 pp. 296-7
4月19日	夫雷德船美耳曼號	日本→台灣安平	載絲織品 22 箱、粗瓷器 1,741 個、精製硫磺 10,000 斤、白砂糖 43,443 斤、日本檻梁材 100 支、地板石 1,000 塊，總額 100,387 荷蘭盾。	Vol. 2 p. 298
4月21日	夫雷德船	日本→	與夫雷德船古拉哈多號船貨合	Vol. 2

抵達巴城時間	船名	起點	船載內容和有關事項	出處
	卡斯多里庫姆號	台灣安平	計 545,331 荷蘭盾。	p. 300
5月8日	夫雷德船田・煙格魯號	日本→台灣安平→暹邏	載 2,681 荷蘭盾之貨品。	Vol. 2 p. 315
12月13日	勒・瓦魯費士號、夫雷德船勒・熱翰號	台灣安平	載運砂糖、蠶絲、絲織品、瓷器、Caliga、紅色橡皮等貨，合計 319,264 荷蘭盾。	Vol. 2 p. 319
12月20日	夫雷德船歐斯多卡伯魯號	日本→台灣安平	船貨總價額共計 428,241 荷蘭盾。其中，瑪利亞・勒美基西士號和 Gulde Buijs 號於 11 月 26 日在廣南海域擱淺，只有歐斯多卡伯魯號載運價值 36,344 荷蘭盾的貨品（蠶絲、絲織品、砂糖及其他中國貨品）抵達巴城。	Vol. 2 pp. 344-5, 367
	瑪利亞・勒美基西士號 Gulde Buijs 號	台灣安平		
1642 年				
1月26日	中國商人 Pero	台灣安平	載運各種中國貨品。	Vol. 2 p. 345
1月28日	夫雷德船勒・美耳曼號	台灣安平	載運黃金、蠶絲、其他中國商品，共計 271,864 荷蘭盾。	Vol. 2 p. 350
3月13日	也哈多船勒・基費德號 卡列歐打船勒・布拉克號	台灣安平→東京→廣南	未提及載運的商品。	Vol. 2 p. 365
5月8日	帆船台窩灣號	台灣安平？	少量商品價值 10,312 荷蘭盾。	Vol. 2 p. 370
1643 年				
12月14日	士西布船勒・斯王號	日本→台灣安平	砂糖 429,712 斤、冰糖 54,446 斤、日本上衣 60 件、日本屏風 6 件、日本樟腦 27,850 斤、Louwse 麝香 47 兩 4 錢、漆器 213 個、黃蠶絲 1,021 斤、棒鐵 17,330 斤、小麥 300 袋、米 230 袋、Cangan 布 1,550 匹。未載明總值，因此以同類型船隻的平均值 94,766 荷蘭盾來推估。	Vol. 2 p. 386

抵達巴城時間	船名	起點	船載內容和有關事項	出處
1644 年				
2 月 18 日	也哈多船勒·列烏哦立庫號	台灣安平→東京	載運絲織品和值 47,000 荷蘭盾的中國黃金，總計 78,055 荷蘭盾。	Vol. 2 p. 379
4 月 3 日或 4 日	夫雷德船勒·美爾曼號	台灣安平	船載值 220,000 荷蘭盾的中國黃金和 78,000 荷蘭盾的商品，共計 297,880 荷蘭盾。細目如下：絲織品 16 箱、Cangan 布 67 籠、Langking 62 箱、Cooproot 6 壺、中國珊瑚 2 個、金色黃銅 11 籠、金絲 129 箱、蠶絲 6 箱又 17 籠、黃金 3 箱、茯苓 8 籠、中國糖醃品 3 壺。另外，其為台灣派遣的第五次船隻。	Vol. 2 pp. 382, 387-8
4 月 20 日	艋舺船勒·和布號	台灣	絲襪 560 雙、瓷器 3,595 個、冰糖 5,072 斤、中國大茴香 1,175 斤和其他中國雜貨，計 4,322 荷蘭盾。	Vol. 2 pp. 382, 390
12 月 2 日	士希布船紐·哈廉號	台灣安平	砂糖 285,906 斤、糖醃生薑 13,960 斤、茯苓 2,660 斤、上等瓷器 146,564 個、金襴 444 匹、Armosijn 128 匹、緞子 191 匹、Chioul 2 匹、Bourat 8 匹、Gouron 5 匹、Peeling 490 匹，計值 97,153 荷蘭盾。	Vol. 2 p. 408
12 月 12 日	夫雷德船田·采愛爾號	日本→台灣安平	日本士回德銀 25,000 兩、各種瓷器 202,332 個、糖醃生薑 10,762 斤、茯苓 2,468 斤、絲襪子 1,355 雙、白撚絲 90 斤、絲棉 108 斤、硫礦 10,864 斤、Armosijn 80 匹、紅銅板 19 塊，共計 122,544 荷蘭盾。	Vol. 2 p. 438

資料來源：郭輝、王世慶譯：《巴達維亞城日記》，台中：台灣省文獻委員會，1990 年。

表 2-9：1636-1644 年從巴達維亞（起點）抵達台灣安平或中國大陸的船貨

離開巴城時間	華商人名荷船船名	中繼站/終點	船載內容及有關事項	出處
			1636 年	
5 月 24 日	Hambguan 的艋舺船	台灣安平	胡椒 65,100 斤、Calitwurs Hout 1,500 斤、Poetsjock 1,050 斤、檀香木 1,017 斤、水牛角 493 斤、Caijolacko 525 斤。	Vol. 1 p. 174
6 月 1 日	士希布船古羅號、大曼號	廣南→台灣安平→日本	運貨單列價值 85,920 荷蘭盾的貨物。	Vol. 1 p. 174
6 月 27 日		中國	2 艘中國戎克船返航，共載胡椒 256,800 斤、長形胡椒 5,000 斤、黑檀 1 萬斤、Calitwurs Hout 9,625 斤、Steen Croos 7,500 斤、其他雜貨、偷運現金和樟腦。	Vol. 1 p. 176
8 月 4 日	夫雷德船Petten 號	澎湖→平戶	載運 88,316 荷蘭盾銷向日本的歐洲貨物和銷向台灣價值 31,098 荷蘭盾之象牙、檀香木、荷蘭食品、及其他必需品。	Vol. 1 p. 176
			1637 年	
5 月 24 日	士希布船安姆士德南號、夫雷德船歐士德卡白耳號	台灣安平→日本	運銷台灣（101,403 荷蘭盾）：鉛 104,769 斤、丁香 48,800 斤、肉豆蔻 24,400 斤、胡椒 266,743 斤、「卡里秋」木 120,000 斤、緋呢料 10 匹、荷蘭鐵 5,680 斤、「古羅曼地」及「士拉德」布 14 包、「白耳白多安」10 匹、米 50 拉士德、灰色帽子 200 個、粗襯衫 200 件、牛肉及鹹豬肉 45 桶、「阿拉特」酒 12 桶、醋 4 桶、西班牙及法國葡萄酒 8 桶、牛酪 4 桶、油 10AAM。 運往日本（9641 荷蘭盾）：丁香 12,200 斤、肉豆蔻 6,100 斤、巴羅士樟腦 40 斤、「里連」300 匹、上等織品 90 匹。	Vol. 1 pp. 217-8

離開巴城時間	華商人名荷船船名	中繼站/終點	船載內容及有關事項	出處
1640 年				
7月26日（抵台）	夫雷德船歐特耳號、布爾哥爾多號、歐斯多卡伯魯號、美耳曼號	台灣安平		摘自台灣長官包耳士・杜拉第紐斯對巴城的報告書，內容涵蓋4-10月。此8艘船，共載184,272荷蘭盾的貨物。因此推估4艘由巴達維亞開往台灣的荷船載價值92,136荷蘭盾的貨物。[79]
7月底（抵台）	勒・古拉哈多號	暹邏	Quiaty 樑材 58 支、板料 138 塊、角料 146 支、象牙 3,178 斤、沈香 459 斤、鳥皮 6,000 張、蘇枋木 50,000 斤、犀角 43 支，總價額 7,700 荷蘭盾。	Vol. 2 pp. 237-8
8月11日（抵台）	有勒・萊布號	起點？→台灣安平		
8月28日（抵台）	包號	起點？→台灣安平		
10月10日（抵台）	阿格爾史羅多號	起點？→台灣安平		
1641 年				
6月21日（抵台）	夫雷德船羅和號、荷蘭基玻姆號、卡洛船烏特・科魯巴爾德號	台灣安平	摘自台灣副長官 Paulus Traudenius 對巴城的報告，內容涵蓋4-10月。8艘船貨合計值 649,369 荷蘭盾，其中 3 艘由巴城直航台灣，另兩艘可能由巴城出發後，彎靠第三地，再航至台灣。所以推測有 5 艘從巴城開抵，載運船貨總值 405,856 荷蘭盾。	Vol. 2 pp. 319, 322-3
7月22日（抵台）	士希布船勒・瓦魯費士	巴城？→摩羅卡→台灣澎湖		

[79] 《台灣日記》（De Dagregister van Het Kasteel Zeelandia, Taiwan 1629-1662）記載：1640 年，有 6 艘船從巴城抵達台灣，共載價值 88,680 荷蘭盾的貨物和 52,200 荷蘭盾的現金。轉引自林偉盛：《荷據時期東印度公司在台灣的貿易》，台灣大學歷史學研究所博士論文，1998 年，第 75 頁。

離開巴城時間	華商人名荷船船名	中繼站/終點	船載內容及有關事項	出處
7月23日（抵台）	夫雷德船卡斯多里庫姆號	起點？→台灣安平		
7月24日（抵台）	夫雷德船居由魯勒‧排士號	起點？→台灣安平		
8月9日（抵台）	夫雷德船勒‧采愛爾號	巴城？→強卑→台灣安平		
9月6日（抵台）	夫雷德船勒‧熱翰號	起點？→台灣安平		
1642 年				
6月29日	士希布船泰赫爾號、包號	台灣安平→日本	銷往台灣 385,656 荷蘭盾的貨品，銷往日本 92,785 的貨品（包括歐洲貨）。	Vol. 2 p. 378
7月26日	也哈多船阿格魯斯羅多號、夫雷德船布魯哥爾多號	台灣安平	92,415 荷蘭盾貨品。	Vol. 2 p. 378
8月6日	也哈多船勒‧瓦特魯號	台灣安平	現金為主的貨品計 127,610 荷蘭盾。	Vol. 2 p. 379
1644 年				
7月11日（抵台）	士希布船紐‧哈廉號	起點？→台灣澎湖	摘自台灣副長官佛郎沙‧卡倫君 1644 年 10 月 25 日對巴城的報告，內容涵蓋 4-9 月。並未記載船貨內容和價值。1642 年有 5 艘載了共計 605,681 荷蘭盾船貨的荷船自巴城航向台灣，平均 1 艘載運 121,136 荷蘭盾，因此 1644 年的 3 艘可能載 363,409 荷蘭盾的船貨。	Vol. 2 pp. 408-9
8月12日（抵台）	夫雷德船諾爾德蘇德爾列號	起點？→台灣安平		
8月18日（抵台）	田‧多魯夫因號、勒‧瓦肯‧勒布依號	起點？→台灣安平		
8月25日（抵台）	也哈多船基費德號、列烏哦立庫號	起點？→台灣安平		

離開巴城時間	華商人名荷船船名	中繼站/終點	船載內容及有關事項	出處
8月27日（抵台）	也哈多船里羅號、哈林克號	起點？→台灣安平		
8月10日（抵台）、7月5日由巴城出發	士希布船勒·夫列勒號、夫雷德船田·主爾瓦天·倍爾號、庫哦魯船田·哈熱維因德號	台灣安平		

資料來源：郭輝、王世慶譯：《巴達維亞城日記》，台中：台灣省文獻委員會，1990年。

表2-10：1640-1644年台灣（起點）航向印度洋的船貨

出發時間	荷船船名	中繼站／終點	船貨資料及有關事項	出處
1640年				
1640年12月7日	歐里凡多號利士歐特爾號包號	士拉德、波斯、哥羅曼勒魯	摘自台灣長官向巴城的報告。主要船貨為金、銀、砂糖、蠶絲、白蠟、瓷器、明礬、硫磺等，總價額1,377,238荷蘭盾。	Vol. 2 p. 291
1643年				
1643年尾？	田·瓦德爾逢德號	台灣→士拉德、波斯	摘自台灣長官向巴城的報告。擬搭載備安之砂糖、瓷器、日本樟腦、茯苓、士回德銀，共計450,000荷蘭盾。	Vol. 2 p. 387
1643年尾？	也哈多船里羅號	台灣→哥羅曼勒魯	摘自台灣長官向巴城的報告。載運儲藏的全部黃金，貨品共計247,000荷蘭盾。	Vol. 2 p. 387
1644年				
1644年尾？			摘自台灣副長官佛郎沙·卡倫君1644年10月25日對巴城的報告。預定或已裝船：輸往波斯30萬斤砂糖、26,800斤冰糖銷向本國及波斯、銷向哥羅曼勒魯價值180,595荷蘭盾的中國黃金和其他值11,826里爾的商品。（作者粗略估計這些商品價值可能約為35萬荷蘭盾）。	Vol. 2 pp. 428-9

資料來源：郭輝、王世慶譯：《巴達維亞城日記》，台中：台灣省文獻委員會，1990年。

　　從表 2-7 得知中國→巴城的華船多為運人和載雜貨，價值不高，而且 1636-1644 這段期間，數量也可能不是太多（華船應是多開往距離近很多的台灣），因此在下面的分析裡，予以忽略。表 2-8 顯示台灣→巴城的船隻在 12 月到隔年 4 月（共計 5 個月）抵達巴城。表 2-9 顯示巴城→台灣的船隻在 5 月下半月到 8 月上半月（共計 3 個月）出發，特別集中在 6-7 月。

　　根據表 2-8、2-9 和 2-10，可以得出每條航線每年之船數與每船平均載貨價值，結果參見表 2-11。由於《巴達維亞城日記》部份內容佚失，所以表中的船數和船貨價值不一定能代表整年的數值，在表 2-11 的附註中，針對資料佚失的年份，列出有資料的月份。

表 2-11：1636-1644 年中國大陸、台灣、巴達維亞間的往來船隻

	台灣→巴城		巴城→台灣		中國→巴城		附註
	船隻數	船貨（荷盾）	船隻數	船貨（荷盾）	船隻數	船貨（荷盾）	
1636	16	950,114	4	117,018⁺	7		台灣→巴城其中 1 艘未記載船貨價值。巴城→台灣（5、6、8 月），其中 1 艘未記載船貨價值。
1637	4	363,262	2	101,403	6		台灣→巴城（2、3、4 月）巴城→台灣（5 月）
1638							無記載。
1639							無記載。
1640	3	195,923	4	92,136			台灣→巴城（12 月）
1641	11	1,587,942	5	405,856			台灣→巴城其中 2 艘在廣南擱淺。
1642	4	282,176	5	605,681			台灣→巴城（1、3 月），其中 2 艘未記載船貨價值。
1643	1	94,766					台灣→巴城（12 月）
1644	5	599,954	3	363,409	7		台灣→巴城（2、3、4、12 月）

資料來源：根據表 2-7、2-8 和 2-9，作者整理。

　　值得注意的是，根據表 2-8 和表 2-11 的貿易記錄，1644 年台灣向巴城輸出 267,000 荷蘭盾的黃金，佔所有貨物總值的 44.5%，這個不尋常的比例，大概是和中國的內戰有關：一是因戰亂導致絲貨和瓷器出口減少，二是滿足中國對白銀的需求。

　　表 2-12 主要根據表 2-11 和以下假設，計算出台灣→巴城、巴城→台灣、台灣→印度洋的船貨價值、中國商品離岸價和流入中國的白銀。另外，台灣→印度洋的船貨價值根據表 2-10 整理。由於巴城經台灣向日本的輸出額不大（這造成高估），另忽略東南亞其他地方對台灣的輸出（這造成低估），一個高估，另一個低估，可能約略抵消掉，因此以巴城向台灣（貨物轉運站）的輸出為 VOC 對中國的輸出。基於同樣原因，將台灣向巴城和台灣對印度洋的輸出等同於中國對 VOC（不計入日本）的輸出。

　　某些船貨價值無記載，例如 1636 年巴城→台灣的 4 艘船裡，其中 1 艘未記載船貨價值。其餘 3 艘共載了 117,018 荷蘭盾的船貨，平均每艘載 39,006 荷蘭盾的船貨，據此推估 4 艘應合計載 156,024 荷蘭盾的船貨。

　　每年 12 月至隔年 4 月（計 5 個月）船隻由台灣航抵巴城、5 月下半月到 8 月上半月（計 3 個月）船隻由巴城航向台灣。根據表 2-11，有些年份的統計並不完全，例如 1636 年 5、6、8 月（缺 7 月），巴城往台灣的 4 艘船隻載運價值 156,024 荷蘭盾的船貨，因而推估同年 5 月下半到 8 月上半（也就是整年）所有由巴城航向台灣的船隻載運總值 234,036 荷蘭盾的貨物。其他未有船貨價值的年份，則以前後年份的數據以線性內差法估計之，例如 1643 年巴城→台灣的船貨價值以 1642 和 1644 年的平均估計。

　　根據《巴達維亞城日記》1625 年 4 月記載：「〔Wangsan〕又言，如得對中國人賦與利益百分之二十五、三十、以至四十、誘其渡航，則今後六個月間，在台窩彎（安平）可得絹絲十五萬

斤,此事一經實行,則絹絲絕不至於缺乏,一年可得 1 百萬斤以上云」。[80]因此假定台灣購進價高出中國商品離岸價的 30%,據此估計中國商品的離岸價。至於巴城輸往台灣商品,在巴城的採購價和在台灣出售價間的差距,作者未能找到有關數據,所以參考中國商品在中國沿岸和在馬尼拉或日本的 70-100%之價差,大膽假設為 40%(巴城採購價加四成為台灣售價)。除此,參考錢江的估計:華商去馬尼拉貿易,平均花費銷售所得的 19%在稅金、行銷和返程運費上,[81]因而假設去台灣貿易的華商花費商品離岸價值的 15%在這些費用上。最後根據 30%、40%、15%這幾個比例與貿易額,推估流入中國的白銀數量。例如,1636 年,VOC 在台採購 1,702,704 荷蘭盾(544,863 兩銀)的中國商品,除以 1.3 得到離岸價 41.9 萬兩銀。再扣掉離岸價 15%的費用 6.3 萬兩,則出口中國商品到台灣,海商收入 48.2 萬兩銀。另外,1636 年,巴城經台灣向中國出口價值 234,036 荷蘭盾(74,892 兩銀)的商品,乘以 1.4 倍為中國商人付出的價錢,計 10.5 萬兩。最後將出口收入 48.2 萬兩減去進口支付 10.5 萬兩,得到淨流入中國的白銀 37.7 萬兩。

最後得到表 2-12。1644 年的貿易衰退,顯然和中國內部的局勢有關。另外,1641-1643 年,中國經台灣向巴城和印度洋的出口,並沒有受到影響,此似乎與直覺不合,但對照此一時期,VOC 對日本出口(中國經台灣向日本出口),大幅度減少(參見第三章),就不難理解了。

---

[80] 郭輝、王世慶譯:《巴達維亞城日記》第一冊,台中:台灣省文獻委員會,1990 年,第 43 頁。

[81] 錢江估計:中國商船前往馬尼拉貿易,平均每艘船銷售金額為 53,333 兩,稅金、銷售費用和回程運費,合計等於 9,962 兩,相當銷售金額的 19%。轉引自吳承明:《市場、近現代化、經濟史論》,昆明:雲南大學出版社,1996 年,第 271 頁。

表 2-12：台灣→巴城、巴城→台灣、台灣→印度洋的船貨價值（荷蘭盾）以及中國商品離岸價、流入中國的白銀（萬兩）

| | VOC→中國 | 中國→VOC（扣除日本部份） | | | 中國商品 | 流入中國 |
	巴城→台灣	台灣→巴城	台灣→印度	小記	離岸價	白銀淨額
1636	234,036	1,013,455	688,619*	1,702,074	41.9	37.7
1637	608,418	726,724	860,774*	1,587,498	36.3	19.3
1638	436,324	826,461	1,032,929*	1,859,390	50.1	46.2
1639	264,230	926,197	1,205,083*	2,131,280	57.4	53.1
1640	92,136	1,025,934	1,377,238	2,403,172	64.7	69.9
1641	405,856	1,175,538	1,150,492	2,326,030	62.6	52.1
1642	605,681	1,693,056	923,746	2,616,802	70.5	51.3
1643	484,545	1,296,494	697,000	1,993,494	53.7	34.0
1644	363,409	899,931	350,000	1,249,931	33.7	20.9

資料來源：作者整理。星號數字的推估如下：由於大約到了 1634 年，中國東南沿海才變得平靜和安全，鄭芝龍和其他華商開始將大量商品輸往台灣貿易，因此作者大膽假設在 1632 年，台灣對印度洋方向出口的船貨價值很小（假設為零），然後逐年以線性的形式遞增到 1640 年的 1,377,238 荷蘭盾。1636 年 1 荷蘭盾等於 0.32 兩、1637-1644 年 1 荷蘭盾等於 0.35 兩。

第五節　摘要[82]

　　葡萄牙於 15 世紀初，向非洲擴張，開啟近代歐洲，因貿易利益和宗教因素向海外擴張的序幕。1498 年葡萄牙發現了經好望角的歐亞直接海上通道，1511 年征服馬六甲，控制了往來東亞海域和印度洋的咽喉，1513 年首次踏上中國領土，1554-1557 年租借澳門，最終在 16 世紀下半葉，建立了跨歐、非、亞、美四洲的龐大貿易網絡。

　　澳門自開埠到 17 世紀的 40 年代初，從一個僅有少數臨時建物的荒島蛻變成為一個亞洲重要的海上貿易中心。此一時期，被

---

[82] 本節部份內容，詳見第三、四章。

稱作葡澳的黃金時代。最重要的三條貿易線分別為澳門—長崎、澳門—馬尼拉、澳門—果阿—里斯本。1600 年前後，每年約有價值 40 萬兩（以澳門/廣州當地價格計算）的中國商品，其中絲貨價值 24 萬兩，由澳門運往果阿，毛利率約為 100%、甚或更高一點。

葡澳對日貿易，因天主教問題，在 1639 年終止；1640 年底，葡萄牙脫離西班牙獨立，在 1643 年，葡澳和西屬馬尼拉的貿易因之中斷；1641 年，荷蘭佔領馬六甲。至此，葡澳的衰微已是註定了。

1492 年，哥倫布「發現」美洲，到了 16 世紀中葉，西班牙大致完成美洲的征服工作。美洲盛產的貴金屬，特別是白銀，提供西班牙稱霸海洋的資本。1565 年在菲律賓的宿務建立第一個東亞殖民基地起，開始在東亞的擴張，西班牙成了名符其實的「日不落國」，16 到 17 世紀中葉可稱為西班牙的「黃金世紀」。

1570 年代前期，開始了中國—西屬菲律賓/馬尼拉—西屬美洲的貿易，西班牙使用重數百噸到一、兩千噸的大帆船（史稱「馬尼拉大帆船」），往返於墨西哥的阿卡普爾科和菲律賓的馬尼拉之間。在這條航線上，中國的輸出商品幾乎為生絲和絲織品，西班牙則為美洲白銀，因而此條航線，又被稱為「太平洋絲綢之路」。據估計，從航路開通到明末，在正常年份，每年輸入菲律賓和中國的白銀為 100-200 萬兩左右。西班牙經營菲律賓的兩大目標為傳教和獲取商業利益，傳教方面獲得極大成功，菲律賓成為亞洲唯一的天主教/基督宗教國家。

荷蘭在 1581 年宣佈脫離西班牙獨立，約從 1590 年起，便積極展開海外擴張，與西、葡兩國爭取殖民地，逐漸成為 17 世紀的海上霸主。1602 年，成立荷蘭東印度公司（VOC），1619 年將總部遷到巴達維亞，經營東到日本、西到波斯灣的貿易。1624

年取得台灣，為其在東亞貿易重要的轉折點，開始取得穩定的中國商品，主要用於對日本的輸出。1635-1640 年，為荷屬台灣對外貿易的黃金時代。其後，由於中國內部戰亂和受到鄭芝龍的挑戰，台灣的轉口貿易（主要是對日貿易）受到很大影響。

　　1636-1644 年，中國和荷蘭東印度公司的貿易（巴達維亞和印度洋方向），以台灣中轉的間接貿易佔了絕大部份。中國對荷屬巴達維亞，主要出口絲貨、瓷器和黃金，主要進口東南亞產之特產品，如香料，另進口金額約為出口金額的 1/4。此一期間，中國輸往巴城/印度洋的商品金額，以離岸價計算，估計每年約在 30-70 萬兩之間。1641-1643 年，受到對日輸出削減的影響，荷蘭東印度公司轉而將在台採購的中國商品，移往巴城和印度洋方向銷售，以致銷售金額得以不墜。1644 年受到中國動盪的影響，產生非常大幅度的衰退。詳細數字參見表 2-11 和表 2-12。

一、葡萄牙帝國年表（僅列出重要或與本研究極為相關的事件）

1415	佔領休達
1434	Gil Eanes 繞過 Bojador 角
c. 1456	抵達維德角
1487-88	Bartolomeu Dias 繞過好望角
1487-92	Pero de Covilhã 經海、陸抵達印度西岸、波斯灣、東非
1494	托德西利亞斯條約
1497-9	Vasco da Gama 航行至印度
1500	Pedro Álvares Cabral 登上巴西海岸
1510	Afonso de Albuquerque 佔領果阿
1511	Afonso de Albuquerque 佔領馬六甲
1513	抵達中國
1514	Jorge Álvares 率領第一個貿易使團前往中國
c. 1515	將花生引進中國
1516	由 Tomé Pires 率領前往廣東和北京的使團由印度出發
1530-40 年代	將玉蜀黍引進中國
1542/43	抵達日本

1554-57	租借澳門
1560 年代	將甘藷引進中國
1571	葡萄牙在日本長崎建立據點
1582	利瑪竇抵達澳門，隨後展開在中國的傳教之旅和文化交流
1587-98	日本實施恐怖統治、進行宗教迫害
1580-1640	與西班牙合併
1630-54	荷蘭佔據葡屬巴西東北部的大部分土地
1639	日本禁止與澳門的貿易
1640	日本當局下令驅除葡萄牙人
1641	馬六甲失陷於荷蘭
1643	馬尼拉當局禁止葡澳前來貿易
1650	葡萄牙在波斯灣被驅除
1658	錫蘭失陷
1663	荷蘭佔據馬拉巴爾海岸的葡萄牙殖民地

資料來源：A. J. R. Russell, *The Portuguese Empire 1415-1808*, Baltimore: Johns Hopkins University Press, 1998, pp. 222-227.

二、西班牙帝國年表（僅列出重要或與本研究極為相關的事件）

1492	哥倫布首航中美洲
1493	羅馬教皇為西葡劃分海域歸屬
1493-1496	哥倫布第二次航行至美洲
1498-1500	哥倫布第三次航行至美洲
1499-1500	Americo 航抵南美洲、宣佈哥倫布所到之地為一新大陸而非印度。
1502-1504	哥倫布第四次航行至美洲
1503	Ovando 繼位總督、殖民政府初具規模
1513	發現佛羅里達和太平洋
1519-1521	征服位於墨西哥的阿茲特克帝國
1519-1522	麥哲倫率領的艦隊橫渡大西洋、發現菲律賓、完成環繞地球一週的壯舉
1532-1533	征服祕魯的印加帝國
1522-1541	向中南美洲擴張殖民
1531-1576	向北美洲東西兩岸擴張殖民
1565	開始菲律賓的殖民統治
1572	開始中國—菲律賓—西屬美洲的絲銀貿易
1580-1640	西、葡合併
1626-1642	統治北台灣

1643	葡澳和馬尼拉的貿易中斷
1700-14	王位繼承戰爭、國勢衰微
1810-24	美洲殖民地紛紛獨立
1898	美西戰爭、喪失菲律賓

資料來源：彭小甫：〈十五至十九世紀中西海權的消長大事年表〉，《人文及社會科學教學通訊》，1991 年第 1 卷第 6 期，第 20 7-215 頁；以及作者整理。

三、荷蘭帝國年表（僅列出重要或與本研究極為相關的事件）

1579	北部七省組成烏得勒支同盟
1581	脫離西班牙獨立
1585	西/葡對荷蘭實施第一次的禁運
1588	英格蘭、荷蘭聯軍擊敗西班牙無敵艦隊
1590-1600	向地中海、西非、印度尼西亞擴張
1600	英國東印度公司成立、荷蘭首次抵達日本
1602	成立荷蘭東印度公司
1605	將葡萄牙逐出摩鹿加群島（香料群島）
1609	荷蘭在日本平戶設立商館、與西班牙簽訂 12 年的和平協約
1618	三十年戰爭開始
1619	荷蘭東印度公司在巴達維亞設立總部
1619-23	英荷在東亞短暫結盟
1624	在紐約曼哈頓建立新阿姆斯特丹（New Amsterdam）
1630	開始佔領巴西東北部
1638	開始佔領錫蘭的沿岸地區
1640	葡萄牙脫離西班牙獨立
1641	攻佔葡屬馬六甲、在海牙與葡萄牙簽訂 10 年期的停戰協定
1641-1853	荷蘭成為唯一可在日本貿易的歐洲國家
1644	明朝滅亡
1648	穆斯特條約（Treaty of Münster）西班牙承認荷蘭的獨立
1652-4	第一次的英荷戰爭、葡萄牙將荷蘭人趕出巴西東北部
1658	荷蘭完全控制錫蘭海岸
1661-63	完全征服葡屬馬拉巴爾（Malabar）、鄭成功收復荷屬台灣、西班牙撤出摩鹿加
1664	英國佔領部份的荷蘭北美殖民地
1665-7	第二次英荷戰爭、征服望加錫
1672-4	第三次英荷戰爭、法國入侵荷蘭
1682-4	征服萬丹、滿清征服台灣

1740	巴達維亞的中國人遭到大屠殺
1780-84	第四次英荷戰爭、荷蘭海上貿易和殖民勢力遭受極為嚴重的傷害
1795	荷蘭東印度公司解散

資料來源：C. R. Boxer, *The Dutch Seaborne Empire 1600-1800*, Harmondswoth: Penguin, 1990, pp. 332-336.

第三章　中國與日本的貿易（c.1550-1644）

第一節　導言

　　明代的海外貿易可分成兩個階段：1368-1566 年的朝貢貿易時期和 1567-1644 年的私人貿易時期。[1]明代前期，雖然同意日本前來中國朝貢，但限制 10 年一貢，船隻不能超過 3 艘，人數不能超過 300，在這樣的限制下，朝貢貿易僅能滿足日本對中國商品的部份需求。1523 年的寧波貢使事件，對中、日關係產生極大傷害。1549 年，在進行最後一次中、日的朝貢貿易後，直至明亡，中國禁止對日直接貿易。[2]

　　朝貢貿易無法滿足日本對中國商品的需求，再加上 1540 年以後，日本銀產增加，而中國由於經濟朝市場化快速發展，亟需白銀作為貨幣，民間走私貿易因而興起，福建漳州、泉州和廣東、浙江的海商紛紛前往日本貿易。[3]例如，1542 年，「漳州人陳貴等 7 人連年率領 26 艘滿載貨物的船隻到達琉球貿易，同時到達的還有潮陽海船 21 艘，僅在這 21 艘船上服務的船工就達 1300 名之多」；[4]琉球是當時中、日走私貿易的一個中繼站。另外，根據《朝鮮李朝實錄》記載，1544 年一艘中國商船因遇風暴，漂

[1] 李金明：《明代海外貿易史》，北京：中國社會科學出版社，1990 年，第 1 頁（導言）。

[2] 李金明：《明代海外貿易史》，北京：中國社會科學出版社，1990 年，第 65-67 頁。

[3] 萬明：〈明代白銀貨幣化〉，《河北學刊》，2004 年第 24 卷第 3 期，第 145-154 頁。

[4] 李金明：《明代海外貿易史》，北京：中國社會科學出版社，1990 年，第 4 頁（導言）。

流到了朝鮮，當局詢問為何來此，「答曰：以貿銀事往日本，為風所飄而至此，別無他言」，清楚顯示當時華船前往日本貿易的唯一原因是為獲取白銀。[5]

　　海禁政策和中斷的中、日朝貢貿易，引發持續 15 年之久的嘉靖倭亂，中、日的海商/海盜被迫進行武裝走私貿易，並進行劫掠活動，造成東南沿海的嚴重損失，和龐大軍費負擔。到了 1560 年代中期，倭亂大致平定，為防止再次出現「乘風揭竿，揚帆海外，勾連入寇」[6]的現象，在福建巡撫都御史涂澤民的奏請下，明政府乃於隆慶元年（1567）同意在福建漳州海澄月港開放海禁，有限度准許私人出海貿易，但仍禁止外國商船入港貿易，並嚴禁中國商船赴日貿易。從月港出發的貿易船航行範圍達 24 個國家和地區，此一開放海禁政策，終使明代後期私人海外貿易得以迅速發展。[7]

　　1542 年，日本兵庫縣發現礦藏豐富的生野銀礦，隨後隨著新礦的陸續發現和開採，日本銀產量逐漸增長，在 17 世紀初達到高峰，光是佐渡銀礦每年產銀約在 160-240 萬兩。17 世紀中葉，產量開始下降。[8]由於銀產豐富，日本因而有銀島（Silver Islands）之稱，1560-1600 年每年出口 90-130 萬兩白銀；17 世紀初期每年出口 400-500 萬兩；1615-1625 年每年出口 347-427 萬兩，[9]其中絕大部份流向中國。

---

[5]　萬明：〈明代白銀貨幣化〉，《河北學刊》，2004 年第 24 卷第 3 期，第 145-154 頁。

[6]　《明神宗實錄》卷 262，萬曆 21 年 7 月癸酉。

[7]　李金明：〈十六世紀中國海外貿易的發展與漳州月港的崛起〉，《南洋問題研究》，1999 年第 4 期，第 1-9 頁。

[8]　全漢昇：〈明中葉後中國黃金的輸出貿易〉，《中研院史語所集刊》，1982 年第 53 本第 2 分，第 213-225 頁。

[9]　I. Seiichi, 'Japanese foreign trade', *Acta Asiatica* 30 (1976), 1-18.

　　晚明時期，日本對中國商品（尤其是生絲和絲織品）的需求增加，加上中國對白銀的需求，隨著經濟發展和租稅銀納日漸普及而大幅增加，使中、日間的貿易不僅量大且報酬高。1557 年在澳門定居的葡萄牙人和 17 世紀初年來到東亞的荷蘭人，皆利用中國禁止對日直接貿易，從事中、日的轉口貿易。另一方面，中、日間的走私貿易，也持續進行。[10]

　　中國對日本出口的商品以生絲和絲織品為主，估計佔總額的 70-80%；1622 年荷蘭東印度公司（以下簡稱 VOC）的一份研究報告指出：在日本銷售的中國生絲和絲線佔輸日華貨的 2/3。[11]日本對中國的出口幾乎都是白銀。以 1636 年為例，該年日本出口的白銀佔出口總額的 85.8%。[12]中國商品出口至日本，毛利潤率接近 100%。約於 1600 年，葡澳輸日中國商品的毛利潤為 97%（參見下文的估計）；1636-1644 年輸入日本的中國生絲之平均毛利潤為 64%（見表 3-1），由於當時中國生絲受到固定價格制度的影響，在日本售價被刻意壓低，所以利潤較差。其他商品的利潤率應該高於這個數字 64%，但整體來說，毛利潤率大概不會超過 100%。除此之外，表 3-2 列出 1637-1640 年，輸入日本中國白絲的數量。

　　16 世紀下半葉，中、日生絲貿易由葡澳佔了絕大部份（幾乎可以說是獨佔），每年約將 1,000-1,600 擔的生絲輸往日本。17世紀初日本的生絲進口有了進一步的成長，到了 1610 年，日本生絲進口量增加到近 3,000 擔，但因受到 1605 年固定價格制度的實施和來自中、日、荷商人的競爭，葡澳輸出有所減少，1610年的市場佔有率降為 30%。1600-1620 年，葡澳每年平均輸入日

[10] 曹永和：《中國海洋史論集》，台北：聯經，2000 年，第 90-106 頁。

[11] K. Eiichi, 'Japanese-Dutch trade', *Acta Asiatica* 30 (1976), 34-84.

[12] K. Eiichi, 'Japanese-Dutch trade', *Acta Asiatica* 30 (1976), 34-84.

本 1,000 擔生絲，而整個 1610 年代，日本每年的生絲進口量約穩定維持在 3,000-3,500 擔之間。到了 1630 年代，葡澳輸日生絲數量顯著減少，但絲織品的數量則呈現增加的情形。[13]1620-1640 年間，日本每年生絲進口量在 2,500-4,000[+]擔之間波動。[14]

表 3-1：1636-1644 年生絲在購買地和長崎的平均價格及毛利潤率

單位：兩／擔

年	中國絲			東京絲			孟加拉絲		
	買價	賣價	利潤率	買價	賣價	利潤率	買價	賣價	利潤率
1636	171	344	101%	130	276	112%			
1637	173	251	45%	113	178	57%			
1638	182	284	56%	112	219	95%			
1639	175	292	67%	127	273	115%			
1640				117	169	44%			
1641	168	204	21%	114	108	-5%			
1642	170	309	81%	86	215	151%			
1643	168	274	63%	92	256	179%			
1644	199	324	63%	103	226	119%	143	283	98%

資料來源：P. W. Klein, 'De Tokineess-Japanse zijdehandel van de Verenigde Oostindische Compagnie en het interaziatische verkeer in de 17e eeuw', in Bewogen ed. *De Historicus in Het Spanningsveld Tussen Economie en Cultuur*, 1986. 轉引自林偉盛：《荷據時期東印度公司在台灣的貿易》，台灣大學歷史學研究所博士論文，1998 年，第 87-88 頁。

---

[13] 以 1634 年為例，日本總共進口 4,040 擔的生絲，其中葡萄牙進口 200 擔、荷蘭 640 擔、福建沿海 1,000 擔、琉球 700 擔、交趾 500 擔、東京 1,000 擔。參見 G. B. Souza, *The Survival of Empire*, Cambridge: Cambridge University Press, 1986, p. 61.

[14] K. Eiichi, 'Japanese-Dutch trade', *Acta Asiatica* 30 (1976), 34-84.

表 3-2：中國、葡萄牙、荷蘭輸入日本中國白絲的數量（1637-1640）

單位：擔

年	中國	葡萄牙	荷蘭	小計
1637	100	373	993	1,466
1638	156	106	1,157	1,419
1639	211	0	1,114	1,325
1640	331	0	825	1,156
小計	798	479	4,089	5,366

資料來源：據《平戶荷蘭商館日記 4》頁 28、152；《唐船輸出入品數量一覽》頁 330
作成。轉引自永積洋子：〈荷蘭的台灣貿易（下）〉，《台灣風物》，1993
年第 43 卷第 3 期，第 45-91 頁。表中 1638 年，中國直接運往日本的白
絲數量，作者假設為 1637 年和 1639 年數量的平均，也就是 15,550 斤
（155.5 擔）。以此來估算 1637-1640 期間，由中國直接輸入日本的白絲
總量和 1638 年由中國、葡、荷共同運入的總量。

　　1630 年代，中、日貿易發生重大的結構變化，一是日本實
施鎖國政策，一是葡萄牙被迫退出日本貿易。有些學者認為葡萄
牙的退出市場，對中、日貿易產生很大衝擊，但事實不必然一定
如此。以 T. Kazui 和 S. D. Videen 的研究為例，他們認為 1639
年日本對葡萄牙實施禁運後，中國人和荷蘭人便趁機擴大對日的
貿易量，在很大的程度上替代葡萄人原先進口的商品。從 1638
年的春天起，日本幕府便多次詢問，在驅除葡萄牙人後，VOC
可否提供日本足量的商品。另外，雖然沒有記載，但是幕府也應
該對中國商人問過同樣的問題，因此驅除葡萄牙的政策應是備妥
腹案才實施。另一項支持中日貿易未受影響的證據：平戶荷蘭商
館 1641 年 12 月 23-24 日的日記記載：「我們因此輸往日本大量
的商品，但卻使公司遭受極大的損失……了解到損失主要是由於
日本市場過多的供給所致，因此決定保留未售出貨物以待好的時
機」。[15]

---

[15] Nagazumi Yōko, *Hirado Oranda shōkan no nikki 4*, 1970, p. 455. 轉引自 T. Kazui

　　以下，作著將針對葡萄牙和荷蘭的中、日間接貿易，以及中日間的走私貿易進行探討，重點放在商船數、貿易品項、貿易數量、貿易額等層面上。

第二節　葡澳與日本的貿易

　　1543 年葡人首次航抵日本，到了 1550 年，開始了往日本的定期航班。[16]葡萄牙商人最初在日本的停泊地是在九州島，直到 1571 年建長崎市起，才有了一個固定的貿易商埠，長崎變成同澳門展開貿易的正式商業中心。[17]葡萄牙人的對日貿易之所以能夠發展的非常順利，有兩項重要背景：沿海諸大名希望藉助葡萄牙獲取對華貿易的經濟利益，以及先進西方火器，俾取得對其它大名的軍事優勢。[18]

　　從 16 世紀中葉到 17 世紀初，中國和日本的貿易絕大部份為葡萄牙人所壟斷，[19]但 17 世紀初荷蘭來到東亞，加上德川家康統一日本後，情況有了結構性的改變，荷蘭和華商在中日貿易的角色日益重要。由於面臨荷蘭截擊的危險，用於澳門—日本的葡萄牙船隻，從 1618 年以後，完全放棄笨重的武裝大帆船（galleon

---

and S. D. Videen, 'Foreign relations during the Edo period: Sakoku reexamined', *Journal of Japanese Studies* 8:2 (1982), 283-306.

[16] 巴列托：〈16-17 世紀澳門的地位〉，《文化雜誌》，1998 年第 36/37 期，第 69-82 頁。

[17] 安娜‧瑪麗亞‧萊唐：〈耶穌會教士與對日貿易〉，《文化雜誌》，1993 年第 13/14 期，第 37-45 頁。

[18] 梅新育：〈明季以降白銀內流及其對中國經濟制度之影響〉，《文化雜誌》，1999 年第 39 期，第 3-23 頁。

[19] 雖然法令禁止，但仍有中國商人參與。例如在 16 世紀，每年至少有 2-3 艘重達 400-500 噸的中國戎克船從事澳門－長崎貿易。參見 C. R. Boxer, *The Great Ship from Amacon*, Macao: Instituto Cultural de Macau, 1988, p. 14.

和 carrack），而以輕快的船隻（如 galliot）替代。[20]

　　銀是日本經葡萄牙輸出的最重要商品，其他的出口品包括武器（1621 年後禁止出口）、漆器、金箔屏風。到了葡澳－日本貿易的末幾年，因為澳門鑄造銅炮的需要，銅成了日本輸澳的另一項重要商品；除此，曾有段時間，葡萄牙人從日本出口奴隸（包括韓國戰犯）。[21]日本從澳門的進口品，在 16 世紀晚期，以中國生絲為主，到了 1630 年代，絲織品已變成最主要的進口品，主要的原因為日本對中國生絲實施的固定收購價格制度（*pancade*）。[22]

　　葡澳、日本貿易在經歷了 16 世紀下半葉的黃金光景後，葡萄牙和日本當局在經濟和政治上都產生摩擦。首先在 1604 年，日本五個城市（包括江戶、大阪、京都、長崎、界市[23]Sakai）的商人團體成立了一個獨買商會，實施 *pancade* 制度，對葡萄牙進口的中國生絲設定收購價格，並保證在此價格下收購所有葡萄牙進口的中國生絲，但此由日本單獨設定的價格卻壓縮了葡萄牙人的利潤。

　　政治方面，日本當局擔憂日本信仰天主教的大名（*daimyo*）與耶穌會教士形成聯盟會造成極端的危險，此政治上的問題使得葡、日關係日漸惡化，最終導致葡萄牙在 1639 年被禁止赴日貿

---

[20] C. R. Boxer, *The Great Ship from Amacon*, Macao: Instituto Cultural de Macau, 1988, p. 14.

[21] C. R. Boxer, *The Great Ship from Amacon*, Macao: Instituto Cultural de Macau, 1988, pp. 7-8.

[22] G. B. Souza, *The Survival of Empire*, Cambridge: Cambridge University Press, 1986, p. 48.

[23] 界市（Sakai）是與大阪市南部相鄰的城市，西面瀕臨大阪灣，自 16 世紀前後起，就因與中國貿易往來頻繁，成為繁榮興旺的商業地區。資料來源：日本觀光振興會網站。

易。日本當局首先在 1587 年宣佈禁教；1610 年日本攻擊了葡萄牙的武裝商船（carrack）*Madre de Deus* 號；1614 年驅除所有在日本的耶穌會教士。但日本當局的憂慮並未因此消除，仍然擔心耶穌會教士會搭乘葡萄牙的商船祕密潛進日本。

另外，由於以馬尼拉為基地的西班牙人在暹邏灣攻擊了一艘日本船隻（a *gosbvin-sen* ship），導致日本幕府在 1628 年對葡萄牙實施禁運（1580-1640 西葡合併），直到 1631 年才重新恢復貿易。1631 年貿易恢復後，葡萄牙向日本當局抗議 *pancade* 固定價格制度，幾年後，日本當局對 *pancade* 制度進行了修正，只對葡萄牙從中國進口的白絲實行固定價格制度。葡萄牙因之減少輸入中國白色生絲的數量，而增加其他種類生絲和絲織品的數量，以因應此一新措施。[24]

1636 年，日本幕府公佈鎖國令，禁止日本船隻出海，並對進入日本港口的外國船隻採更嚴密的控制。1637 年，日本島原和天草等地的天主教徒進行武裝暴動，反對宗教迫害，幕府最終在荷蘭人的幫助下，很快平息暴亂。另加上幕府截獲兩封葡人信件，信中聲稱日本從事叛亂的天主教徒曾試圖接觸在日葡人，一同推翻幕府當局。在此背景下，1639 年，日本幕府進一步發出命令，通商國僅限定中國、琉球、朝鮮和荷蘭，完全排除葡萄牙商人。1640 年，葡澳派了一個 61 人的使節團出使日本，希望恢

---

[24] O. Prakash, 'Trade in a culturally hostile environment: Europeans in the Japan trade 1550-1700', in O. Prakash ed. *European Commercial Expansion in Early Modern Asia*, 117-128, Aldershot: Variorum, 1997. 值得一提的是，日本政府對天主教問題的憂慮其來有自。某位日本主教的信中提到，在 1596 年抵達日本 Tosa 的 San Felipe 號舵手，面對地方官員詢問，莽撞地答覆：「天主教王〔西班牙國王〕首先派出傳教士使土著改信上帝，這些教徒將服從西班牙艦隊長的領導，接下來的征服工作便會變得容易」。參見 J. Murdoch, *A History of Japan (Vol. II)*, New York: Frederick Ungar Publishing, 1964, p. 289.

復澳門—長崎貿易，但代表團剛抵日本，就因違反 1639 年的禁令，帶頭的 4 個使節被幕府抓起來斬首，而其餘隨行人員則被釋放。[25]1641 年後至清初，澳門與長崎間的貿易實際上並未全面中斷，葡人透過中國商人來進行澳門、長崎間的貿易，但已遠遠不能和興盛時期相提並論。

根據 C. R. Boxer 的著作，澳門前往日本貿易的船隻整理在表 3-3 和表 3-4，表 3-4 提供 1624-1640 期間較詳盡的資料，以為表 3-3 的對照。

---

[25] 黃鴻釗：〈明清時期澳門海外貿易的盛衰〉，《江海學刊》，1999 年第 6 期，第 118-132 頁。

表 3-3：離開澳門前往日本的船隻數（1546-1640）

出發時間	艘 (大帆船)	出發時間	艘 (大帆船)	出發時間	艘 (大帆船)	出發時間	艘（輕 快帆船）
1546	3	1570	2	1594	0	1618	6
1547	0	1571	2	1595	1	1619	8
1548	1	1572	1	1596	1	1620	6
1549	0	1573	2	1597	1	1621	6
1550	2	1574	4	1598	3	1622	0
1551	1	1575	1	1599	0	1623	7
1552	1	1576	1	1600	1	1624	5
1553	1	1577	2	1601	0	1625	5
1554	1	1578	1	1602	1	1626	6
1555	2	1579	1	1603	0	1627	0
1556	2	1580	2	1604	1	1628	5
1557	2	1581	2	1605	1	1629	2
1558	2	1582	2	1606	1	1630	2
1559	2	1583	1	1607	0	1631	5
1560	3	1584	2	1608	0	1632	4
1561	5	1585	1	1609	1	1633	2
1562	3	1586	2	1610	0	1634	5
1563	3	1587	2	1611	0	1635	3
1564	3	1588	1	1612	1	1636	4
1565	2	1589	2	1613	0	1637	6
1566	2	1590	2	1614	1	1638	2
1567	3	1591	1	1615	1	1639	4
1568	2	1592	0	1616	0	1640	1
1569	2	1593	1	1617	1		

資料來源：主要參考 C. R. Boxer, *The Great Ship from Amacon*。轉引自 G. B. Souza, *The Survival of Empire*, Cambridge: Cambridge University Press, 1986, pp. 55-56。1617 年（含）以前，這條航線使用笨重的大帆船（galleon, carrack, não do trato），1618 年以後使用噸數較小的輕快帆船（galiotas）。

表 3-4：1624-1640 年間葡澳每年抵達日本的船隻

年	艦隊長 （Captain-Major）	艘	附註
1624	Agostinbo Lobo	5	
1625	Agostinbo Lobo	5	葡萄牙人被禁止在日本永久居住
1626	Luis Paes Pacheco	6	
1627	?	1	
1628	Antonio Monteiro Pinto	5	葡萄牙船隻被禁止進出長崎 荷蘭船隻被禁止進出平戶
1629	Antonio d'Oliveira Aranha	2	
1630	Dom Goncalo da Silveira	1	解除對葡萄牙的禁令 5 艘葡萄牙商船和一艘戎克離開長崎
1631	Lourenco de Lis Velho	3	5 艘商船離開澳門前往長崎，其中 2 艘未抵達
1632	Lopo Sarmento de Carvalho	4	1 艘迷失於航程中
1633	Lopo Sarmento de Carvalho	4	1 艘於途中沈沒
1634	Lopo Sarmento de Carvalho	1	5 艘從澳門出發，其中 1 艘被中國海盜擄獲，另外 3 艘返航
1635	Dom Goncalo da Silveira	3	中國戎克被限制只能前往長崎
1636	Dom Goncalo da Silveira	4	禁止日本人出海貿易和居住國外
1637	Dom Francicsco de Castelbranco	6	葡萄牙艦隊長和其他高階船員因被懷疑與當年發生的暴亂有關，被拘留逮捕
1638	Dom João Pereira	2	最後一年的葡、日貿易。除了帶回澳門 1,600 箱的白銀，也帶回嚴峻的警告[26]
1639	Vasco Palha de Almeida	2	4 艘從澳門出發，其中 1 艘遇難、1 艘返航，抵達長崎的 2 艘被禁止貿易
1640	Luis Pais Pacheco	1	搭載請求恢復貿易的使團，7 月抵達長崎後，船隻被焚燒、人被殺或遣返

資料來源：C. R. Boxer, *Portuguese Merchants and Missionaries in Feudal Japan, 1543-1640*, London: Variorum, 1986, pp. 76-77 .

　　表 3-5 和表 3-6 分別列出 1600 年和 1637 年葡澳輸日的商品明細和價值。

---

[26] S. Subrahmanyam, *The Portuguese Empire in Asia, 1500-1700*, New York: Longman, 1993, p.172.

表 3-5：約在 1600 年，一艘自澳門出發的葡萄牙大帆船所攜帶前往
日本販售的中國商品明細和價值

商品名稱	數量（擔 picol）	進價（兩／擔）	進貨成本（兩）	日本售價（兩／擔）	銷售收入（兩）
白色生絲	500-600	80	44,000[27]	140-150	79,750
特級絲線（retros）		140		370-400	
普通絲線	400-500	55-60	35,625	100	86,250
Darca		40		90	
絲製品	1,700-2,000 件	1.1-1.4 兩／件	2,313	2.5-3 兩／件	5,088
高純度黃金	3,000-4,000 兩	5.4／兩	21,000[28]	7.8 兩	28,175
普通黃金		6.6／兩		8.3 兩	
麝香	2	640	1,280	1,120-1,280	2,400
化妝用白粉（white ceruse）	500	2.7	1,350	6.5-7	3,375
棉線	200-300	7	1,750	16-18	4,250
某種棉布（cangalas）	3,000 件	白或黑大件 0.28／件　南京半絲半棉 1.3 兩／件　白或黑小件 0.12／件　彩色 8.5 兩	7,650	白或黑大件 0.50-0.54／件　南京半絲半棉 2.5 兩／件[29]　白或黑小件 0.23-0.24／件　彩色 16-17 兩	14,816
汞	150-200	40-53	8,138	c. 90	15,750
鉛	2,000	3	6,000	6.4	12,800
錫	500-600	12[30]	6,600	22	12,100
牛尾草的塊莖（China-wood）	500-600	1-1.2	605	4-5	2,475

---

[27] 500-600 擔的平均是 550 擔，每擔在廣東的進價是 80 兩，所以購買中國白色生絲的成本為 550 擔＊80 兩/擔 ＝44,000 兩。餘此類推。

[28] 假設 50%的高純度黃金和 50%的普通黃金，用以計算進貨成本和銷售收入。餘此類推。

[29] C. R. Boxer 並未提及此項商品在日本的售價，由於日本的售價約為澳門進價的近兩倍，因此假設此項商品在日本的售價為 2.5 兩。

[30] C. R. Boxer 並未提及此項商品當時的價格，只提及錫於 1610 年在廣東的價格是 15 披索/擔，相當 12 兩/擔。因此假設在 1600 年，葡萄牙的進價是 12 兩/擔，在日本賣 22 兩/擔。

砂器、陶器[31]	2,000 件（ranquel）	0.15	300	0.375	750
大黃	100	2-3.5	275	5	500
白糖	60-70	1.5	98	3-4.5	244
黑糖	150-200	0.4-0.6	88	4-6	875
			總計137,072 兩		總計269,598 兩

資料來源：C. R. Boxer, *The Great Ship from Amacon*, Macao: Instituto Cultural de Macau, 1988, pp. 179-181.

　　表 3-5 顯示中國絲製品（包含白色生絲、絲線、*Darca*、絲製品）的葡澳購入總價為 81,938 兩，佔全部中國商品支付總價 137,072 兩的 60%。中國絲貨在日本銷售總額為 171,088 兩，毛利潤率為 109%。假設中國商品佔葡澳輸日商品的 90%（1637 年的比例為 89%，見下文），則該年葡澳輸入日本的全部商品價值總額為 299,553 兩，中國絲貨在日本的銷售金額佔葡澳輸日全部商品銷售總額的 57%。另外，依據全部中國商品購入總價 137,072 兩和全部中國商品銷售收入 269,598 兩，可推估這趟單向航程的毛利潤率為 97%。

表 3-6：1637 年葡萄牙人運進日本的貨物明細和價值

商品名稱	數量（套 ditto）	日本單價[32]	銷售收入（兩）	備註
中國白色生絲	37,296 斤	2.87	107,186	
深紅色絲（Carmosijn red silk）	5,998	3.18	19,096	
絲絨線 Poil silk	5,597	3.05	17,096	
東京生絲	87,431 斤	2.04	177,954	
東京黑絲（Tongking Baa）	1,055	4.28	4,517	

[31] 一般品質的砂器、陶器在廣東的每件賣價為 1.5 錢銀，在日本的賣價為廣東的 2-3 倍。參見 C. R. Boxer, *The Great Ship from Amacon*, Macao: Instituto Cultural de Macau, 1988, pp. 180, 184.

[32] 由第四欄的銷售收入除以第二欄的數量而得。

商品名稱	數量 （套 ditto）	日本單價[32]	銷售收入 （兩）	備註
某種東京絲（tSeumongy）	409	4.13	1,691	
絲捻線（silk-twine）	21,277	1.59	33,780	
絲線（silk floss）	4,181	1.17	4,891	
粗的未捻的絲線（filosell）	12,042.5 斤	0.68	8,132	
生絲合計 374,343 兩				
白色絲布（pansge）	294,875 件	2.30	679,622	
紅色、彩色、平紋絲布	7,596	5.10, 1.72, 6.57	38,559	
白色某種中國絲製品（chielan）	43,828	2.45	107,208	
某種紅色中國絲製品	10,936	4.48	48,979	
白色錦緞製品（peling）	49,665	4.34	215,628	主要來自東京
紅色錦緞製品	1,272	8.09	10,287	
各式緞子（satin）	32,081	5.96	191,084	
各式錦緞（damask）	51,513	2.79	143,656	
各式金浮花錦緞（gold-brocade）	5,084	9.79	49,758	
其他絲製品	25,889	2.71	70,105	
絲製品合計 1,554,886 兩				
各種棉織品	16,259		16,827	
金線（paper gold-thread）	2,040	0.15	312	
數兩重金鏈	60	16.6	996	
麝香	600 斤	23.57	14,139	
汞	18,120.5	0.87	15,716	
粗鋅（spiauter）	295,349	0.083	24,589	用以煉銅
羊皮	40,643	0.87	35,303	
各種木材			7,506	
丁香、肉桂	5,682	0.37	2,097	
紅色印花棉布（chintz）	7,154	2.40	17,156	
錫	500-600	22	12,100	
牛尾草的塊莖（China-wood）	70,528	0.060	4,232	
其他			73,364	
			總計 2,141,468 兩	

資料來源：C. R. Boxer, *The Great Ship from Amacon*, Macao: Instituto Cultural de Macau, 1988, pp. 191-196. 以及 G. B. Souza, *The Survival of Empire: Portuguese Trade and Society in China and the South China Sea, 1630-1754*, Cambridge: Cambridge University Press, 1986, p. 51.

　　根據表 3-6，1637 年葡澳輸日的商品，若將不產自中國、價值 23 萬兩的東京絲、羊皮、木材、香料扣除後，中國商品佔進口總值的 89%。生絲價值 374,343 兩、絲織品價值 1,554,886 兩，合計 1,929,229 兩，佔全部貨物的 90%。若假設扣除東京絲後的絲貨為中國絲貨，則中國絲貨價值 1,745,067 兩，佔所有中國商品的 91%或全部商品的 81%。

　　中國生絲的國內價格在嘉靖年間約為每擔 50-70 兩[33]，因此假設 1550 年的價格為 60 兩。1600 年為 80 兩（表 3-5），1625 年為 115 兩，[34]1640 年為 176 兩（表 3-1）。因此，1550-1600 期間，中國生絲國內價格的年複合上漲率為 0.577%；1600-1625 期間，中國生絲國內價格的年複合上漲率為 1.462%；1625-1640 期間，中國生絲國內價格的年複合上漲率為 2.878%。生絲價格上漲，應是由於日本在 17 世紀初進入一段和平時代，加上白銀產量在 17 世紀前葉達到頂峰，以及購買中國商品的競爭者增加（例如在 17 世紀初增加了荷蘭），這都使得中國生絲的產地價格上揚。其他的輸日中國商品，也應有價格上揚的現象。所以不難了解，17 世紀前葉葡萄牙輸日商品總值的增加，物價上漲是其重要因素之一，1640 年的生絲價格約為 1600 年的 2 倍餘。

　　前述 1550 年，生絲在中國的售價為每擔 60 兩，假設銷往日本的毛利潤為 100%（前述 1600 年時為 97%），則每擔在日本的售價為 120 兩；根據表 3-5，1600 年在日本的售價為 145 兩；根

---

[33] 顧炎武《天下郡國利病書》載：「寧波客人賣番人湖絲 10 擔，賣 700 兩銀，被日本人騙去 6 擔湖絲，值 300 兩」。

[34] 1625 年，荷蘭人向 Wangsan 詢問中國的生絲價格，得到以下回覆：「從前每百斤售賣 80 兩，後來售至九十兩至九十五兩，甚為高價，目下在中國漲價至一百十五兩，日本去年是以 260 兩購買」。參見《巴達維亞城日記》第一冊，第 42-43 頁。

據前述註釋，1624 年為 260 兩；根據表 3-1，1644 年為 324 兩。由於絲貨是中國對日輸出的大宗商品，以及生絲價格和絲織品的價格有正向連動關係，因此以這 4 年的生絲價格來估算這段時期（1546-1644 年），日本的進口商品物價指數。我們可以看出，生絲價格在 16 世紀下半葉，雖然呈現上升的趨勢，但基本上變動不大，17 世紀上半葉，增加的比較快，但增長的速度隨著時間而趨緩。因此將 1546-1644 年分成兩個時期，第一個時期為線性增長時期（1600 年以前），第二個時期從 1600 年到 1644 年，假設其物價指數具二次方程式的形態。令 1600 年為基年，其物價指數為 100，則 1550 年的物價指數為 82.7586（=120/145）、1624 年為 179.3103（260/145）、1644 年為 223.4483（324/124）。1546-1600 年，物價指數每年增加 0.3448276；假設 17 世紀上半葉的物價指數函數的形式為 $f(P) = a_0+a_1*t+a_2*t^2$（1600 年 $t = 0$），最後求出 a_0= 100、a_1 = 7471/1914=3.90334、a_2 = -191/7656=-0.02495。由此估計得到的 1546-1644 年，每年日本的進口物價指數列於表 3-7。

1621 年，葡萄牙從澳門運往長崎的貨物總值為 25 萬英鎊。[35]1 英鎊的錢幣重 15.55 公克、含金 95.83%。[36]該年在日本的金銀對換比例為 1：13.5，[37]因此 25 萬英鎊相當 134 萬兩銀。綜上所述，1600 年，1 艘大帆船輸日商品總值 30 萬兩（表 3-3、表 3-5）；1621 年，6 艘輕快帆船輸日商品總值 134 萬兩（表 3-3），

[35] Colenbrander, *Coen I*, pp. 635, 682. 轉引自 J. C. van Leur, *Indonesian Trade and Society*, Hague: W. van Hoeve, 1955, p. 229.

[36] http://www.goldsovereigns.co.uk/firstsovereign.html。（2003/07/22）

[37] 1620 年，金銀兌換比例為 13.05、1622 年為 14.00，所以 1621 年大概為 13.5。參見 W. S. Atwell, 'Ming China and the emerging word economy, c. 1470-1650', in D. Twitchett and F. W. Mote ed. *The Cambridge History of China (Vol. 8) – The Ming Dynasty 1368-1644 (Part 2)*, 376-416, Cambridge: Cambridge University.

每艘 22.4 萬兩，相當 1600 年的 13.07 萬兩（表 3-7）；1637 年，
6 艘輕快船輸日 214 萬兩，每艘 35.7 萬兩，相當 1600 年的 16.96
萬兩（表 3-3、表 3-6、表 3-7）。據此推估，以 1600 年的白銀價
值計，1617 年（含）以前的大帆船時期，每艘大帆船輸入日本
價值 30 萬兩的商品，1617 年以後噸位較小的輕快帆船時期，每
艘船輸入日本價值約 13-17 萬兩的商品。可能因商品結構和數量
的緩慢變化，造成 1621 年 13 萬兩和 1637 年 17 萬兩的差異，所
以假設 1618-1638 年，平均每艘葡船載運的輸日貨品價值，隨時
間線性增長，也就是每年增加 2,431 兩。

表 3-7：1546-1644 年日本進口物價指數（1600 年 ＝100）

1546	81.38	1566	88.28	1586	95.17	1606	122.52	1626	184.62
1547	81.72	1567	88.62	1587	95.52	1607	126.10	1627	187.20
1548	82.07	1568	88.97	1588	95.86	1608	129.63	1628	189.73
1549	82.41	1569	89.31	1589	96.21	1609	133.11	1629	192.22
1550	82.76	1570	89.66	1590	96.55	1610	136.54	1630	194.65
1551	83.10	1571	90.00	1591	96.90	1611	139.92	1631	197.03
1552	83.45	1572	90.34	1592	96.90	1612	143.25	1632	199.36
1553	83.79	1573	90.69	1593	97.59	1613	146.53	1633	201.64
1554	84.14	1574	91.03	1594	97.93	1614	149.76	1634	203.87
1555	84.48	1575	91.38	1595	98.28	1615	152.94	1635	206.06
1556	84.83	1576	91.72	1596	98.62	1616	156.07	1636	208.19
1557	85.17	1577	92.07	1597	98.97	1617	159.15	1637	210.27
1558	85.52	1578	92.41	1598	99.31	1618	162.18	1638	212.30
1559	85.86	1579	92.76	1599	99.66	1619	165.16	1639	214.28
1560	86.21	1580	93.10	1600	100.00	1620	168.09	1640	216.22
1561	86.55	1581	93.45	1601	103.88	1621	170.97	1641	218.10
1562	86.90	1582	93.79	1602	107.71	1622	173.80	1642	219.93
1563	87.24	1583	94.14	1603	111.49	1623	176.58	1643	221.72
1564	87.59	1584	94.48	1604	115.21	1624	179.31	1644	223.45
1565	87.93	1585	94.83	1605	118.89	1625	181.99		

資料來源：作者推估。

　　表 3-3 列出了 1546-1538 期間，葡澳每年前往日本貿易的船隻數，依據前述每艘船隻的平均輸入商品價值和表 3-7 的物價指數，我們可以推估得到 1546-1638 期間，以日本當地、當年價格計算的葡澳輸日商品總值（表 3-8）。

表 3-8：1546-1638 年葡澳輸日的商品總值，單位：萬兩。

年	1600 年價值	當年價值	年	1600 年價值	當年價值	年	1600 年價值	當年價值
1546	90	73	1577	60	55	1608	0	0
1547	0	0	1578	30	28	1609	30	40
1548	30	25	1579	30	28	1610	0	0
1549	0	0	1580	60	56	1611	0	0
1550	60	50	1581	60	56	1612	30	43
1551	30	25	1582	60	56	1613	0	0
1552	30	25	1583	30	28	1614	30	45
1553	30	25	1584	60	57	1615	30	46
1554	30	25	1585	30	28	1616	0	0
1555	60	51	1586	60	57	1617	30	48
1556	60	51	1587	60	57	1618	80	141
1557	60	51	1588	30	29	1619	108	192
1558	60	51	1589	60	58	1620	83	146
1559	60	52	1590	60	58	1621	84	149
1560	90	78	1591	30	29	1622	0	0
1561	150	130	1592	0	0	1623	102	179
1562	90	78	1593	30	29	1624	74	130
1563	90	79	1594	0	0	1625	75	132
1564	90	79	1595	30	29	1626	92	161
1565	60	53	1596	30	30	1627	0	0
1566	60	53	1597	30	30	1628	79	138
1567	90	80	1598	90	89	1629	32	56
1568	60	53	1599	0	0	1630	33	56
1569	60	54	1600	30	30	1631	83	143
1570	60	54	1601	0	0	1632	68	116
1571	60	54	1602	30	32	1633	34	58
1572	30	27	1603	0	0	1634	87	148
1573	60	54	1604	30	35	1635	53	90
1574	120	109	1605	30	36	1636	72	121
1575	30	27	1606	30	37	1637	109	183
1576	30	28	1607	0	0	1638	37	62

資料來源：作者推估。

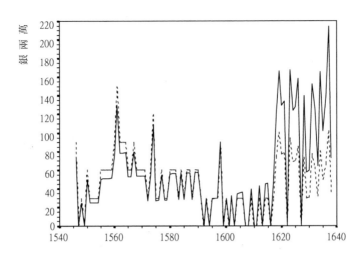

圖3-1：1546-1638年葡澳輸日商品總值。實線為名目價值的估計
值；虛線為以1600年為基年，估算的實質價值。

　　圖 3-1 中的實線為以當時日本物價計算的進口總額，虛線為
以基年 1600 年的價格計算的進口總額。此圖顯示：葡澳輸日的
商品總值在 1560 年左右，達到一個高點，此應和發生在中國東
南沿海的倭亂有關；此後到 16 世紀末，葡澳的對日輸出，可說
相當平穩；17 世紀上半葉的輸日名目金額成長和價格上漲有著
很大關連，實質上，在 1600-1620 年的這段時間，受到來自中、
日、荷商人的競爭，葡澳對日出口呈現了衰退現象，到了 1620
年以後，可能因日本進口大幅增加，以及採用輕快帆船，得以免
於被荷蘭船艦攻擊和捕獲，對日出口才有所恢復。

　　假設葡萄牙在日本售出商品後，須支付佔銷售金額約 20%
的稅金、行銷費用和回程運費。[38]再以所剩白銀的 15%用於購買

---

[38] 根據當時中國對馬尼拉貿易的情況推估。錢江估計：中國商船前往馬尼拉貿易，

日本商品，輸出其餘 85%的白銀（依據前述 1636 年白銀佔日本輸出商品的 85.6%推測），輸出白銀的大半部份，用於在廣州和澳門購買中國商品。所以大概有佔銷售金額 68%的白銀被運出日本。根據表 3-8 進口值的資料，可以因而推估葡萄牙每年輸出日本白銀的數量。表 3-9 列出作者對日本白銀輸出量的估計值，並與 G. B. Souza 的估計做了比較。G. B. Souza 1598-1638 年的詳細數據，參見表 3-10。

表 3-9：1546-1638 年葡萄牙從日本輸出的白銀數量，單位：百萬兩。

期間	作者的估計 依據表 3-8 之葡澳輸日商品總值和假設佔 輸入商品總值 68%的白銀被葡澳所輸出	G. B. Souza
1546-1579	11.6	12.4 – 15.5（非常粗略）
1580-1597	4.7	7.5 – 8.9（非常粗略）
1598-1638	19.7	16.7（保守估計） 19.1（根據表 3-10）
1546-1638	37.1	36.6 – 41.1（大都流向廣東）

資料來源：Souza 的估計參見 G. B. Souza, *The Survival of Empire*, Cambridge: Cambridge University Press, 1986, pp. 56-57.

　　Seiichi Iwao 和 Atsushi Kobata 估計 1610-1635 期間，日本平均每年輸出 400-500 萬兩銀，1615-1625 期間，日本平均每年輸出 350-430 萬兩銀。另外，Seiichi Iwao 估計 1615-25 期間，日本平均每年朱印船貿易輸出 80-100 萬兩銀。[39]朱印船的詳細數字參見表 3-10。

　　平均每艘船銷售金額為 53,333 兩，稅金、銷售費用和回程運費，合計等於 9,962 兩，相當銷售金額的 19%。轉引自吳承明：《市場、近現代化、經濟史論》，昆明：雲南大學出版社，1996 年，第 271 頁。

[39] G. B. Souza, *The Survival of Empire*, Cambridge: Cambridge University Press, 1986, pp. 57-58.

表 3-10：日本白銀輸出估計值（1598-1638 年），單位：萬兩。

年	葡萄牙 Souza 估計	朱印船 Iwao 估計	總計	葡萄牙 作者估計
1598	50			82
1599	0			113
1600	30			88
1601	0			91
1602	30			0
1603	0			114
1604	30			84
1605	30			87
1606	30			108
1607	0			0
1608	0			95
1609	0			39
1610	0			40
1611	0			104
1612	30			85
1613	0			44
1614	30			113
1615	30	120	390	69
1616	0	90	390	95
1617	30	120	390	146
1618	25	115	390	50
1619	45	135	390	82
1620	50	140	390	113
1621	90	180	390	88
1622	0	90	390	91
1623	65	155	390	0
1624	50	140	390	114
1625	50	140	390	84
1626	65			87
1627	0			108
1628	35			0
1629	0			95
1630	120			39
1631	35			40
1632	80			104
1633	80			85

年	葡萄牙 Souza 估計	朱印船 Iwao 估計	總計	葡萄牙 作者估計
1634	80			44
1635	120			113
1636	220			69
1637	210			95
1638	170			146
	合計 1,910			合計 1,973

資料來源：G. B. Souza, *The Survival of Empire*, Cambridge: Cambridge University Press, 1986, Figure 4.1, p. 57.

　　表 3-10 第 2 欄（葡澳輸日商品價值）和第 3 欄（朱印船輸日商品價值）的數字是根據 G. B. Souza, *The Survival of Empire* 第 57 頁上的圖 4.1，以尺量測數據點的高度而來，難免跟真實數字會有一些誤差。由前所述，葡萄牙從日本輸出的白銀數量為日本進口額的 68%，因此從表 3-8 可以得出作者估計的白銀輸出量。另從表 3-10 中第 2 欄，Souza 估計的白銀輸出量可以看出，葡萄牙在日本的貿易於 1620 年左右以後成長很快，1620-1638 期間，名目金額的年平均複合成長率約為 10%。[40]日本在 1630

---

[40] 使用 $Q_t = a_0 \times (1+g)^t$ 去切合 1620-1638 年每年白銀輸出量資料，其中 Q_t 是在時間 t 時的白銀輸出量，g 是年複合成長率。使用統計套裝軟體，可以得到年複合成長率的估計值 $\hat{g}$=0.1271。下圖描繪了實際數據（圖中起伏的曲線）和配適曲線（fitting curve、圖中平滑的曲線）。

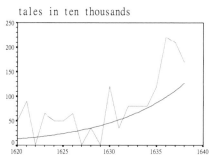

tales in ten thousands

year

年代中期禁止了朱印船貿易，1635 年以後的大幅增加，應跟取代朱印船貿易有關。除此，1615-1625 年這段期間，朱印船的進口額約是葡船進口額的 3 倍。

　　圖 3-2 對 1598-1638 期間，作者每年葡船輸出日本白銀的估計量和 Souza 的估計量做了一個比較。圖中實線是作者的估計，虛線是 Souza 的估計，兩者的估計呈現出相同的趨勢，輸出白銀的數量隨著時間而增加（Souza 的趨勢較為明顯）。附帶一提，由於作者以船隻數來推估貿易額，因此只能在平均的意義上和實際值接近；Souza 估計 1598-1638 年葡萄牙從日本運出 1,910 萬兩白銀，而作者的估計為 1,973 萬兩，這兩個數字極為接近，只有 3.25%的差距（參見表 3-10）。作者和 Souza 1598-1638 年間，白銀輸出之時間序列的相關係數（coefficient of correlation r）為 0.644（$r = 1$ 代表兩個序列呈現完全正相關、$r = 0$ 代表完全無關）。

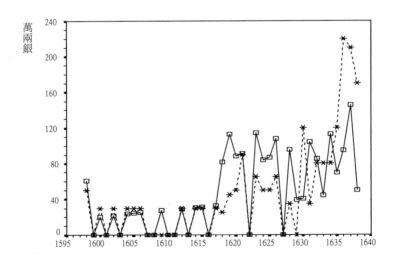

圖 3-2：1598-1638 年葡萄牙輸出的日本白銀數量估計，實線為作者的估計，虛線為 Souza 的估計。

　　根據前述，1637 年 6 艘葡船輸日價值 214.1 萬兩（以日本當地售價計算）的商品，平均每艘 35.7 萬，因此可推估 1636年的 4 艘船輸日 142.8 萬兩的商品，1638 年的 2 條船輸日 71.4萬兩的商品。葡船輸日商品的總價值、中國商品/絲貨所佔的比例（分別為 89%和 81%），以及毛利潤率約在 60%-100%之間，可以得到葡澳輸日中國商品在中國的購入總成本。葡人輸日的中國商品中，生絲和絲織品為大宗，佔 91%，加上從其他管道輸往國外的絲貨，可據以估計中國的絲綢商品產值。詳細的分析，見後述。

第三節　荷蘭東印度公司與日本的貿易[41]

　　荷蘭船隻於 1600 年 4 月首次抵達日本，該船船名為 de Liefde（Love）、船長為 Jacob Jansz van Quaeckernack，他將船上的炮借給德川家康，助其贏得決定性的關原之役。1603 年，德川家康被賜幕府將軍的封號，成為日本實質的最高政治領導人。1605年，van Quaeckernack 帶著允許荷蘭對日貿易的許可，離開日本。

　　1602 年，VOC 成立。1607 年從荷蘭出發的 2 艘船隻，攜帶數量不多的絲、香料和鉛，在 1609 年抵達日本平戶，得到日本官方的貿易許可，並在平戶建立荷蘭商館（factory），從此開始荷蘭和日本的貿易。[42]

---

[41] 「有關十七世紀前半的日本貿易，到 1620 年代為止，荷蘭方面的史料僅見片斷的記載。但 1634 年以後，則有系統的保存了商館日記、會計帳簿、往復書信等相當多的史料；與此相較，日本方面的史料則相對地缺乏」。參見永積洋子：〈由荷蘭史料看十七世紀的台灣貿易〉，《中國海洋發展史論文集（第七輯）》，第 37-57頁，台北：中央研究院社會科學研究所，1999 年。

[42] http://www.swaen.com/japanNED.html#arrival。（2003/07/24）

　　1610 年，此年沒有荷蘭船抵日。1611 年，平戶荷蘭商館的首席代表（chief factor）Specx 前往馬來半島的北大年，採購銷日的商品和贈送日本當局的禮物，於 1611 年 7 月返抵日本。1612年 8 月，荷蘭船 Roode Leeuw met Pijlen 號載運丁香、麝香葡萄（mascat）和胡椒抵達日本，不久後，另一艘荷蘭船抵達。接下來的幾年，荷蘭的對日貿易，並不穩定，抵達日本的船隻數目也難以考查。[43]對日貿易的困境，主要原因是未能掌握中國商品的來源。1619 年，VOC 將總部遷往巴達維亞。

　　1624 年以前，VOC 的生絲、絲織品、瓷器等中國商品主要靠劫掠或是在北大年、暹邏、廣南、爪哇、宋卡採購而來。1610年代後期和 1620 年代，荷蘭每年約進口 530 擔的中國絲，但到了 1630 年代初，荷蘭東印度公司獲得的中國絲貨絕大部份供應日本市場，歐洲所需的生絲改由波斯提供。[44]

　　1624 年，荷蘭人佔領大員（現今台灣台南），以此為基地，主要從事中、日間的轉口貿易，對日貿易才有了進展，但初期貿易額並不大。根據 P. W. Klein，1624 年輸往日本 5,000-6,000 擔的生絲，荷蘭人佔不到 10%。[45]又根據加藤榮一的計算，荷蘭船從日本輸出的貨物，白銀佔了 60%以上。[46]

　　1628 年發生荷、日的台灣事件，導致 1628-1632 年，日本對荷蘭施行禁運。此時期荷、日兩國關係惡劣，沒有荷蘭船到日

---

[43]　http://www.swaen.com/japanNedEng.html。（2003/07/24）

[44]　K. Glamann, *Dutch-Asiatic trade*, Hague: Martinus Nijhoff, 1958, pp. 116, 127.

[45]　P. W. Klein, 'De Tokineess-Japanse zijdehandel van de Verenigde Oostindische Compagnie en het interaziatische verkeer in de 17e eeuw', in Bewogen ed. *De Historicus in Het Spanningsveld Tussen Economie en Cultuur*, 1986. 轉引自林偉盛：《荷據時期東印度公司在台灣的貿易》，台灣大學歷史學研究所博士論文，1998 年，第 56 頁。

[46]　林偉盛：《荷據時期東印度公司在台灣的貿易》，台灣大學歷史學研究所博士論文，1998 年，第 57 頁。

本，也沒有甚麼日本船到台灣。雖然到 1632 年 11 月，禁令解除，但 1633 年日本幕府發佈命令，荷蘭進口的生絲也納入固定價格制度。[47]

1634 年起，中國東南沿海的海盜大致被鄭芝龍肅清，開始有大量中國船到荷屬台灣貿易。另外，日本幕府禁止日本人出海貿易，這些因素使荷蘭的對日貿易開始起飛，尤其是 1635-1640 年這段時期。但到了 1641 年（含）以後，由於受到來自華商、特別是鄭芝龍的競爭，荷蘭對日貿易出現了衰退。

1641-1644 年間，華人和荷蘭人在日本的貿易競爭，華人有明顯的優勢。一是由於鄭芝龍已經變得強大到足以和 VOC 抗衡；[48]二是日本政府明顯偏向華人，對荷蘭人始終抱持著戒備之心。在考慮戰爭的後果和日本的態度，荷蘭默默承受對日貿易大幅衰退的現實，隱忍未發，並未對鄭芝龍採取軍事行動，直到 1645 年，才劫掠鄭芝龍開往馬尼拉的戎克船。[49]1643 年 12 月《巴達維亞城日記》有如下記載：「數年前與中國人訂約，其商人渡行台灣，我們以相當的代價購買其商品，此事常常實行，公司為此在台灣建立城寨及倉庫，發出巨大經費。鄭芝龍不但破壞〔中國〕皇帝承認上述交易及條約，而且妨害對台灣的輸出，購買其商品輸往馬尼拉、日本，巴城上司暫時沈默不過問，此次決定對違約在台灣以外交易者，加以襲擊捕拿。但是此事決定先通知日

---

[47] K. Eiichi, 'The Japanese-Dutch trade', *Acta Asiatica* 30 (1976), 34-84.

[48] 「芝龍幼習海，知海情，凡海盜皆故盟，或出門下。自就撫後，海船不得鄭氏令旗，不能往來，每一船例入三千金，歲入百萬計，芝龍以此富敵國，自築城於安平海稍，直通臥內，可泊船徑達海。其守城兵自給餉，不取于官。旗幟鮮明，戈甲堅利，凡賊遁入海者，檄付芝龍，取之如寄」。參見計六奇：《明季北略》卷 11。

[49] 林偉盛：《荷據時期東印度公司在台灣的貿易》，台灣大學歷史學研究所博士論文，1998 年，第 131-133 頁。

本，以免誤會」。[50]

　　表 3-11 列出 1633-1644 年荷蘭東印度公司輸入日本的絲貨金額、商品總額和輸入船隻的來源地。表 3-12 列出 1640 年 VOC 由台灣輸入日本的商品明細和價值。

表 3-11：荷蘭東印度公司輸入日本的商品額（1633-1644），單位：兩。

年	商品別				船隻來源地		絲貨輸入總額	總輸入額	絲貨佔總輸入額的比例(%)
	白絲	各種生絲	絹織物	鹿皮	台灣	其他地區			
1633	2,303	527	6,108	2,482	18,209	23,272	8,938	41,481	21.5
1634	99,883	1,118	37,134	14,081	172,140	53,449	138,135	225,589	61.2
1635	189,011	2,794	37,843	8,229	268,628	54,337	229,648 (273,627)	322,965 (320,037)	71.1 (85.5)
1636	208,157	39,851	99,476	7,837	422,351 436,056*	49,992	347,484 (424,405)	472,343 (485,460)	73.6 (87.4)
1637	189,437	7,971 / 2,034 擔	329,225	13,290	714,806 714,806*	123,384	526,633 (733,032)	838,190 (835,753) 861,257*	62.8 (87.7)
1638	201,616	117,637 / 2,927 擔	451,226	21,288	922,307 971,383*	305,679	770,479 (1,086,343)	1,227,986 (1,251,844)	62.7 (86.8)
1639	194,645	55,402 / 1,615 擔	656,102	20,717	1,064,869	144,299	906,149 (1,052,873)	1,209,168 (1,243,142)	74.9 (84.5)
1640	147,126	124,380 / 3,165 擔	1,388,667	1,770	1,817,288 1,976,055*	227,324	1,660,173	2,044,612 (2,224,449) 2,203,378*	81.2
小結 1633-	1,232,178	349,680	3,005,781	89,694	5,400,598	981,736	4,587,639	6,386,224	71.9

---

[50] 郭輝、王世慶譯：《巴達維亞城日記》第二冊，台中：台灣省文獻委員會，1990年，第 397 頁。

年	商品別				船隻來源地		絲貨輸入總額	總輸入額	絲貨佔總輸入額的比例 (%)
	白絲	各種生絲	絹織物	鹿皮	台灣	其他地區			
1640									
1641	1,276 擔			14,839				(358,018)	
1642	873 擔			1,783				(338,018) 169,628*	
1643	719 擔			9,048	122,500*			(185,275) 315,385*	
1644	1,021 擔			5,704	251,055*			(437,996) 463,205*	

資料來源：據 Factura van de coopmanschappen geladen in't Jacht Venlo voor Japan 17 Augustus 1633. (V.O.C. 1113) Sommarium van de coopmanschappen it't zuijder monsoen anno 1634 naer Japan versonden. (V.O.C. 1114) Memorie der coopmanschappen uit de Piscadores als van Taijouan near Japan gesonden, anno 1636. (V.O.C. 1123) Memorie der coopmanschappen nare Japan gesonden, anno 1637. (V.O.C. 1123) Negotie Journaal 1633-1640. Archief Japan No. 883-830. 作成；轉引自永積洋子：〈荷蘭的台灣貿易（下）〉，《台灣風物》，1993 年第 43 卷第 3 期，第 45-91 頁。鹿皮的數據來自永積洋子：〈由荷蘭史料看十七世紀的台灣貿易〉，《中國海洋發展史論文集（第七輯）》，第 37-57 頁，台北：中央研究院社會科學研究所，1999 年。括弧( )內的數據根據 Overgekomen Brieven en Papiern series 和 Archief van de Nederlandse factorij in Japan 1609-1860 的數字計算而得；轉引自 L. Blusse, 'No boat to China: The Dutch East India Company and the changing pattern of the China Sea trade, 1635-1690', Modern Asian Studies 30:1 (1996), 51-76。右上角有星號的數據來自岩生成一：〈關於近世日支貿易數量の考察〉、《巴達維亞城日記》、《荷蘭長崎商館日記》、博克塞：《鄭芝龍（尼古拉‧一官）興衰記》；轉引自楊彥杰：《荷據時代台灣史》，台北：聯經，2000 年，第 135 頁。1637-1644 年，荷蘭東印度公司輸日的生絲數量來自永積洋子：〈由荷蘭史料看十七世紀的台灣貿易〉，《中國海洋發展史論文集（第七輯）》，第 37-57 頁，台北：中央研究院社會科學研究所，1999 年。表中的金額部份以 1 荷蘭盾等於 0.32 兩（1633-1636 年）和 1 荷蘭盾等於 0.35 兩（1637-1644 年）換算而來。

表 3-12：1640 年台灣到日本的荷蘭船所載貨物

出發日期	船名	貨物[51]	價值（兩）
1640/07/14	De Roch	1,977 斤汞 20,000 斤白蠟 402 件 stroopacken	3,235
1640/08/06	Oostcapple	18,719 斤白生絲（187 擔） 2,060 斤緒絲（21 擔） 7,067 件吉朗綢 7,200 件麻布 9,400 件 peling（某種錦緞製品）	333,035
1640/08/06	Broucoort	300 箱絲織品（510 擔？） 7,057 斤生絲（71 擔） 21,000 件麻布 10,000 件紗綾 5,920（件）peling	313,063
1640/08/06	De Meerman	50 箱絲織品（85 擔？） 4,043 斤白生絲（40 擔） 10,000 件紗綾 27 箱 linga（46 擔？）	79,112
1640/08/07	Den Otter	3,300 stu peeling（3,300 件 peling?） 25,319 斤白生絲（253 擔） 7,040 件紅吉朗綢 87,900 件紗綾 7,000 件白麻布 3,300 件單色白綾 340 件紫檀 6,900 件坎甘布 340 stu（件?）紅木	283,122
1640/08/17	De Gracht	115 箱絲織品（196 擔？） 25,617 斤黃絲（256 擔） 9,255 斤白絲（93 擔） 5,400（件）坎甘布 16,323（件）吉朗綢 2,374（件）紗綾	251,023

---

[51] 以 100 斤等於 1 擔和 1 箱等於 225 磅、等於 1.7 擔進行換算。

出發日期	船名	貨物[51]	價值（兩）
1640/08/17	De Rijp	7 捆西班牙皮 2 盒玫瑰水 3,000 件鹿皮 8,760（件）山羊皮 7 籠絲織品 3,185 斤白絲（32 擔） 34,369 斤黃絲（343 擔） 69（斤？）緒絲（1 擔） 15,300 件紗綾等各類絲、麻	149,697
1640/09/06	De Pauw	14 大箱絲織品（24 擔？） 15,883 斤生絲（158 擔） 4,194 斤黃絲（42 擔） 1,496 斤混絲（15 擔） 4,120 件鹿皮 186 捆東京絲 1 匹波斯馬	398,478
總計		835 擔白絲 681 擔其他絲 304 擔絲織品 49,050 件絲綢製品 126,374 件紗綾 28,200 件麻布 12,300 件坎甘布 7,120 件鹿皮 其他	1,810,765

資料來源：《台灣日記》第 1 冊，第 496-499 頁。轉引自林偉盛：《荷據時期東印度公司在台灣的貿易》，台灣大學歷史學研究所博士論文，1998 年，第 76 頁。

　　1640 年以前，荷蘭輸進日本的生絲幾乎都為中國生絲（約 80%）。1641 年（含）以後，由於中國內部動亂，以及鄭芝龍不再供應荷蘭人中國商品，VOC 開始以東京絲代替中國生絲。1644 年中國生絲比重降到 17.5%，東京絲上升到 69.4%。到了 1647 年，VOC 開始將孟加拉絲輸入日本。1655 年，公司輸入日本的孟加拉生絲超越中國和東京生絲。[52]詳細的數據參見表 3-13。

---

[52] 林偉盛：《荷據時期東印度公司在台灣的貿易》，台灣大學歷史學研究所博士論

表 3-13：荷蘭東印度公司輸入日本的生絲數量和比例（1633-1644）

單位：擔

年	中國絲		東京絲		孟加拉絲		廣南絲		波斯絲		總量
1621	(57)										
1622	(91)										
1623	(32)										
1624	(28)										
1625	(290)										
1626	(332)										
1627	(914)										
1628	(290)										
1630	(252)[53]										
1633	17	73.8%	0		0		6	26.2%	0		23
1634	644	73.6%	231	26.4%	0		0		0		874
1635	1,309	100%	0		0		0		0		1,309
1636	1,665	87.8%	215	11.3%	0		15	0.8%	0		1,896
1637	1,497	73.6%	537	26.4%	0		0		0		2,034
1638	1,932	66.0%	513	17.5%	0		6	0.2%	475	16.2%	2,927
1639	1,463	90.6%	152	9.4%	0		0		0		1,615
1640	1,522	48.1%	1640	51.8%	3	0.1%	0		0		3,165
1641	716	56.1%	560	43.9%	0		0		0		1,276
1642	422	48.4%	358	41.0%	0		0		92	10.6%	873
1643	289	40.2%	430	59.8%	0		0		0		719
1644	179	17.5%	709	69.4%	0		0		133	13.1%	1,021

資料來源：1633-1644 年的數據來自永積洋子：〈由荷蘭史料看十七世紀的台灣貿易〉,《中國海洋發展史論文集（第七輯）》,第 37-57 頁,台北：中央研究院社會科學研究所,1999 年。括弧( )內的數據來自 K. Eiichi, 'The Japanese-Dutch trade', *Acta Asiatica* 30, 1976, 34-84。

文,1998 年,第 81-83 頁。

[53] 出賣存貨。

　　表 3-14 列出 1633-1644 期間，VOC 輸日商品的總額、中國商品的金額、中國絲貨的金額和運出日本的白銀數量。其中輸日商品的總額來自表 3-11 中的總輸入額欄位。中國商品的金額以表 3-11 中的台灣輸日金額減去台灣輸日鹿皮金額來估算，中國絲貨金額以表 3-11 中的絲貨輸入總額減去東京絲、孟加拉絲、廣南絲、波斯絲的輸入金額（生絲金額乘以 1.17 得到絲貨金額[54]）；東京絲、孟加拉絲、廣南絲、波斯絲的輸入數量見表 3-13、單價見表 3-1。運出白銀的數量引用 Israel 著的 *Dutch Primacy in World Trade* 中之數字，Israel 的數字應該過於高估，不過只要能反映白銀輸出變化的趨勢，以及可粗略估計貿易額，就符合這裡的目的了。

表 3-14：1622-1644 年荷蘭東印度公司輸日商品金額和輸出白銀（萬兩）

年	輸日商品總額（100%）	輸日中國商品金額	%	輸日中國絲貨金額[55]	%	輸出白銀數量
1622	10.0*[56]					13.1
1623	6.2*					8.1
1624						
1625	8.3*					10.8
1626	5.8*					7.6
1627	20.9*					27.2
1632						20.6

---

[54] 根據 P. W. Klein（轉引自永積洋子：〈荷蘭的台灣貿易（下）〉，《台灣風物》，1993 年第 43 卷第 3 期，第 45-91 頁），1637-1644 年輸日的東京絲貨總額為 163 萬盾，其中生絲 140 萬盾，可見得輸入的東京絲貨中以生絲為主（85.8%），也就是輸日東京絲貨的總額為生絲金額的 1.17 倍。

[55] 廣南絲、孟加拉絲和波斯絲價格以同年東京絲價格替代；1633 年廣南絲和 1634 年東京絲價格以 1636-1644 年東京絲平均價格 213 兩替代。

[56] 1633-1640 年輸日商品金額共計 638.6 萬兩、從日本輸出的白銀共計 831.7 萬兩（130%），以 130% 這個比例來推估 1622-1627 年輸日商品的總金額（參見右上角有單星號的數字）。

年	輸日商品總額（100%）	輸日中國商品金額	%	輸日中國絲貨金額[55]	%	輸出白銀數量
1633	4.1	1.6	39	0.7	17	6.2
1634	22.6	15.8	70	8.1	36	27.2
1635	32.3	26.0	80	23.0	71	44.9
1636	47.2	41.5	88	27.3	55	96.4
1637	83.8	70.2	84	41.5	50	140.8
1638	122.8	90.1	73	51.6	42	166.4
1639	120.9	104.4	86	85.8	71	262.3
1640	204.5	181.6	89	133.5	65	87.5
1633-40 小計	638.6	531.1	83%	371.5	58%	831.7 (130%)
1641-1649 之年平均						49.3
1641	35.8	25.4**[57]	71**	17.8***[58]	50***	
1642	33.8	22.3**	66**	15.6***	46***	
1643	18.5	11.3	61	7.9***	43***	
1644	43.8	24.5	56	17.2***	39***	
1641-44 小計	131.9	83.5	63%	58.5	44%	
1633-44 小計	770.1	614.7	80%	430.0	56%	

資料來源：1622-1640 年荷蘭東印度公司日本白銀輸出量，參見 J. I. Israel, *Dutch Primacy in World Trade 1585-1740*, p. 173. 使用 1 荷蘭盾 = 0.32 兩（1637 年以前）、1 荷蘭盾 = 0.35 兩（1637-1644 年）進行換算。其餘，根據表 3-1、3-11 和 3-13 整理。

[57] 1633-1640 年，中國商品輸日金額佔荷蘭東印度公司所有輸日商品總金額的 83%，這個比例在 1643 年和 1644 年分別為 61%與 56%。因此，假設這個比例在 1641 年和 1642 年分別為 71%與 66%。

[58] 1633-1640 年，中國絲貨輸日金額佔荷蘭東印度公司所有輸日中國商品總金額的 70%，以此估計 1641-1644 年，荷蘭東印度公司中國絲貨輸日金額。

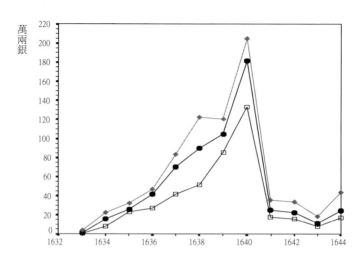

圖 3-3：1633-1644 年荷蘭東印度公司輸日商品總額（最上方的那
　　　　條線）、輸日中國商品金額（中間那條線）、輸日中國絲
　　　　貨金額（下方那條線）。

　　1633-1644 年間，VOC 輸日中國商品金額佔全部輸日商品總
額的 80%，輸日中國絲貨佔全部輸日商品總額的 56%。如前所
述，1628-1632 年日本對荷蘭實施禁運政策，貿易基本停頓。
1635-1640 年是荷蘭東印度公司的「蜜月年代」。1641 年（含）
以後，主要由於鄭芝龍不再提供中國商品以及中國的內亂，使荷
蘭的對日貿易大受影響，1641-1644 年，中國商品金額約佔 VOC
全部輸日商品金額的 63%、中國絲貨佔 44%，皆比前段時間有
明顯降低。另外，表 3-1 顯示 1636-1644 年，荷蘭輸入日本中國
生絲的毛利潤為 64%，因此作者估計這段時期（1633-1644），
荷蘭輸日的平均毛利潤為 70%（前述提及生絲受到固定價格制
度影響，利潤應較低）。根據平均 70%的利潤率和中國商品比
例，可從輸日金額，反推得到中國的出口金額。

1624 年荷蘭佔據台灣，對日貿易才開始發生結構性的變化。根據表 3-13，荷蘭 1621-1624 年每年平均輸日 52 擔生絲（約價值 1 萬兩），可見得從 1609-1624 這段期間，荷蘭輸日的中國商品金額，可能平均每年在 2 萬兩左右。

第四節　中國與日本的直接貿易

在 1560 年代中期，中國東南沿海的倭亂平息後，中、日間的走私貿易從中國東南沿海往台灣和澎湖轉移，例如文獻提及 1574/5 年，盤據台灣和澎湖的海盜林鳳及其日本人手下 Sioco 攻擊馬尼拉，其間並多次侵擾中國東南沿海。但 16 世紀最後的 30 餘年，中、日間的直接走私貿易並不發達，中、日貿易幾由葡萄牙所獨佔。1602 年，日本朱印船開始出海貿易，在東南亞的港口、澎湖、台灣與前來的中國商船進行貿易。[59]另一方面，17 世紀初中國商船又再較大規模地到日本進行貿易。

一、日本朱印船與中國的貿易

1600 年德川家康贏得關原之役後掌握政治實權，便一改過去豐田秀吉強硬的外交政策，轉而致力與海外諸國締結友善關係，以收和平通商的貿易之利。因此，在德川家康執政之初，即送出書信給安南、呂宋、柬埔寨、暹邏、占城等政府，以促進親

---

[59] 根據記錄，最晚自 1615 年起，中國人就已經來到台灣和澎湖進行貿易了。平戶華商李石兄弟，在 1614-1625 的 12 年間，共派出 23 艘朱印船到東亞進行貿易，其中有 11 艘航向台灣，單是 1617 年，就有兩艘。參見永積洋子：〈荷蘭的台灣貿易（上）〉，《台灣風物》，1993 年第 43 卷第 1 期，第 13-43 頁。

善睦鄰的友好關係，並對於持有其渡航許可證[60]的朱印船，請求
對方國家能予以充分保護，使貿易順利進行。1602 年朱印船制
度確立後，朱印船頻頻航向南方諸地，每年至少都達到 10 艘左
右，1633 年起日本幕府開始緊縮朱印船政策，到 1635 年以後，
就完全禁止日本船隻出海貿易。[61]

根據 Seiichi，1604-1635 年，日本共有 350 餘艘朱印船出國
貿易，平均每年 11 艘。朱印船經常到東南亞地區，向中國人購
買生絲和絲織品，運回日本販賣。每年由朱印船運出的白銀約為
80-107 萬兩，每船約運載 8 萬兩銀；每年運回的生絲常達
1,400-2,000 擔，佔正常年輸入總額的 50%-70%。[62]另一估計為每
年 1,000-3,000 擔。[63]假設朱印船每年平均購進生絲 1,700 擔，根

---

[60] 德川家康朱印狀參見岩生成一：《新版朱印船貿易史研究》，東京：岩波，1985 年，
序前之附圖，如下。

家康安南国渡海朱印状

[61] 岩生成一：〈在台灣的日本人〉，《國立中央圖書館台灣分館館刊》，1998 年第 5 卷
第 2 期，第 77-92 頁。

[62] I. Seiichi, 'Japanese foreign trade', *Acta Asiatica* 30 (1976), 1-18.

[63] K. Eiichi, 'Japanese-Dutch trade', *Acta Asiatica* 30 (1976), 34-84.

據表 3-7 的日本進口商品物價指數：1618 年為 162、1624 年為 179，以及 1624 年日本生絲價格為每擔 260 兩，可知 1618 年日本生絲價格約為 235 兩/擔。若假設 1618 年朱印船的海外購入價（也是 1602-1635 年間的平均購進價）為 180 兩/擔，則平均而言，朱印船每年購入價值約 31 萬兩的生絲，約佔攜出資金的 33%，似乎是一個合理的數字。另外，根據葡萄牙人和荷蘭人輸日商品裡，中國絲貨和全部中國商品的比重，日本朱印船向華商購入的中國商品大概約在其攜出白銀的三分之二左右，購入的中國絲貨應在一半左右。也就是 1602-1635 年這段時期，平均每年花 62 萬兩採購中國商品、其中 47 萬兩採購中國絲貨。

　　前來台灣貿易的朱印船數不太多，根據記載約始於 17 世紀 10 年代。朱印船到澎湖貿易，最早也是唯一的一次是在 1612 年，此朱印狀是發給一位從事生絲買賣叫津田紹意的人，而由其弟小作氏乘船渡航至澎湖。日本人到台灣、澎湖貿易，主要是購買中國的生絲和台灣的鹿皮。雖然到台灣的朱印船不多，但不代表以台灣為中繼站的中、日走私貿易不興盛，為規避取得海外貿易許可證的費用，到台灣貿易的日本船隻可能大部分都未領有朱印狀。根據 Reyersen 在 1622 年的實地考察，每年約有 2-3 艘的日本船到台灣貿易，有 3-4 艘的中國戎克船到台灣將所載生絲賣給日本船。[64]

---

[64] 「該地是每年日本人乘二、三艘戎克船前來交易的港灣。據中國人說，由於生產多量的鹿皮，日本人在該地從當地原住民手中購入這些鹿皮。又，每年有三、四艘戎克船從中國載生絲前來賣給日本人」。Groenveldt, *De Nederlanders in China, De eerste bemoeiingen om den handel in China en de ves- tiging in de Pescadores (1601-1620)*, Gravenhage, 1898. p. 102. 轉引自岩生成一：〈在台灣的日本人〉，《國立中央圖書館台灣分館館刊》，1998 年第 5 卷第 2 期，第 77-92 頁。

　　有明確記錄前往台灣貿易的日本船，可溯至 1610 年代中期，有些船隻是由居住在日本的華人所派出。表 3-15 列出 1617-1633 期間前往台灣貿易的日本船，平均每年有 2 艘日本商船到台灣貿易。

表 3-15：1617-1633 年前往台灣貿易的日本船

年	船數	備　註
1617	2	中國甲必丹李旦船、同華宇船
1618	4	中國甲必丹李旦船 3 艘、某中國人船
1619		
1620	1	長崎中町中國人醫師二官船
1621	3	中國甲必丹李旦船 3 艘
1622	4	中國甲必丹李旦船、日本船 3 艘
1623	3	中國甲必丹李旦船、末次平藏船、日本朱印船
1624	1	中國甲必丹李旦船
1625	2	末次平藏船、日本朱印船
1626	2	末次平藏船（濱田彌兵衛乘船）、平野藤次郎船（中村四郎兵衛乘船）
1627		
1628	2	末次平藏船（濱田彌兵衛乘船）2 艘
1629		
1630		
1631	5	松蒲隆信船、日本船 4 艘。除朱印船 1 艘、長崎武左衛門船外，另 2 艘渡航北部台灣。
1632	3	日本船 3 艘渡航淡水
1633	3	日本船 3 艘

資料來源：岩生成一：〈在台灣的日本人〉,《國立中央圖書館台灣分館館刊》,1998 年第 5 卷第 2 期，第 77-92 頁。1633 年後，日本幕府禁止日本船前往台灣。

二、華船到日本的直接貿易

　　到了 16 世紀、17 世紀之交，最遲在 17 世紀初的前 10 年，中國政府已未認真執行對日本的海禁政策，中國和日本的直接貿

易變得比較自由。[65]從 17 世紀開始，每年約有 30 餘艘的中國商船（最多達 60 艘）到達日本，每船約搭載數十到近百的船員，平均每艘運銀 23,500 兩返回中國。亦即中國船每年平均從日本運銀約 75 萬兩銀，若運出的白銀佔輸入商品總值的 75%（參見前述葡澳的 68%，由於如運程較近、運費較省，中國船的比例應較 68% 來得高），則中國商船平均每年輸日商品總值約為 100 萬兩。

1630 年代中葉日本的鎖國政策和 1639 年對葡萄牙實施的禁運，使中國到日本的船隻在 1639 年增加到 93 艘，1641 年 97 艘。另外，根據一位耶穌會教士的報告，1612 年中國商船輸入日本華絲 2,000 擔，而該年輸入總量為 6,300 擔。[66]

岩生成一在所著〈近世日中貿易數量の考察〉一文中，基於日本史料大多散佚，乃根據西文史料，特別是荷蘭商館的報告，統計 17 世紀上半葉，中國船隻前往日本貿易的船隻數，見表 3-16；表中未列出的年份，代表該年抵達日本華船的數目不明，而不是表示該年沒有中國商船抵日貿易。從表中的數字，可以看到每年抵日貿易的中國商船數目起伏很大，但 1632-1639 年間呈現很明顯的增長，較之以往多出來的貿易量應和 1635 年朱印船停止海外貿易和 1639 年日本禁止葡萄牙前來貿易有關，船隻的數目在 1639-1641 年達到高峰後，回落到 1632 年以前的水準。表 3-17 主要根據《長崎日記》列出 1641-1644 年間，華船對日輸出的情況。

---

[65] 《明神宗實錄》卷 476，萬曆 38 年 10 月丙戌：「近奸民以販日本之利倍於呂宋，寅緣所在官司擅給票引，任意開洋，高桅巨舶，絡繹倭國」。

[66] K. Eiichi, 'Japanese-Dutch trade', *Acta Asiatica* 30 (1976), 34-84. 以及 I. Seiichi, 'Japanese foreign trade', *Acta Asiatica* 30 (1976), 1-18. 船員數參見松浦章：《寬政元年土佐漂著安利船資料》，吹田：關西大學東西學術研究所，1989 年，第 402 頁。

表 3-16：1611-1644 年赴日貿易的中國船數

年	1611	1612	1613	1614	1623	1624	1625	1631	1632
艘	70	30	20?	60-70	36	38	60	60	4
年	1634	1635	1637	1639	1640	1641	1642	1643	1644
艘	36	40	64	93	74	97	34	34	54

資料來源：岩生成一：〈近世日中貿易數量の考察〉。轉引自劉序楓：〈明末清初的中
　　　　　日貿易與日本華僑社會〉，《人文及社會科學集刊》，1999 年第 11 卷第 3
　　　　　期，第 435-473 頁。

表 3-17：1641-1644 年中國船對日本的輸出

年	《長崎日記》	Shaogang Cheng, *De Voc en Formosa 1624-1662: Een vergeten geschiedenenis*	《巴城日記》
1641	1641 年共有 97 艘中國戎克來到長崎。鄭芝龍佔 6 艘，運進 307 擔生絲和 909 擔絲織品；其他中國船運進 965 擔生絲和 440 擔絲織品。		
1642	1642/08/18 記載：來了 3 艘中國船，鄭芝龍的 1 艘約載 30 萬兩貨物；其餘 2 艘約 20 萬兩。		
1643		中國商人輸往長崎的貨物值 158 萬兩，其中 2/3[1/3？]屬鄭芝龍。鄭芝龍運進絲綢 700 餘擔，而荷蘭只有 225 擔。	中國戎克船多來自南京，中國貨價因大量輸入而下跌。
1644	中國人輸入 13 萬斤（1,300 擔）的生絲，導致生絲價格下跌。荷蘭人輸入白絲 50,000 斤（500 擔）和黃絲 4,000 斤（40 擔）。		

資料來源：作者整理自林偉盛：《荷據時期東印度公司在台灣的貿易》，台灣大學歷
　　　　　史學研究所博士論文，1998 年，第 125-128 頁。

以 1643 年為例，表 3-18 列出 1643 年，華船（不含鄭芝龍船）[67]輸日的商品明細和單價。華船輸入的不只是中國商品，還包含少量其他國家的商品，例如東京生絲和交趾綸子等。可惜的是，永積洋子編著的《唐船輸入品數量一覽 1637～1833 年》，1637-1644 年的船貨資料和單價並不完整，否則即可據以計算這段期間的貿易額。

表 3-18：1643 年華船輸日資料（不含鄭芝龍船）[68]

品名	數量	單價（兩）	總價（兩）	品名	數量	單價（兩）	總價（兩）
白絲	18,500 斤	3	555,00	綿鈕	565 斤	?	?
白紗綾	53,404 反	3.7	197,595	縞茶苧	110 反	6+	715
白縮緬	10,980 反	3+	38,430	繻子	4,110 反	10+	43,155
白色薄紗	1,508 斤	4+	6,786	模樣入布	1,450 反	10+	15,225
白綸子	25,720 反	6+	167,180	金襴	2,830 反	14+	41,035
赤紗綾	520 反	3.8	1,976	黑茶苧	2,000 反	6+	13,000
赤縮緬	4,300 反	3.2	13,760	布料	290 反	3+	1,015
赤綸子	3,700 反	7+	27,750	Afgesooden 生絲	114 斤	1+	171
色緞子	17,240 反	10+	181,020	粗生絲	10,614 斤	0.8-0.9	9,022
東京生絲	580 斤	2.8	1,624	粗麻布	46,800 反	?	?
各種線絲	16,900 斤	3	50,700	天鵝絨	8,150 反	5.6	45,640
捲絲	4,730 斤	3.5	16,555	羽二重	4,490 反	2.2	9,878
發泡絲	100 斤	3+	350	金線紗	884 反	3+	3,094
緞子	100 斤	5+	550	赤更紗	524 反	2.5	1,310
色物布	30 反	?	?	赤絹縫絲	250 斤	4.5	1,125
生粔	30 反	3.8	114	茶苧	200 反	3+	700
北絹	150 反	1.4	210	次等絲	15,800 斤	?	?
交趾綸子	1,470 反	3.5	5,145	紗	30 反	2.5	75

---

[67] 1643 年鄭芝龍船只有品項和數量記載，但無單價記載，且品項和其餘華船品項有所不同，例如鄭芝龍船輸入 70 斤象牙。參見永積洋子：《唐船輸出入品數量一覽 1637～1833 年》，東京：創文社，1987 年，第 332-333 頁。

[68] 每反的大小為 10 公尺*0.34 公尺。參見李伯重：《發展與制約》，台北：聯經，2002 年，第 383 頁。

品名	數量	單價（兩）	總價（兩）	品名	數量	單價（兩）	總價（兩）
海黃	680 反	2.8	1,904	紙	266 包	4＋	1,197
棉	330 斤	1.2	396	蠟	2,000 斤	？	？
黑紗綾	410 反	3.5	1,435	黑漆	40,000 斤	0.2-0.3	10,000
中國金羅紗	701 反	9＋	6,660	藥種、食料			
鳶眼布	360 反	1.3	468	珍奇品			
金縞天鵝絨	66 反	8＋	561	書籍			
						總價合計	＞97.3 萬兩銀

資料來源：永積洋子：《唐船輸出入品數量一覽 1637～1833 年》，東京：創文社，1987
年，第 332、333、353 頁。計算總價時，將 3＋視為 3.5，以及將 0.2-0.3
視為 0.25，餘此類推。

　　表 3-16 沒有 1636 年和 1638 年中國商船抵日的數目，因而
用前後兩年的船隻數目平均來估計，則 1636 年 52 艘、1637 年
64 艘、1638 年 78.5 艘、1639 年 93 艘、1640 年 74 艘、1641 年
97 艘、1642 年 33 艘、1643 年 34 艘、1644 年 54 艘。

　　表 3-17 顯示 1643 年 34 艘華船輸入價值 158 萬兩的商品，
平均每艘 46,471 兩。以此平均數和每年抵日貿易的中國船數，
推估 1636-1644 年每年中國船輸日商品總值（以日本當地價格計
算），結果見表 3-19。中國船輸入日本的商品，不完全是中國商
品，當時華人的海外貿易網絡遍及整個東亞。因之參考前述葡船
（1637 年 89%）和荷船（1633-1644 年 80%）輸日商品裡中國商
品的比例，以及表 3-18（1643 年華船輸日資料），作者推測華船
運往日本的商品裡，中國商品所佔的比例應有 90%。

表 3-19：1636-1644 年華船輸日商品總值（萬兩）

年	1636	1637	1638	1639	1640	1641	1642	1643	1644
萬兩	242	297	365	432	344	451	158	158	251

資料來源：作者推估。

第五節　摘要

　　從 16 世紀中葉到明朝滅亡（1644），中、日間的貿易一直很興旺。日本的貴族和城市中的上層階級對中國絲貨（尤其是生絲）的需求很大。另一方面，中國自 15 世紀中期後，大明寶鈔因無節制的發行而退出貨幣流通領域，白銀替代了它的地位，大額交易用銀，小額交易用銅錢。但隨著中國經濟的成長和商品化，國內生產的白銀不敷使用，而日本從 16 世紀中期開始，直至整個 17 世紀，是亞洲最大的產銀國。在此背景下，兩國的貿易變得很興盛，中國主要輸出生絲和絲製品，日本輸出白銀。[69]

　　16 世紀上半葉，除官方的朝貢貿易，中、日間的民間貿易也相當發達。1549 年起中、日官方貿易永久停止，中國沿海的倭亂也隨之轉劇，其本質為中國海商因明廷禁止中、日貿易所做出的武裝反抗而已，直到 1560 年代中期，倭亂才大致平息。1557年，葡萄牙租借廣東沿海的澳門，從此開始，有了一個合法便利的管道取得中國商品，以此為基礎，來從事中、日間的轉口貿易。葡澳從事轉口貿易，滿足了中、日雙方分別對絲和銀的需求，此對倭亂的平息有著重大助益。一直到 16 世紀末，中、日貿易幾為葡澳所壟斷。1546-1638 年間，葡澳輸入日本的商品估算金額參見表 3-8 和圖 3-1。

　　1600 年代初期，日本進入一段長期和平時代，對外國商品需求也跟著增加。接著一連串的發展，打破了葡澳對中、日貿易的壟斷。

---

[69] 全漢昇：〈明中葉後中日間的絲銀貿易〉，《中研院史語所集刊》，1984 年第 55 本第 4 分，第 635-649 頁。

　　1602 年開始，日本派出朱印船前往東亞貿易，到 1635 年朱印船貿易被禁止為止，共派出 350 餘艘的朱印船，平均每年輸出約 90 餘萬兩的白銀。最遲在 1610 年，中國商船已經大量到日本貿易，每年約有 30 餘艘的中國商船（最多達 60 艘）到達日本。1636-1644 年，中國商船輸日的商品估算金額參見表 3-19。

　　1609 年荷蘭人在平戶開了商館，此年也是荷、日貿易的元年，但一直到 1624 年，荷蘭取得台灣南部，有了穩定的中國商品供應後，荷蘭輸日商品的金額才開始成長。但 1628-1632 年，日本因台灣事件對荷蘭實施禁運，使得荷、日貿易暫時中斷。1633 年後，荷、日貿易恢復，荷蘭在鄭芝龍的協助下，取得穩定和大量的中國商品，以及受惠於 1630 年代中期開始的日本鎖國政策（朱印船被禁）和 1639 年葡萄牙人被禁止到日本貿易，荷蘭輸日商品金額成長的非常快，1635-1640 年被稱為荷蘭東印度公司的蜜月年代。但到了 1641 年，由於鄭芝龍羽翼已豐，想獨佔中、日貿易，因而不再提供中國商品給荷蘭，再加上中國戰亂，使得荷蘭對日貿易大幅衰退。1622-1644 年間，荷蘭輸入日本的商品估算金額參見表 3-14 和圖 3-3。

　　如前所述，華船輸日商品總值見表 3-19，荷船見表 3-14，葡船見 3.2 節最後一段文字敘述。華船輸日中國商品價值為輸日所有商品的 90%，葡船為 89%，荷船為 80%。葡船（主要在廣州採購）和華船輸日的毛利潤約為 100%，所以中國商品離岸價值為中國商品輸日售價（在日本出售所得）的 50%。華船運出日本的白銀，等於流入中國的白銀，為輸日中國商品售價的 68%；葡船因輸日流入中國的白銀，大概等於中國商品的離岸價值；荷蘭在台灣採購中國商品，中國商品的離岸價和台灣售價約有 30%的價差，華船往來大陸沿岸和台灣，大概須負擔 15%的

費用，因此荷船因輸日流入中國的白銀約為輸日商品售價的 60%。

　　表 3-20 和圖 3-4 列出 1636-1644 年間，中國船、荷蘭船、葡萄牙船輸日的中國商品金額（以日本當地價格計算），和輸日中國商品的離岸價，以及因中國商品對日本出口所流進中國的白銀數量。根據表 3-20 和圖 3-4，中國商品輸日在 1641-1644 年，較之 1636-1640 期間，有很大衰退，咸信與中國內亂和明廷對滿族的戰爭有關。

表 3-20：1636-1644 年中國商品對日出口小結（單位：萬兩）

	中國船			荷蘭船			葡澳船			總計		
	中國商品輸日金額	中國商品離岸價	流入中國的白銀	中國商品輸日金額	中國商品離岸價	流入中國的白銀	中國商品輸日金額	中國商品離岸價	流入中國的白銀	中國商品輸日金額	中國商品離岸價值	流入中國的白銀
1636	218	109	163	42	21	25	127	64	64	386	193	252
1637	267	134	200	70	35	42	191	95	95	528	264	338
1638	329	164	246	90	45	54	64	32	32	482	241	332
1639	389	194	292	104	52	63	.	.	.	493	247	354
1640	310	155	232（111）	182	91	109	.	.	.	491	246	341
1641	406	203	304（133）	25	13	15	.	.	.	431	216	320
1642	142	71	107（79）	22	11	13	.	.	.	165	82	120
1643	142	71	107（85）	11	6	7	.	.	.	154	77	113
1644	226	113	169（122）	25	12	15	.	.	.	250	125	184

資料來源：作者整理。括弧中的數字為 von Glahn 的估計，參見 R. von Glann, 'Myth and reality of China's seventeenth-century monetary crisis', *The Journal of Economic History* 56: 2 (1996), 429-454.

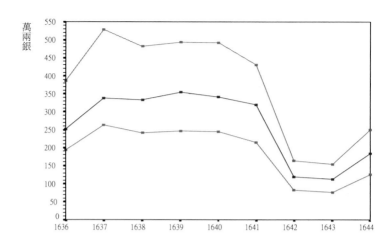

圖 3-4：1636-1644 年中國商品輸日金額和因之流入中國的白銀。
最上方的一條線為日本進口中國商品所支付的金額，最下
方一條線為輸日中國商品的離岸價，中間的那條線為因中
國商品對日出口所流入中國的白銀。從 1641 年開始，中
國對日貿易絕大部份都由鄭芝龍和其他中國商人所控制。

第四章　中國與西屬菲律賓的貿易

第一節　導言

一、一個新時代的開始（1567）

在福建巡撫都御史涂澤民的奏請下，明政府於隆慶元年（1567）同意在福建漳州海澄月港開放海禁，有限度地准許私人出海貿易，因而使明代後期私人海外貿易得以迅速發展。15 世紀的 30/40 年代，福建月港在海禁開放前，與浙江雙嶼就已是中外走私貿易的集中地。[1]

從月港出發貿易船的航行範圍達 24 個國家和地區，在萬曆 17 年（1589）的海禁開放前期，由月港出航的海外貿易船雖有數量限定，但未干預航行路線。萬曆 17 年起，航向東西洋的船隻各限定為 44 艘，合計 88 艘，其中呂宋定為 16 艘。船隻總數後來逐次增加，至萬曆 25 年（1597）達到 137 艘。但由於西洋各地路途遙遠，以及航行呂宋路近利豐，以致許多原該前往西洋的船隻最後航向馬尼拉。[2]

---

[1]　李金明，《明代海外貿易史》，北京：中國社會科學出版社，1990 年，第 112 頁。

[2]　「這些海外貿易船的貿易範圍比較廣，西至歐羅巴，東至呂宋、長崎，具體地點有西洋的交趾、占城、暹邏、下港、加留吧、柬埔塞、大泥、舊港、麻六甲、業齊、彭亨、柔佛、丁機宜、思吉港、文郎馬神；東洋的呂宋、蘇祿、貓里齊、沙瑤、吶嗶嘽、美洛居、文萊、雞籠、淡水等 24 個國家和地區。在萬曆十七年（1589）之前，由月港出發的海外貿易船僅限船數而未定其航行地點，到萬曆十七年始由福建巡撫周寀定為每年限船 88 艘，東西洋各限 44 艘，東洋呂宋一國因水路較近，

　　為獲得政府的許可，從月港出航的商船，須先繳納一筆特許費（引稅）。返航進港時要繳交三種形態的關稅：一是水餉，依船隻大小繳納；二是陸餉，依所載貨物價值計算；三是加增餉，特別針對從馬尼拉返航的船隻課徵，初為每船 150 兩，1590 年後減為 120 兩。[3]表 4-1 顯示月港每年餉稅收入，從開海禁初期的 3,000 兩，逐漸增加，至 17 世紀初達到 20,000 餘兩，可推測月港的對外貿易於 16 世紀後期發展的很快，在 17 世紀的前三、四十年間大致維持在一個相同的水平。全漢昇更進一步認為，「漳州海澄〔月港〕與菲律賓間的貿易，在隆慶元年以後的數十年內，大約增加八至十倍左右」。[4]月港歷年餉稅收入詳如表 4-1。

　　餉稅收入，只能約略反應中菲貿易額的趨勢。較為精確的數字，則有賴於馬尼拉海關的數據，詳見後述。

　　定為 16 艘，其餘各國限船二、三艘；後來因申請給引的引數有限、而願販者多，又增至 110 艘，加之雞籠、淡水、占城、交趾州等處共 117 艘。萬曆二十五年（1597）再增 20 艘，共達 137 艘。但是西洋各地因路途遙遠，商船去者絕少，即給領該澳文引者，或貪路近利多，陰販呂宋；有的則是出海時，先向西洋行，行既遠，乃復折而入東洋。所以，每年雖然也按限數給引，但實際到達西洋的商船均不如額。」參見李金明，《明代海外貿易史》，北京：中國社會科學出版社，1990 年，第 116-117 頁。

[3]　張燮：《東西洋考》卷七。「其微稅之規，有水餉，有陸餉，有加增餉。水餉者，以船廣狹為準，其餉出於船商。陸餉者，以貨多寡，計值微輸，其餉出於鋪商……加增餉者，東洋呂宋，地無它產，夷人悉用銀錢易貨，故歸船自銀錢外，無他攜來，即有貨亦無幾。故商人回澳，征水陸二餉外，屬呂宋船者，每船更追銀百五十兩，謂之加征。後諸商苦難，萬曆十八年〔1590〕，量減至百二十兩」。

[4]　全漢昇：〈明季中國與菲律賓的貿易〉，《中國經濟史論叢》，台北：稻禾，1996 年，第 417-434 頁。

表 4-1：月港餉稅收入

年代	每年餉稅收入（單位：兩）
隆慶年間（1567-72）	3,000
萬曆初年（1573）	6,000
萬曆四年（1576）	10,000
萬曆十一年（1583）	20,000（+）
萬曆二十二年（1594）	29,000（+）
萬曆二十七年（1599）後	27,000（+）
萬曆四十三年（1615）	23,400
崇禎元年（1628）	23,400

資料來源：《東西洋考》卷七、《天下郡國利病書》卷九十三。轉引自全漢昇：〈明季中國與菲律賓的貿易〉，《中國經濟史論叢》，台北：稻禾，1996 年，第417-434 頁。

二、馬尼拉大帆船與「太平洋絲綢之路」

　　1565 年，西班牙開始在菲律賓的殖民事業，同年，第一次成功有船自菲律賓返航墨西哥。為加強西屬美洲和菲律賓的聯繫，西班牙政府每年都派遣重達數百到一、兩千噸，一到四艘（通常為兩艘）的大帆船（史稱「馬尼拉大帆船」），橫渡太平洋（單趟航行時間約須 1-3 月），往來於墨西哥阿卡普爾科（Acapulco）與菲律賓馬尼拉之間。[5]

　　中國是馬尼拉大帆船（The Manila Galleon）貨物的主要來源，其中又以絲貨最為重要，對西屬墨西哥言之，馬尼拉大帆船曾被稱為中國船（*nao de China* or China Ship）。菲律賓作為中國與西屬美洲貿易的中繼站，在墨西哥的西班牙人有時將之稱為中

---

[5]　全漢昇：〈明清間美洲白銀的輸入中國〉，《中國經濟史論叢》，台北：稻禾，1996年，第 435-450 頁。

華帝國的一個省。這條航線主要從事的是絲銀貿易，中國輸出絲綢，白銀由西屬美洲流入中國。貿易的興盛，為馬尼拉帶來繁榮，而大量的白銀流入中國，對中國的貨幣制度和經濟發展也帶來了影響。根據 Gemelli Careri（17 世紀義大利的旅行家）：「中國皇帝稱西班牙國王為白銀之王，因為在他的領土內沒有好的銀礦，中國所有的白銀都來自西班牙輸入的比索」。[6]全漢昇將此條航線，稱之為「太平洋絲綢之路」。由於西班牙海權在長達近二世紀的時間裏控制了太平洋，太平洋曾有「西班牙湖」（The Spanish Lake）的稱謂。[7]

一般而言，菲律賓和墨西哥間的絲銀貿易，獲利相當豐厚，約為投資額的 100%-300%，甚至可到 10 倍。[8]另外，有好多些年，利潤被法律定為 100%。[9]當然風險也很高，遇到颱風和海盜往往損失慘重，甚至喪失整條船隻，有時還會因超重載貨、建造不良、人為因素而出事。[10]

在剛開始的幾年，橫跨太平洋的大帆船貿易並未帶來很大利潤。直到 1572 年，中國商人帶來了絲貨、瓷器和其他商品前來馬尼拉，西班牙商人將之運往墨西哥的阿卡普爾科出售，獲得了非常大的利潤返回菲律賓。自此，開始中國－馬尼拉－阿卡普爾科持續進行的貿易，直到 1815 年，最後一艘大帆船由馬尼拉開

---

[6] W. L. Schurz, *The Manila Gallon*, New York: Dutton, 1959, pp. 63-64.

[7] 全漢昇：〈明季中國與菲律賓的貿易〉，《中國經濟史論叢》，台北：稻禾，1996 年，第 434-450 頁。

[8] 全漢昇：〈自明季至清中葉西屬美洲的中國絲貨貿易〉，《中國經濟史論叢》，台北：稻禾，1996 年，第 451-473 頁。

[9] C. C. Plehn, 'Commerce and tariffs in the Philippines,' *The Journal of Political Economy* 10:4 (1902), 501-513.

[10] 陳烈甫，《菲律賓的歷史與中菲關係的過去與現在》，台北：正中，1968 年，第 78 頁。

出為止。中國的商品經墨西哥運往祕魯和美洲其他地方,甚至再越過大西洋運到西班牙;而西班牙以產自墨西哥和祕魯的白銀在馬尼拉換取中國商品。[11]

馬尼拉大帆船貿易,在 17 世紀上半葉達到頂峰。在貿易剛開始的年頭,西班牙當局由於忙於處理在歐洲和美洲的急迫事務,故而忽視了馬尼拉大帆船貿易所產生的利潤,以及對西班牙紡織業的衝擊與因之而來的大量白銀流出。約在 1590 年以後,母國的絲織工業家強烈要求西班牙政府,對中國絲貨輸入西屬美洲加以限制,以保護他們的利益和母國的絲織工業,西班牙當局才開始對馬尼拉大帆船貿易做了限制和管理。[12]如 1593 年的皇家命令:每年只能有 2 艘船從墨西哥阿卡普爾科航向馬尼拉,每艘船不得攜帶超過 25 萬披索;[13]1604 年禁止墨西哥與祕魯的貿易,以及所有航向菲律賓的船隻都必須為皇室服務,且只有西班牙的居民才可以參與貿易。由於西屬美洲和菲律賓的政府官員、宗教團體與商人,為了自身利益,陽奉陰違,這些管制只被鬆散地執行,因而並未產生太大效果。貿易持續進行,大量的中國商品源源不絕輸向西屬美洲。[14]

---

[11] D. O. Flynn, A. Giráldez and J. Sobredo, 'Introduction', in D. O. Flynn ed. *European Entry into the Pacific: Spain and the Acapulco-Manila Galleons*, xiii-xliii, Aldershot: Ashgate, 2001.

[12] 全漢昇:〈自明季至清中葉西屬美洲的中國絲貨貿易〉,《中國經濟史論叢》,台北:稻禾,1996 年,第 451-473 頁。

[13] 這個禁令在 1604 和 1619 年又重申,在 1702 年限額由 25 萬披索提高到 30 萬,1734 年增加為 50 萬,1776-1815 年變為 75 萬。參見 W. L. Schurz, *The Manila Galleon*, New York: E. P. Dutton, 1959, p. 155.

[14] W. L. Schurz, *The Manila Galleon*, New York: E. P. Dutton, 1959, pp. 38-39. C. L. Jones, 'The Spanish administration of Philippine commerce', *Proceeding of the American Political Science Association* 3 (1906), 180-193. 何曉東:《菲律賓古近代史》,台北:三民,1976 年,第 100-104 頁。

到了 18 世紀後期，西班牙海權沒落，西屬美洲和菲律賓間的壟斷貿易再也不能維持。英國、荷蘭、法國等國參與走私活動，提供西屬美洲所需的商品，西班牙無法禁止，馬尼拉大帆船的利潤受到很大影響而難以為繼。甚至在 1786、1787、1789 年，因發生找不到買主，而原船原貨返回馬尼拉的情事。馬尼拉大帆船終於在 1815 年停航。[15]

關於西班牙人在馬尼拉的貿易，*The Manila Galleon* 有生動的描述：「西班牙人在馬尼拉的商業地位僅為充當一個靜態的中間人，所有東方的貿易路線匯集到馬尼拉，不須西班牙人費吹灰之力，各地的商品順理成章地被高利潤吸引到此。由於知道可以在新西班牙〔西屬美洲〕獲取豐厚的報價，西班牙人像個紳士般地對購進之物付出好價錢，而東方的商人無不使盡氣力競相爭奪西班牙人口袋中的銀元」。[16]

每年，從西屬美洲輸入菲律賓的白銀多在 1-3 百萬批索左右（1 批索約等於 0.8 兩白銀），幾乎都流入中國。詳見下述。

1587 年，英國擄獲、重 600 噸的馬尼拉大帆船 Santa Ana 號上，發現 2,300 馬克（mark）的黃金，至於貨物方面則以貴重的絲貨佔了大部分。根據當時一位權威人士 Román 的評斷，此批貨物在墨西哥可以賣到 200 萬披索（160 萬兩），意味著在馬尼拉的投資約達 100 萬披索（80 萬兩）。[17]

以 1598 年馬尼拉當局查扣 Diogo Fernandes Vitória 將運往墨西哥的商品清單為例，中國和日本的商品在馬尼拉當地值 66,104 克魯賽羅、佔商品總值的 89%，其中 99%為中國絲貨。生絲值

---

[15] 陳烈甫，《菲律賓的歷史與中菲關係的過去與現在》，台北：正中，1968 年，第 78-79 頁。

[16] W. L. Schurz, *The Manila Galleon*, New York: E. P. Dutton, 1959, p. 38.

[17] W. L. Schurz, *The Manila Galleon*, New York: E. P. Dutton, 1959, pp. 307-308.

37,864 克魯賽羅、佔商品總值的 51%，絲織品值 27,672 克魯賽羅、佔 37%，兩者合計佔 88%。[18]（1 克魯賽羅 = 1 兩）

　　17 世紀前期，受到法令限制，每艘大帆船登記載運的絲織品約為 300-500 箱。但實際上，以 1636 年駛往阿卡普爾科的大帆船為例，一船運了 1,000 餘箱，另一艘運了 1,200 箱。[19]一箱重 250 磅，約相當 2 擔。

　　J. J. TePaske 估計了 1581-1660 年由墨西哥運往馬尼拉的白銀數量（表 4-2），由於私人貿易佔很大比例，且難以精確計算，因此 TePaske 的估計數字可視為一個大略的猜測。另外，這些估計數字未包括諸如南美其他港口（如祕魯的卡洛、Callao）和馬尼拉間的非法貿易。[20]TePaske 認為在 16 世紀末，平均每年經由非法貿易途徑，總共高達 500 萬披索（約 400 萬兩）的西屬美洲白銀流向菲律賓。[21]據表 4-2 推估，1581-1640 年間，共有 21,000 萬兩的美洲白銀流入菲律賓，平均每年 350 萬兩，1581-1644 年間，共有 22,080 萬兩的美洲白銀流入菲律賓，平均每年 345 萬兩。

---

[18] C. R. Boxer, *Portuguese Trade in Asia under the Habsburgs, 1580-1640*, Baltimore: Johns Hopkins University Press, 1993, p.79.

[19] E. H. Blair, *The Philippine Islands 1493-1898*, Cleveland: A. H. Clark, 1909, vol. 27, p. 269.

[20] *The Manila Galleon* 第 369 頁記載：「西屬祕魯當局的貪婪和腐化已深入到每一階層，從總督到主教，祕密地或由人代理，每一個人都從事[與菲律賓]的貿易」。

[21] J. J. TePaske, 'New World silver, Castile and the Philippines, 1598-1800', in J. F. Richards ed. *Precious Metals in the Later Medieval and Early Modern Worlds*, 1993, pp. 433-438.

表 4-2：1581-1640 年間墨西哥輸往馬尼拉的白銀數量
（1 公斤 = 26.667 兩）

期間	官方貿易（公斤）	%	私人貿易（公斤）	%	總計（公斤）	總計（萬兩）	西屬美洲年平均銀產量（萬兩）
1581-1590	32,198		?		?	> 86	884
1591-1600	11,912	44.6	14,779	53.4	26,691	71	887
1601-1610	30,030	25.0	89,886	75.0	119,916	320	661
1611-1620	64,967	33.5	129,035	66.5	194,002	517	998
1621-1630	92,545	40.0	138,638	60.0	231,183	616	1014
1631-1640	93,882	51.1	89,716	48.9	183,598	490	982
1641-1650	56,408	55.6	44,980	44.4	101,388	270	851
1651-1660	38,556	42.8	51,523	57.2	90,079	240	872

資料來源：J. J. TePaske, 'New World silver, Castile and the Philippines, 1598-1800', in J. F. Richards ed. *Precious Metals in the Later Medieval and Early Modern Worlds*, 1993, pp. 444-445. 西屬美洲銀產量，參見 D. A. Brading and H. E. Cross, 'Colonial silver mining: Mexico and Peru', *The Hispanic American Historical Review* 52: 4 (1972), 545-579.

　　Souza 的估計如下：1590-1602 期間，共有 67 百萬披索（53.6 百萬兩），從西屬美洲流向馬尼拉，平均每年 412 萬兩；1602-1636 期間共 80 百萬披索（64 百萬兩），平均每年 183 萬兩；1636-1644 期間共 7 百萬披索（5.6 百萬兩），平均每年 62 萬兩。綜上所述，1590-1644 年合計 154 百萬披索（123 百萬兩）從墨西哥流向菲律賓，平均每年 224 萬兩。[22]

　　墨西哥當局在 1602 年給馬德里的報告中指出，通常每年由阿卡普爾科運往馬尼拉 500 萬披索（400 萬兩銀），在 1597 年，

---

[22] G. B. Souza, *The Survival of Empire*, Cambridge: Cambridge University Press, 1986, pp 84-85.

更高達 1,200 萬（960 萬兩銀）。到了 1632 年，在馬尼拉的一宗
教團體告知西班牙國王 Philip IV：每年約 240 萬披索（192 萬兩
銀）由阿卡普爾科運往馬尼拉。[23]

全漢昇認為受到 16 世紀末開始的 50 萬披索限額（見下述）
影響，官方數字顯著小於實際的情況。而一些局外者，根據他們
的想像或道聽途說，往往過於浪漫，失之於誇大，例如，Savary
de Bruslons 說每年運往菲律賓的白銀達 500-600 萬披索。所以唯
有親身參與此條航線的人之說法才較為可靠。Schurz 認為在一般
的狀況，每年有 200 萬披索（160 萬兩）流向馬尼拉，300 萬披
索（240 萬兩）雖是可能但極不尋常。[24]

表 4-3 列出全漢昇認為可靠的估計，16 世紀末大概每年 100
萬披索（80 萬兩銀）從西屬美洲運往菲律賓，後逐年成長，可
能在 1620 年達到 300 萬披索（240 萬兩）的高峰，1930 年代下
降到 200 萬披索（160 萬兩銀）。[25]

綜上所述，歷史記載紛雜，學者的估計和看法也有相當大的
差異。但應可得到以下推論：晚明時期，每年經菲輸入中國的白
銀數量約略介於 100-200 萬兩（有可能更多），中國對菲出口呈
長期增長趨勢，詳見後述。

---

[23] W. S. Atwell, 'International bullion flows and the Chinese economy circa 1530-1650', *Past and Present* 95 (1982), 68-90.

[24] W. L. Schurz, *The Manila Galleon*, New York: E. P. Dutton, 1959, pp. 188-190.

[25] 全漢昇：〈明清間美洲白銀的輸入中國〉，《中國經濟史論叢》，台北：稻禾，1996
年，第 435-450 頁。

表 4-3：晚明西屬美洲白銀運菲數額

年代	數額	根據材料
1598	1,000,000 披索 （80 萬兩銀）	"Letter from Fray Ygnacio, Archbishop of Manila, to Felipe II" (Manila, June 24, 1598), in *Phil. Isls.*, vol. 10, p. 145.
1602 及以前	2,000,000 披索 （160 萬兩銀）	Alnoso Fernandez de Castro, "Principal Points in Regard to the Trade of the Filipinas" (undated; 1602?), in *Phil. Isls.*, vol. 12, pp. 44-47. Fray Martin Ygnacio de Loyola, "Various Documents Relating to Commerce" (c. 1602), in *Phil. Isls.*, vol. 12, p. 59.
1604	2,500,000+披索 （200+萬兩銀）	"Decree Regulating Commerce with Nueva Espana" (December 1. 1604), in *Phil. Isls.*, vol. 13, p. 257.
約 1620	3,000,000 披索 （240 萬兩銀）	Hernando de Los Rios Coronel, "Memorial and Relation of the Filipinas" (Madrid, 1621), in *Phil. Isls.*, vol. 19, pp. 239-240.
1633	2,000,000 披索 （160 萬兩銀）	"Letter from Juan Cerezo de Salamanca to Felipe IV" (Manila, August 14, 1633) in *Phil. Isls.*, vol. 24, p. 292.
1688 及以前	2,000,000 披索 （160 萬兩銀）	Schurz, *The Manila Galleon*, p. 189.

資料來源：全漢昇：〈明清間美洲白銀的輸入中國〉，《中國經濟史論叢》，台北：稻禾，1996 年，第 435-450 頁。

第二節　中菲貿易（1572-1644）

在西班牙佔據菲律賓前的幾個世紀，中國人就已經常到此地進行貿易。中國人以紡織品和手工藝品換取菲律賓的米、椰子、棕櫚油、糖、種種纖維、優質藤、竹等的莖、可製染料的樹木、建築用木材以及一些諸如燕窩、龜殼、珍珠等奢侈品。[26]

1565 年，西班牙開始在菲律賓的殖民。1571 年，Carreon 船長救了一艘遇難沈沒的中國商船船員，為了回報，中國人隔年

---

[26] C. C. Plehn, 'Commerce and tariffs in the Philippines,' *The Journal of Political Economy* 10: 4 (1902), 501-513.

帶來了西屬馬尼拉所需要的商品,自此開始中國和西屬菲律賓間的貿易。自那時起至明末,從中國東南沿岸每年前往馬尼拉貿易的商船,通常少則 10 餘艘,多則 40-50 餘艘,經常獲利在 100% 以上。[27]另一方面,中、西間的雙向直接貿易,因種種原因,未曾能發展起來。

1569 年,西班牙人從馬尼拉前往中國,試圖建立和中國的直接接觸。1572 年,西屬菲律賓總督 Lavezaris 派了使節前往福建,晉見巡撫,宣達西班牙的立場和請求:第一、西班牙希望能和中國建立和平的貿易關係;第二、在中國領土上自由傳教;第三、要求給一個港口,作為通商的基地。但由於 Lavezaris 於同年死亡,繼任者 Sande 和中國關係不睦,Lavezaris 的努力便付諸流水。1598 年,在付出很大的努力和許多白銀後,終獲得廣東中國官員的許可,於廣東沿海取得了一個小島(西文文獻記載為 El Pinal),作為貿易的基地。但終在葡澳的阻撓下,以及為了聯合葡萄牙在遠東共同對抗荷蘭和英國的攻擊,放棄了這個海島。

西屬菲律賓一直嘗試和中國建立直接關係,背後的原因,Antonio de Morga(為當時馬尼拉法院院長)的議論可為代表。他認為能省去給前來馬尼拉貿易的中國商船之大量利潤,使馬尼拉脫離中國的影響,以及西班牙可因此對價格有更好的控制能力。但既然透過中國商船可以獲得所要的貨物,和中國建立直接關係便沒有迫切的需要,加上西屬菲律賓缺乏足夠的力量和資金去執行,所以這個夢想從未實現。在 1637 年,Grau y Monfalcón(西屬菲律賓派駐母國的代表)宣稱「在馬尼拉的西班牙人既沒

---

[27] A. Felix, Jr., *The Chinese in the Philippines 1570-1770 (Vol. 1)*, Manila: Solidaridad Publishing House, 1966, pp. 42-43

有力量也沒有資金在中國沿海建立一個貿易基地，有太多的事物需要西班牙人去關注和付出，以致不能將稀少的資源放在成效令人存疑的冒險上」。[28]終整個明季，西班牙從未能和中國建立起直接關係。

根據全漢昇，明季中國向西屬菲律賓輸出的貨品大致可分為三類：（1）糧食和其他生活必需品，（2）軍需品，（3）生絲和絲織品。另一方面，運回的幾乎都是白銀，《東西洋考》卷七載：「東洋呂宋，地無他產，夷人悉用銀錢易貨。故歸船自銀錢外無他攜來，即有貨亦無幾」。輸出品中以絲貨最為重要，[29]例如在1588 年和以前，中國輸入馬尼拉的貨物，以價值論，約有 9 成以上為絲綢。[30]根據 Antonio de Morga，輸入的絲綢種類繁多且品質不一。他說：

> 成綑的生絲，品質有好有壞；還沒捻過的上好生絲，有
> 白色及其他顏色，一小束一小束堆著；大量天鵝絨，有
> 的素淨無紋，有的繡上各式人物、顏色及花樣，有的是
> 金色底，有的則用金線繡描；在各種顏色及圖案的絲綢
> 上鑲金繡銀，但有些是以假亂真；凸紋錦緞、花緞、光
> 澤平紋綢、緞帶綢、緞子織物及各種顏色的布料，其
> 中有些是上等料子；許多亞麻布（來自 lencesuelo 這

---

[28] W. L. Schurz, *The Manila Gallon*, New York: Dutton, 1959, pp. 64-67.

[29] 全漢昇：〈明季中國與菲律賓的貿易〉，《中國經濟史論叢》，台北：稻禾，1996 年，第 434-450 頁。

[30] 「在一五八八年及以前，馬尼拉每年自中國輸入總值二十萬西元（披索 ≅ 0.8 兩銀）的貨物中，各種食物如麵粉、糖、餅乾、奶油、香澄、胡桃、板栗、波羅、無花果、李子、石榴、梨、其他水果、鹹豬肉及火腿等，一共只值一萬西元，其餘絕大部份為絲貨，其中包括花緞、黑色及帶有彩色的緞子、金銀線織成浮花錦緞，以及其他絲織品」。參見全漢昇：〈自明季至清中葉西屬美洲的中國絲貨貿易〉，《中國經濟史論叢》，台北：稻禾，1996 年，第 451-473 頁。

種植物），各式各樣的白棉布，用於各種用途，數量不一。[31]

另在 The Philippine Islands 第 6 冊第 287 頁有以下敘述：「中國的絲錦遠比西班牙的好得多，但前者售價較後者還便宜一半，其餘的絲織品，也有類似的情形。不僅西班牙人穿用，在這段時期，由於大量的中國絲綢進口到西屬美洲，以致連流浪漢、混血兒、印第安土著都穿絲製的華麗衣服用以炫耀」。

受到季風影響，中國商船在 5、6 月到達馬尼拉，等待 9、10 月到來的馬尼拉大帆船與之貿易，等到交易結束後，要待來年開春後方能北返中國。中國海商在馬尼拉的停留期間，居住於馬尼拉城東北方的「八連」（Parian）。[32]絲綢在八連的「生絲市場」交易，中國人在此展示和銷售他們的商品。[33]

隨著中、菲貿易的成長，越來越多的中國人（以閩、粵為主）定居馬尼拉，在 1580 年，菲律賓總督 Gonzalo Ronquillo de Penalosa 命令華人必須集中居住，以方便管理，因此在馬尼拉城附近的巴石河（Pasig River）南岸，建了一個稱為「八連」的中國城，基本上授權華人自行管理。由於馬尼拉當局擔心華人據城抵抗西班牙的統治，故禁止華人以堅固材質建造房屋，Parian 的房屋因而多為木造，極易起火，Parian 曾在 1583、1588、1597、1603、1629、1639、1642 年被焚毀後迅速重建。1590 年，在菲華人的人口約為 6,000-7,000 人，1603 年增為 20,000 人，1639 年再增為 50,000 人。由於華人人口眾多，引起馬尼拉當局的疑懼，在

---

[31] A. Felix, Jr., *The Chinese in the Philippines 1570-1770 (Vol. 1)*, Manila: Solidaridad Publishing House, 1966, p.162.

[32] 許壬馨：〈菲律賓早期的唐人街〉，《暨南史學》，1998 年第 1 期，第 43-61 頁。

[33] A. Felix, Jr., *The Chinese in the Philippines 1570-1770 (Vol. 1)*, Manila: Solidaridad Publishing House, 1966, pp.46-47, 85. Parian 又有「生絲市場」之稱。

1603 年和 1639 年的衝突中，導致數千華人死亡。另在 1596 年，有 12,000 名的華人被遣返回中國。

　　華人對馬尼拉、甚至整個西班牙的經濟都貢獻良多。八連的小部份中國商人，定期往來中國和馬尼拉之間從事貿易，特別是絲銀貿易。大部分的商人長期定居於當地，從事日常生活用品和食物的買賣，提供馬尼拉居民日常所需。[34]*The Philippine Islands* 第 7 冊第 224-229 頁中有以下記載，可窺之一二：「八連市場中可見到中國的各種商品，這些物品已在八連市場中製造，而且其素質比在中國製造的更佳……由於華人與西人交往，致使華人可製造出從前在中國沒有的物品……華人亦販賣本地產的豬、鹿、水牛、雞、鴨等肉類及蛋類，假如他們不販賣這些食品，我們〔在馬尼拉的西班牙人〕便得不到供應」。[35]

　　中國商品的價格極具競爭力，不難理解這自然導致大量西班牙白銀因購買中國商品而流入中國。1587 年，西屬菲律賓總督 Santiago de Vera，上呈西班牙國王菲力普二世的書信中說到：「中國商人將各種貨物賣得如此便宜，使得我們不得不認為，若不是在中國不需甚麼勞力來生產這些物品，就是這些商人不需用多大成本就可以取得這些東西」。[36]1607 年，一位官員的報告提到：「自中國運到菲律賓的商品，售價低廉，又因白銀的購買力很大，所以西班牙人將白銀投資於購入中國商品以獲取利潤」。[37]1628

---

[34] S. S. C. Liao, *Chinese Participation in Philippine Culture and Economy*, Manila: S.N., 1964, pp. 22-27. 以及許壬馨：〈菲律賓早期的唐人街〉，《暨南史學》，1998 年第 1 期，第 43-61 頁。

[35] 轉引自黃啟臣：〈明末在菲律賓的華人經濟〉，《華僑華人歷史研究》，1998 年第 1 期，第 17-24 頁。

[36] E. H. Blair et al., *The Philippine Islands (Vol. 6)*, Cleveland: A. H. Clark, 1909, p. 302.

[37] E. H. Blair et al., *The Philippine Islands (Vol. 14)*, Cleveland: A. H. Clark, 1909, p. 214.

年，某位西班牙人說到：「中國人有大量待售的貨品，他們從來只將貨品賣給我們以換取銀幣，卻不跟我們購買任何的東西。為了取得銀幣，他們的賣價非常便宜，因此我們向他們買的東西也就特別的多」。[38]

　　16 世紀後期到 17 世紀初，中、菲貿易為成長狀態；以後直到 1630 年代，尚稱相當平穩；到了 1640 年代，中、菲貿易才主要因中國情勢轉壞，出現急劇下滑。[39]明季每年中國對菲律賓的出口商品金額和因貿易流入中國的白銀，在正常年份，估計可能達到一、兩百萬兩，詳見下述。

一、從中國航抵馬尼拉的船隻數目

　　表 4-4 根據 *Les Philippines et le Pacifique des Iberiques*；表 4-5 根據《菲律賓華僑史》；表 4-6 根據 *The Philippine Islands*、*The Manila Galleon*、*Indonesian Trade and Society*、*Fidalgos in the Far East 1550-1770* 列出晚明每年抵達馬尼拉的船隻數。從這些表不難看出，馬尼拉港來自中國大陸的商船佔了大多數，常可見到 200 噸的華船，有時甚至重達 600 噸。[40]

---

[38] E. H. Blair et al., *The Philippine Islands (Vol. 22)*, Cleveland: A. H. Clark, 1909, p. 282.

[39] G. B. Souza, *The Survival of Empire*, Cambridge: Cambridge University Press, 1986, p. 85.

[40] 陳學文：《明清社會經濟史研究》，台北：稻禾，1991 年，第 326 頁。以及 J. C. van Leur, *Indonesian Trade and Society*, Hague: W. van Hoeve, 1955, p. 212.

表 4-4：1574-1644 年間按來源地區之每年進入馬尼拉港的船隻數目

	中國大陸	台灣	澳門	日本	總計		中國大陸	台灣	澳門	日本	總計
1577	9				≧15	1611	>21				?
1578	9				33	1612	46				53
1580	≧19		≧2		≧50	1620	23		5	3	≧41
1581	9				?	1627	21	≧1	6		≧33
1582	24				?	1628	9	≧1	≧2		≧17
1588	46		2		?	1629	2	2	2	2	15
1591	21			1	?	1630	16	5	6	2	
1596	40			1	?	1631	33	3	3		46
1597	≧14			2	?	1632	16	2	4	5	32
1599	19			10	≧29	1633	30	1	3		36
1600	25			5	≧30	1634	26	3		1	37
1601	29			4	≧33	1635	40	3	4		49
1602	18			3	≧21	1636	30	1	1		36
1603	16			≧1	?	1637	50	1	≧3		≧57
1604	15		5	6	≧26	1638	16	1	≧3		20
1605	18		2	≧3	≧23	1639	30	4	≧3		≧39
1606	26		1	≧3	≧30	1640	7	1	3		11
1607	39			≧3	≧42	1641	8	1	≧2		≧16
1608	39				?	1642	34	1	1		41
1609	41			3	≧44	1643	30				32
1610	41				?	1644	8	1			12
1645	11				≧14	1577-1644	1013＋	32＋	60＋	57＋	1320＋

資料來源：P. Chaunu, *Les Philippines et le Pacifique des Iberiques*, Paris: S.E.V.P.E.N., 1960, pp. 148-163.

表4-5：明隆慶、萬曆中國大陸航向菲律賓商舶統計表

年代	船舶數	年代	船舶數	年代	船舶數
1570	9*	1589	11-12*	1605	18
1573	8*	1591	21	1606	26
1575	12-15*	1592	22-28*	1607	39
1577	9	1596	40	1608	39
1578	9	1597	14	1609	41
1580	19	1599	19 或 30-50*	1610	41
1581	9	1600	25 或 40*	1611	21*
1582	24	1601	29	1612	46
1584	25-30*	1602	18	1620	23
1586	25-40*	1603	16		
1587*	30	1604	15		

資料來源：黃滋生、何思兵：《菲律賓華僑史》，第43、107頁。轉引自陳學文：《明清社會經濟史研究》，台北：稻禾，1991年，第327頁。表中有星號的數字，為未出現在表4-4的數據或與之數字不同，可作為表4-4的補充資料。

表4-6：1574-1643 年到達馬尼拉的商船總數

年　份	船　數	資料來源
萬曆二年（1574）	6	Schurz, *Manila Gallon*, p. 71.
萬曆三年（1575）	12-15	Blair & Robertson, *Philippine Islands*, Vol.3, p.299.
萬曆八年（1580）	40-50	Schurz, *Manila Gallon*, p. 71.
萬曆十一年（1583）	0	Blair & Robertson, *Philippine Islands*, Vol. 5, p.238.
萬曆十二年（1584）	25-30	Blair & Robertson, *Philippine Islands*, Vol. 6, p. 61.
萬曆十五年（1587）	30	Blair & Robertson, *Philippine Islands*, Vol. 6, p. 303.
萬曆十六年（1588）	30	Blair & Robertson, *Philippine Islands*, Vol. 6, p. 316.
萬曆十七年（1589）	11-12	Blair & Robertson, *Philippine Islands*, Vol. 7, p. 120.
萬曆十九年（1591）	20-30	Blair & Robertson, *Philippine Islands*, Vol. 8, p. 85.
萬曆二十年（1592）	28	Blair & Robertson, *Philippine Islands*, Vol. 8, p. 237.
萬曆二十七年（1599）	50	Blair & Robertson, *Philippine Islands*, Vol. 11, p.111.
萬曆三十一年（1603）	14	Blair & Robertson, *Philippine Islands*, Vol. 12, p. 83.
萬曆三十二年（1604）	13	Blair & Robertson, *Philippine Islands*, Vol. 15, p. 44.
萬曆三十三年（1605）	18	Blair & Robertson, *Philippine Islands*, Vol. 14, p. 51.
萬曆三十四年（1606）	35	Blair & Robertson, *Philippine Islands*, Vol. 14, p. 191.
萬曆四十四年（1616）	7**	Schurz, *Manila Gallon*, p. 71.

年　份	船　數	資料來源
天啓元年（1621）	30-40	Blair & Robertson, *Philippine Islands*, Vol. 20, p. 130.
天啓六年（1626）	100**	van Leur, *Indonesian Trade and Society*, p. 198.
崇禎二年（1629）	40	Blair & Robertson, *Philippine Islands*, Vol. 23, p. 193.
崇禎四年（1631）	50	Schurz, *Manila Gallon*, p. 71.
崇禎七年（1634）	40	Boxer, *Fidalgos in the Far East*, p. 136.
崇禎九年（1636）	33	Blair & Robertson, *Philippine Islands*, Vol. 24, p. 274.
崇禎十六年（1643）	3	Blair & Robertson, *Philippine Islands*, Vol. 35, p. 177.

資料來源：李金明，《明代海外貿易史》，北京：中國社會科學，1990 年，第 121 頁。
右上角有雙星號的數字，為未出現在表 4-4、4-5 的數據。

　　圖 4-1 顯示 1574-1644 年中國大陸（最上方的線□）、澳門（中間的線◇）、台灣（最下方的線●）抵達馬尼拉貿易的商船數目。主要根據表 4-4（*Les Philippines et le Pacifique des Iberiques*）的數據，並輔以表 4-5 和 4-6 繪成。

　　首先，從表 4-4 的總計欄可以知道，來自中國大陸的船隻數平均約佔所有船隻數的 75%，因此若某年無中國大陸船數的資料，但知道航抵馬尼拉的船隻總數，則以 75%的比例估計之。接著，針對仍無中國大陸船數的年份，以最接近的前後各一年做線性內插來估計之。從中國大陸駛抵馬尼拉的船隻數目，每年的變化很大，來到馬尼拉的中國商船數會受到預期利潤大小、航行安全性、中國當地情況等的影響。1610 年代下半期和 1630 年前後，中國大陸的船隻很少到馬尼拉，此應是分別受到荷蘭劫掠中國東南沿海前往馬尼拉的船隻與中國海盜橫行中國東南海域的影響。另外，在 1603 年和 1639 年，由於爆發激烈衝突，西班牙對居住在馬尼拉的華人進行了兩次屠殺，[41]以致在 1603、1639 年前後，從中國抵馬尼拉的船隻處於低點。

---

[41] D. F. Doeppers, 'The development of Philippine cities before 1900', *Journal of Asian Studies* 31:4 (1972), 769-792.

　　澳門對馬尼拉的出口始於 1580 年初，[42]但因總總因素，直到 1618 年，都未有很大進展。[43]1619-1642 年，澳門對馬尼拉的出口相當平順，除 1634 年外，每年都至少有 1 艘葡船抵達馬尼拉，但在 1640 年尾葡萄牙脫離西班牙獨立，澳門—馬尼拉貿易因之從 1643 年中斷。某些年份因欠缺數據（如 1621-26），故於圖形中顯現為零艘葡船。

　　西班牙於 1626 年入據台灣北部後，開始有華船前來貿易，所以自 1627 年起，直至 1642 年，被荷蘭人趕出台灣為止，每年皆有船從台灣航抵馬尼拉。

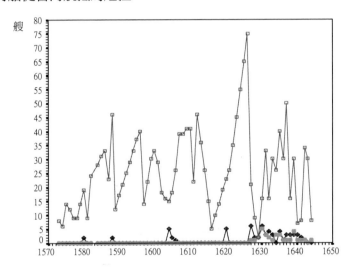

圖 4-1：1573-1644 年，中國大陸（1573-1644、最上方空心方格串連的線）、澳門（1580-1642、下方空心菱形串連的線）、台灣（1627-1644、下方實心圓串連的線）航抵馬尼拉的船隻數。

[42] G. B. Souza, *The Survival of Empire*, Cambridge: Cambridge University Press, 1986, p. 66.

[43] G. B. Souza, *The Survival of Empire*, Cambridge: Cambridge University Press, 1986, p. 66. 張廷茂：〈東南亞與明末澳門海上貿易〉，《文化雜誌》，1996 年第 27/28 期，第 45-52 頁。

二、馬尼拉中國商品的進口額

　　1573 年，馬尼拉設立海關。從 1589 年起，馬尼拉當局對前來貿易的中國船隻實行一種特別的整批購買制度：當船隻一抵港，首先派人檢查是否攜帶違禁品，然後由官員對整批貨物與船主進行議價，在成交後，將貨物運上岸，再依照西班牙居民投資金額的比例分配貨物。[44]但到了 17 世紀以後，這項制度漸漸不再實行；1677 年 Fray Plácido de Angulo 給西班牙國王的報告中，提到中國人通常可以在任何地方以自己的價錢賣出貨物。[45]

　　西班牙王室對進入馬尼拉的商品課徵入口稅（*almojarifazgo*），根據馬尼拉當局所評定的當地價格對大部分的進口品進行課徵，惟該評定價格並不常修訂，故並不能完全等同市價。[46]1581-1606 年，稅率為 3%；但到了 1607 年，入口稅率法則進行修正，中國人輸入的商品適用 6%的稅率，其餘來源仍維持 3%，其後直至 1734 年，都未有重大改變。[47]根據進口關稅的金額記錄，可以推算進口金額，但因未考慮走私[48]、其他對

---

[44] C. L. Jones, 'The Spanish administration of Philippine commerce', *Proceeding of the American Political Science Association* 3 (1906), 180-193.

[45] W. L. Schurz, *The Manila Galleon*, New York: E. P. Dutton, 1959, p. 78.

[46] C. C. Plehn, 'Commerce and tariffs in the Philippines,' *The Journal of Political Economy* 10:4 (1902), 501-513.

[47] C. C. Plehn, 'Taxation in the Philippines II', *Political Science Quarterly* 17: 1 (1902), 125-148. 以及全漢昇：〈明季中國與菲律賓的貿易〉，《中國經濟史論叢》，台北：稻禾，1996 年，第 417-434 頁。

[48] 「馬尼拉當局經常抱怨 50-90%澳門與馬尼拉的貿易是沒有記錄的，中國商人也從事走私活動，1620 年以後馬尼拉關稅收入的大幅滑落可能導因於走私貿易。事實上，從阿卡普爾科運至菲律賓的白銀在 1620 年代達於頂點，某位傑出學者認為 1620 年代從新世界運往西班牙白銀的減少，可以主要歸因於輸入菲律賓白銀增加所致」參見 J. J. TePaske, 'New World silver, Castile, and the Philippines, 1590-1800',

關稅的侵蝕行為，以及價格的變動，此法只能得到進口金額的下限值。表4-7顯示1619-1631期間，Souza用入口稅計算的中國大陸和葡澳，輸入馬尼拉的商品價值和馬尼拉所有進口品的價值。Souza的數字，和其它文獻比較起來，顯得不合理得小。

表4-7：Souza估計之中國大陸和葡澳輸入馬尼拉的商品價值和馬尼拉進口品總值（單位：萬兩），1619-1631年。

年	中國大陸		葡澳		其他		總值
	價值	%	價值	%	價值	%	
1619	14.9	61	1.5	6	7.9	33	24.3
1620	37.0	54	11.8	17	19.7	29	68.6
1621	8.9	25	12.9	36	13.8	39	35.5
1622	10.7	32	9.8	30	12.9	38	33.4
1623	2.3	13	5.7	31	10.2	56	18.2
1624	4.0	30	7.2	54	2.2	16	13.4
1625	14.6	41	9.2	26	11.4	33	35.2
1626	30.1	52	13.7	24	14.2	24	58.0
1627	27.2	66	10.8	26	3.1	8	41.1
1628	3.9	21	12.1	63	3.1	16	19.1
1629	5.3	28	.9	5	12.6	67	18.8
1630	8.4	19	15.5	35	20.6	46	44.6
1631	27.5	51	10.0	18	17.1	31	54.6
總計	194.8	41.9	121.1	26.0	149.0	32.1	464.9

資料來源：G. B. Souza, *The Survival of Empire*, Cambridge: Cambridge University Press, 1986, p. 83. 以1披索等於0.8兩進行換算。

　　表4-8列出作者根據1586-1644年馬尼拉入口稅金額（*Les Philippines et le Pacifique des Iberiques* 第201-205頁）、稅率和船隻數（主要根據 *Les Philippines et le Pacifique des Iberiques* 第149-161頁），所推算的五年期進口額和每艘平均進口額。

---

in J. F. Richards ed. *Precious Metals in the Late Medieval and Early Modern Worlds*, Durham: Carolina Academic Press, 1983, pp. 425-445.

表 4-8：1586-1645 期間，馬尼拉港年平均入口稅、船隻數、進口額

單位：兩

1586-1590	入口稅年均金額	佔入口稅總額比例%	年均船數	年均進口額	平均每艘船進口額	年均進口總額（萬兩）
中國大陸	3,000	28.02	30	100,000	3,333	
台灣						35.7
澳門	927	8.66	2	30,907	15,454	
1591-1595	入口稅年均金額	佔入口稅總額比例%	年均船數	年均進口額	平均每艘船進口額	年均進口總額（萬兩）
中國大陸			23		25,583(-)	
台灣	17,652	61		588,400		96.5
澳門			n.a.			
1596-1600	入口稅年均金額	佔入口稅總額比例%	年均船數	年均進口額	平均每艘船進口額	年均進口總額（萬兩）
中國大陸			28		23,005(-)	
台灣	19,324	56.04		644,147		114.9
澳門			n.a.			
1601-1605	入口稅年均金額	佔入口稅總額比例%	年均船數	年均進口額	平均每艘船進口額	年均進口總額（萬兩）
中國大陸	24,083	70.03	19.2	802,779	41,811	
台灣						114.6
澳門	160	0.50	3.5	5333	1,524	
1606-1610	入口稅年均金額	佔入口稅總額比例%	年均船數	年均進口額	平均每艘船進口額	年均進口總額（萬兩）
中國大陸	37,106	78.52	37.2	687,148[49]	18472	
台灣						102.5
澳門	7	0.01	1	229	229	
1611-1615	入口稅年均金額	佔入口稅總額比例%	年均船數	年均進口額	平均每艘船進口額	年均進口總額（萬兩）
中國大陸	51,546	91.4	34	859,093	25,267	
台灣						101.7
澳門	40	0.1	n.a.	1,333		
1616-1620	入口稅年均金額	佔入口稅總額比例%	年均船數	年均進口額	平均每艘船進口額	年均進口總額（萬兩）
中國大陸	24,836	60.3	15	413,933	27,596	95.5

---

[49] 1606 年稅率為 3%、1607-1610 年為 6%，所以 1606-1610 年間，平均稅率為 5.4%。

1586-1590	入口稅年均金額	佔入口稅總額比例%	年均船數	年均進口額	平均每艘船進口額	年均進口總額（萬兩）
台灣						
澳門	5,438	13.2	5	181,280	36,256	
1626-1630	入口稅年均金額	佔入口稅總額比例%	年均船數	年均進口額	平均每艘船進口額	年均進口總額（萬兩）
中國大陸	8,153	39.6	12	135,893	11,324	
台灣	1,057	5.10	3.5	35,220	10,063	55.0
澳門	5,688	27.65	4.67	189,613	40,631	
1631-1635	入口稅年均金額	佔入口稅總額比例%	年均船數	年均進口額	平均每艘船進口額	年均進口總額（萬兩）
中國大陸	18,139	53.7	29	302,309	10,424	
台灣	1,822	5.3	2.4	60,747	25,311	82.3
澳門	7,462	22.1	2.8	248,733	88,834	
1636-1640	入口稅年均金額	佔入口稅總額比例%	年均船數	年均進口額	平均每艘船進口額	年均進口總額（萬兩）
中國大陸	19,065	76.8	26.6	317,757	11,946	
台灣	76	0.3	1.6	2,539	1,587	51.0
澳門	2,845	11.46	2.6	94,848	36,479	
1641-1642	入口稅年均金額	佔入口稅總額比例%	年均船數	年均進口額	平均每艘船進口額	年均進口總額（萬兩）
中國大陸	10,447	41.55	21	174,120	8,291	
台灣	109	0.43	1	3,613	3,613	66.4
澳門	12,587	50.08	1.5	419,560	279,707	
1643-1645	入口稅年均金額	佔入口稅總額比例%	年均船數	年均進口額	平均每艘船進口額	年均進口總額（萬兩）
中國大陸	9,368	73.9	16.33	156,129	9,559	
台灣	2.4	0.02	0.33	80	240	26.6
澳門	0					

資料來源：入口稅金額參見 P. Chaunu, *Les Philippines et le Pacifique des Iberiques*,
Paris: S.E.V.P.E.N., 1960, pp. 200-205. 船數由表4-3（主要）、6-4（次要）、
6-5（再次）整理而來。入口稅率＝3%，但中國船1607年（含以後）為
6%。以1披索＝0.8兩銀進行換算。

　　表 4-8 中，大概從 1600 年以後（特別是 1620 年以後），根據入口稅計算的進口額明顯過低。可能的原因如下：第一、它是官方數字，並不包括走私，另或許遭到刻意的壓低（貪污、為符合 50 萬披索限額的規定）；第二、和前述流進馬尼拉西屬美洲白銀的數量相比較，顯得太小了；第三：和其他文獻上的數字相比較（見下述 4.3 節），顯著過低；第四、每艘船平均所載商品的金額呈下降趨勢，但在商品價格逐年上升的情況下，實在不可思議。

　　另一方面，表 4-8 中的數字應該可以反映貿易趨勢，例如我們看到 1643-1645 年平均進口額為 1641-1642 年平均進口額的 40%，此符合預期。另外，還應該大致反映進口來源的比例，例如 1601-1645 期間（不包含 1621-1625 年），馬尼拉共進口 3,226 萬兩的商品，其中從中國大陸直接運來價值 1,841 萬兩的商品（57.1%），從葡澳運來價值 445 萬兩的商品（13.8%），這兩個比例應該大致不錯。

三、流入中國的白銀

　　c. 1570-1644 期間，馬尼拉流向中國的白銀數量從未精確計算過，從西屬墨西哥輸入菲律賓的白銀可做為估計的上限。

　　全漢昇認為馬尼拉大帆船所運來的美洲白銀，由於用於購買中國商品，絕大部份都流入中國。表 4-9 列出晚明美洲白銀經菲律賓流入中國的數量。根據表 4-9，可以估算明季美洲白銀經菲律賓流入中國的數量：1572-1585 年每年 20 萬兩、1586-1600 年每年 70 萬兩、1601-1644 年每年 150 萬兩，合計共 7,930 萬兩銀。

表 4-9：晚明美洲白銀經菲律賓流入中國的數量

年份	數量	依　據
1586 以前	30 萬披索 （24 萬兩銀）	"Letter of Pedro de Rojas to Felipe II" (Manila, June 30, 1586) in *Phil. Isls.*, vol. 6, p. 269.
1586	50 萬+披索 （40+萬兩銀）	同上
1598 及以前	80 - 100+萬披索 （64-80+萬兩銀）	"Letter from Don Francisco Tello to Felipe II" (Manila, June 19, 1598) in *Phil. Isls.*, vol. 10, p. 179. "Letter from　Fray Ygnacio, Archbishop of Manila, to Felipe II" (Manila, June 24, 1598) in *Phil. Isls.*, vol. 10, p. 145.
1602 及以前	200 萬披索 （160 萬兩銀）	Fray Martin Ygnacio de Loyola, "Various documents relating to commerce", in *Phil. Isls.*, vol. 12 p. 59.
1604	250 萬+披索 （200+萬兩銀）	"Decree Regulating Commerce with Nueva Espana" (December 31, 1604), in *Phil. Isls.*, vol. 13, p. 257.
1633 及以前	200 萬披索 （160 萬兩銀）	Fray Juan de Medina, O.S.A., "History of the Augustinina Order in the Filipinas Islands", in *Phil. Isls.*, vol. 23, pp. 192-194.

資料來源：全漢昇：〈明清間美洲白銀的輸入中國〉，《中國經濟史論叢》，台北：稻禾，1996 年，第 435-450 頁。

　　吳承明修正錢江[50]的估計，計算了明、清時期，因中國對馬尼拉的直接出口所流入中國白銀的數量。他假設開往馬尼拉的中國船隻，「平均每船載貨值 35,000 比索，售後得利潤 100%，回航載值 70,000 比索，內 90%為白銀，即 63,000 比索，合 48,000兩。減除馬尼拉進口稅 6%，即 2,100 比索，合 1,617 兩；中國港口水餉銀餉 302 兩；銷售費用和回程運費（去程運費記入貨價）按回程載值 15%計，即 10,500 比索，合 8,043 兩。共減除 9,962

兩。平均每船實運回 38,000 兩」。[51]吳承明使用的匯率為 1 兩等於 0.762 披索，他提及商品在馬尼拉銷售可獲得 70,000 披索，相當於 53,333 兩，運回銀 38,000 兩，為在馬尼拉銷售金額的 71.3%。另外，貿易的毛利潤為 100%。[52]

吳承明估算華船赴馬尼拉貿易的結果，參見表 4-10，注意這並不包括經由葡澳流入中國的白銀。結果如下：1570-1639 年累計流入中國 6,254 萬兩、馬尼拉累計進口額 8,778 萬兩，平均每年流入中國 89.3 萬兩、馬尼拉年均進口額 125.3 萬兩；1570-1644 年累計流入中國 6,598 萬兩、馬尼拉累計進口額 9,260 萬兩，平均每年流入中國 88.0 萬兩、馬尼拉年均進口額 123.5 萬兩。由於欠缺確實數據，吳承明的結果和全漢昇引用文獻中的數字，可視為相當一致。

表 4-10：1570-1649 年抵達馬尼拉的年均中國船數和運回的白銀數量

年代	船隻數	輸入銀（萬兩）	年代	船隻數	輸入銀（萬兩）
1570-1579	7.5	28.5	1610-1619	27.3	103.7
1580-1589	23.4	88.9	1620-1629	23.7	90.1
1590-1599	18.5	70.3	1630-1639	36.8	139.8
1600-1609	27.4	104.1	1640-1649	18.1	68.8

資料來源：吳承明：《市場、近現代化、經濟史論》，昆明：雲南大學出版社，1996 年，第 271-272 頁。

---

[51] 吳承明：《市場、近現代化、經濟史論》，昆明：雲南大學出版社，1996 年，第 271 頁。

[52] 林仁川也認為毛利潤率為 100%。參見林仁川：《明末清初私人海上貿易》，上海：華東師範大學，1986 年，第 267-272 頁。

第三節　中國對菲律賓的出口金額和因之流入的白銀數量（1636-1644）

　　前述提到使用馬尼拉的入口稅資料會造成對進口額的嚴重低估，因此這裡將引用文獻的可信貿易數額，俾對之進行校正。根據 Schurz，1626 年有一艘船從澳門出發，載了價值超過 50 萬披索（40 萬兩）之豐厚貨物前往馬尼拉。José de Navada Alvarado 於 1630 年表示，通常澳門每年輸入馬尼拉的貨物價值 150 萬披索（120 萬兩）。[53]Pires 提到 1634-1637 年間，來自這一航線的貿易收入佔澳門每年營利總額 400 萬克魯賽羅的半數，約相當 200 萬兩銀。[54]馬尼拉當局經常抱怨 50-90%從澳門進口的商品是沒有記錄的，且不只是葡澳商人，中國商人也從事走私進口。[55]若將 Souza 用入口稅計算的 1621-1630 期間，自澳門進口額最高之 6 年的平均 12.5 萬兩（表 4-7），和 Alvarado 所宣稱的一年通常 120 萬兩的數字進行比較，發現存有 9 倍多的差距。作者根據入口稅作的推估表明 1634-1637 年間，馬尼拉平均自葡澳進口 17.2 萬兩的商品（表 4-8），較之 Pires 的 200 萬兩，有 11 倍多的差距。

　　全漢昇的數字（主要根據 *Philippine Islands*）顯示在 1630 年代前期，每年運往中國大陸的白銀達 160 萬兩（表 4-9），意味著 200 餘萬兩的輸馬尼拉之商品金額，而作者依據入口稅的數字只為 30.2 萬兩（表 4-8），差了 7 倍左右。吳承明估計 1630-1639

[53]　W. L. Schurz, *The Manila Galleon*, New York: E. P. Dutton, 1959, p. 132.

[54]　Benjamin Videira Pires, S. J., *A Viagem de Comércio Macau: Manila nos Séculos XviaXIX*, pp. 24, 27-30. 轉引自張廷茂，〈明季澳門與馬尼拉的海上貿易〉，《嶺南文史》，1999 年第 1 期，第 12-15 頁。

[55]　R. von Glann, 'Myth and reality of China's seventeenth-century monetary crisis', *The Journal of Economic History* 56: 2 (1996), 429-454.

年華船平均每年輸入中國的白銀為 139.8 萬兩（表 4-10），根據
前述 71.3%的比例，意味著 196 萬兩自中國進口的商品總額，
而作者依入口稅推估的數字卻僅為 29.2 萬兩（表 4-8），差了 6
倍多。

　　綜合上述，從馬尼拉入口稅推估的澳門進口商品價值，約為
實際價值的十分之一左右；從馬尼拉入口稅推估的中國大陸進口
商品價值約為實際價值的七分之一左右。另外參照葡船輸日的商
品裡，約有 9 成為中國商品，因而推估葡澳前往馬尼拉的商船，
所載貨物中的 90%為中國商品。再加上平均每船輸入商品金額
與船隻數資料，最後可推得 1636-1644 年按來源（中國大陸、澳
門），每年輸入馬尼拉的商品價值，結果見表 4-11 和圖 4-2。另
外，也依據前述 100%毛利潤和華船輸入中國白銀佔輸往馬尼拉
商品價值的 71.3%，用以估計中國商品離岸價值以及華船貿易直
接流入和經澳門間接流入的馬尼拉白銀，結果見表 4-11。台灣轉
口貿易因金額很小，故忽略不計。

表 4-11：1636-1644 年中國大陸和葡澳輸往馬尼拉的中國商品價值、
　　　　　中國商品離岸價值與因之流入中國的白銀數量（單位：萬兩）

	輸入馬尼拉中國商品價值			中國商品離岸價	流入中國的白銀		
	中國大陸	澳門	小計		中國大陸	澳門	小計
1636	251	43	294	147	179	21	200
1637	418	128	546	273	298	64	362
1638	134	128	262	131	95	64	159
1639	251	128	379	189	179	64	243
1640	59	128	187	93	42	64	106
1641	46	503	550	275	33	252	285
1642	197	252	449	225	141	126	266
1643	201	0	201	100	143	0	143
1644	54	0	54	27	38	0	38

資料來源：作者推估。

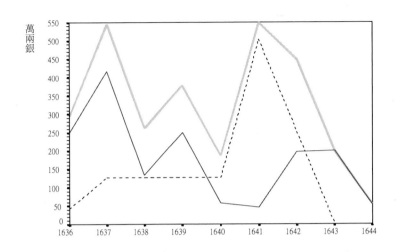

圖 4-2：1636-1644 年，以馬尼拉當地價格計算，中國大陸和葡澳輸
　　　　往馬尼拉的中國商品總值（上方粗實線），較細的實線和虛
　　　　線分別為中國大陸和葡澳輸往馬尼拉的中國商品價值。

　　從表 4-11 和圖 4-2 可以看出在 1636-1644 年，中國大陸對馬
尼拉的輸出呈現逐年遞減的趨勢，特別是 1640、1641、1644 年
衰退的特別多，1640-1641 年應是受到 1639 年馬尼拉大屠殺的
影響；葡澳的對日貿易在 1639 年後終止，可能因此將原先要輸
日本的商品轉往馬尼拉。[56]1643 年起，因葡澳決定繼續效忠葡
萄牙，葡澳和西屬馬尼拉間的貿易因之中斷。至於 1644 年的衰
退，應是受到中國戰亂的影響。

---

[56] 「彼等完全不能貿易，與廣東之貿易亦幾乎停止。自日本攜歸之貨品，將以帆船
二、三艘運往馬尼拉」。郭輝、王世慶譯：《巴達維亞城日記》，台中：台灣省文
獻委員會，1990 年，第 325 頁。

第四節　摘要

　　1567 年，月港開海禁，允許中國商船前往東西洋貿易（包含呂宋）。西班牙在 1565 年開始殖民統治菲律賓群島，1571 年將總部遷到位於菲律賓北方呂宋島的馬尼拉。在 1571 年，中國人和西班牙在菲律賓有了第一次接觸。之後不久，就開始了中國—馬尼拉—西屬美洲的貿易。直到 1815 年止，每年有 1-4 艘（以 2 艘最常見）重達 300-1,000 噸的西班牙大帆船往來於馬尼拉和墨西哥的阿卡普爾科之間。在這條貿易線上，中國主要出口生絲和絲織品，而西班牙的出口幾乎全都是產自美洲的白銀。16-18 世紀，西屬墨西哥和祕魯出產的白銀，約佔全世界白銀產量的 80%。據估計，在 16 世紀末到 17 世紀的前 40 年，西屬美洲每年約向馬尼拉輸出約 200 萬兩白銀，這些白銀絕大部份流向中國。據估計，終有明一朝，從菲律賓流入中國的白銀，可能達 8,000-9,000 萬兩白銀；晚明時期，每年約在 100-200 萬兩。

　　16 世紀後期到 17 世紀初，中、菲貿易為成長狀態；以後直到 1630 年代，尚稱相當平穩；到了 1640 年代，中、菲貿易才主要因中國情勢轉壞，出現顯著下滑。1619-1642 年，是葡澳與馬尼拉貿易的黃金年代，但隨著葡萄牙脫離西班牙獨立而中斷。

　　1636-1644 年間的中、菲貿易，估計結果小結於表 4-11 和圖 4-2。這段期間馬尼拉從中國大陸和澳門的中國商品進口金額之年平均為 325 萬兩，輸入中國白銀的年均值為 200 萬兩。[57]1644 年，受到中國戰亂的影響，中、菲貿易大幅衰退，該年馬尼拉中國商品進口金額為 54 萬兩，是這段期間平均值的 16.6%。

---

[57] 這裡的數字，乍看之下似乎高了一些，但如考慮白銀購買力的下降，相較於 c. 1600 年，c. 1640 年的中國絲貨價格上漲了約 1 倍多一點（參見上一章有關中國生絲在日本市場的價格），作者所估計的數字，應該是可信的。

第五章　中國「十七世紀白銀危機」

第一節　導言

　　17 世紀中葉是一個全球政治動盪不安的時期，幾乎整個舊世界和新世界的部份地區都發生動盪和暴亂。例如 1648-1653 年法國投石黨運動（Fonde，法國發生的一系列內戰，是法國大革命以前對君主制權威的最後一次嚴重挑戰）；1642-1660 年英國發生的大反叛（Great Rebellion，英王查理一世被送上斷頭台）；1633、1634、1637、1645、1648 年發生在莫斯科的動亂；1628-1644 年中國的農民暴動（1644 年明亡）；1624、1647、1664 年發生在墨西哥市的暴動。詳細內容參見圖 5-1。

　　17 世紀中葉，普遍發生的全球性危機（「十七世紀危機」、seventeenth century crisis），除了每個事件背後的地區性原因外，一定存在一個共通的因素：絕大多數學者同意氣候為此一共通因素。16 世紀和 17 世紀初經濟和人口增長，使 17 世紀中葉的氣候異常，導致農作收成減少變成了一場大災難，發生飢荒、瘟疫和政治與社會的動盪不安。上述氣候異常指的是從 17 世紀中葉開始，全球氣溫緩慢下降（Little Ice Age、小冰河時期），以及局部地區面臨偏離常態的冷熱旱澇災害。[1]

　　Reid 認為導致 1620-1650 年的全球貿易蕭條，和氣候同等重要的因素為金、銀供應量的減少。全世界最重要的銀產地，美洲

---

[1]　G. Parker and L. M. Smith, 'Introduction' in G. Parker and L. M. Smith ed. *The General Crisis of the Seventeenth Century*, New York: Routledge, 1997, 1-31.

銀產量在 1628-1697 年以平均千分之三的速率減少。[2]日本到了
1630 年代，白銀產量開始減少。[3]

　　毫無疑問，17 世紀的西歐和中歐在政治和經濟上發生危
機。Steensgaard 認為因不同部門在不同時間受到不同程度的影
響，所以並不是在經濟上的全面倒退，因而無法確切指出歐洲的
貿易和工業在何時發生整體性的蕭條。另外，單靠惡劣氣候和人
口壓力不足以說明 17 世紀歐洲危機的發生，Steensgaard 轉而認
為過重的賦稅是另一個重要的因素：賦稅增加使社會邊緣人在困
難的時期更加難以生存，同時使得民間需求減少，導致經濟發展
停滯與社會/政治動盪不安。[4]

　　Romano 考察歐洲的國際貿易、工業、農業，發現如下的三
項重要結論：第一、15 世紀末到 17 世紀的第 1 個 10 年，為歐
洲經濟發展的快速時期，農業產出增長，工業和貿易也隨之取得
重大進展；第二、大概在 1600 年以後，歐洲的農業發展停滯，
在失去農業部門的支持，商業和工業部門在 1620 年以後也失去
成長動力；第三、1620 年以後的 17 世紀、除荷蘭外，整個歐洲
經濟處於停滯狀態。Romano 因此認為 1620 年前後，「不僅代表
一個世代的斷裂，也決定一個新世紀的特性，標示一段長時期雄
心的失敗，以及對資本主義（明顯對於商業資本主義），所懷抱
熱烈期望的幻滅」。[5]

[2]　A. Reid, 'The seventeenth-century crisis in Southeast Asia,' *Modern Asia Studies* 24: 4 (1990), 639-659.

[3]　W. S. Atwell, 'Some observations on the "seventeenth-century crisis" in China and Japan', *Journal of Asian Studies* 45: 2 (1986), 223-244.

[4]　N. Steensgaard, 'The seventeenth-century crisis', in G. Parker and L. M. Smith ed. *The General Crisis of the Seventeenth Century*, New York: Routledge, 1997, 32-56.

[5]　R. Ramano, 'Between the sixteenth and seventeenth centuries: The economic crisis of 1619-1622', in G. Parker and L. M. Smith ed. *The General Crisis of the Seventeenth*

　　Rabb 給危機（crisis）下了一個定義，它必須滿足 2 個條件：短期（short-lived）和與眾不同（distinctive）。Atwell 以此一定義為出發點，得到在 1630 和 1640 年代，東亞發生普遍性危機（general crisis）的結論。[6]關於東亞的情形，作者分就東南亞、日本、馬尼拉和中國的情形簡單敘述如下。

　　Reid 指出，不僅僅是因荷蘭東印度公司在軍事和經濟上的成功，使得東南亞的香料貿易受到傷害（詳見下述），更由於中國和歐洲對香料需求減少，導致 1640 年代以後東南亞對外貿易疲弱不振。荷蘭東印度公司藉由其軍事優勢獲得香料獨買權，削減香料種植者的利潤、消滅之前所有亞洲從事香料貿易的中間商，也提高在印度和歐洲的售價，這使香料輸出量減少。另一方面，1640 年代中國的動亂和歐洲人將目光轉向印度的紡織品和豌豆科木藍屬草本植物（Indigo），也使得東南亞生產的香料銷量減少。[7]

　　1630 年代末和 1640 年代初，日本北方一連串不尋常的涼夏以及其他地方的旱災、水災，減少穀物收成，特別是 1641-1642 年的大飢饉（great Kan'ei famine），造成許多人和牲畜死於飢餓與疾病。早在 1639 年，日本在長崎、大阪、京都和其他城市的商人，發現越來越難從銷售進口奢侈品中獲利。在 1641-1642 年大飢饉期間，這些商人有許多倒閉。到 1640 年代中期，日本經濟開始復甦。[8]

Century, New York: Routledge, 1997, 153-205.

[6] W. S. Atwell, 'A seventeenth-century "general crisis" in East Asia?', in G. Parker and L. M. Smith ed. *The General Crisis of the Seventeenth Century*, New York: Routledge, 1997, 235-254.

[7] A. Reid, 'The seventeenth-century crisis in Southeast Asia,' *Modern Asia Studies* 24: 4 (1990), 639-659.

[8] W. S. Atwell, 'A seventeenth-century "general crisis" in East Asia?', in G. Parker and L.

　　馬尼拉在 1630 年代前期，繁華依舊。但到 1630 年代末和 1640 年代初，主要受到西屬美洲經濟和政治困境的牽累，馬尼拉的金融和經濟受到重創、幾乎癱瘓。另一方面，1640 年代初的天旱（特別是 1642 年），導致農作大幅度減產。[9]

　　W. S. Atwell 認為「近些年來，17 世紀危機或許已被過度使用，但毫無疑問地明朝的確經歷此一重大危機」。此一重大危機（白銀危機或貨幣危機）指的是：1640 年代初期白銀流入中國突然減少，以及 30 年代晚期與 40 年代初期的天災、戰亂、重賦，加上極可能發生對白銀的增加積存，使銅錢/白銀兌換比例下降（銅錢所能兌換的白銀減少），以致佔帝國主體的升斗小民無法將日常使用的銅錢換得足夠的白銀繳稅、償債、甚至購買食物。在這種情況下，政府自然沒有足夠稅收來維持必要的軍事力量去對抗內部的叛亂和外部滿清的入侵，導致最後在 1644 年滅亡。最後 Atwell 總結：「明朝在 1644 年 4 月的滅亡，絕不是單單地因為白銀流入突然減少所致，但白銀流入減少必然使明帝國面臨的困難更加惡化，以致局面更加不穩」。[10]

　　過去許多美國學者（如前述 Atwell）認為 17 世紀中國，非常依賴輸入的白銀來維持經濟成長和政治穩定，以致 1640 年代白銀輸入快速而巨幅減少，造成明朝於 1644 年滅亡。Von Glahn

M. Smith ed. *The General Crisis of the Seventeenth Century*, New York: Routledge, 1997, 235-254. 以及 W. S. Atwell, 'Some observations on the "seventeenth-century crisis" in China and Japan', *Journal of Asian Studies* 45: 2 (1986), 223-244.

[9]　W. S. Atwell, 'A seventeenth-century "general crisis" in East Asia?', in G. Parker and L. M. Smith ed. *The General Crisis of the Seventeenth Century*, New York: Routledge, 1997, 235-254. 以及 W. S. Atwell, 'Some observations on the "seventeenth-century crisis" in China and Japan', *Journal of Asian Studies* 45: 2 (1986), 223-244.

[10]　W. S. Atwell, 'International bullion flows and the Chinese economy circa 1530-1650', *Past and Present* 95 (1982), 68-90.

主要根據下述三項論點，對傳統的看法採否定觀點：第一、1640年代前期輸入中國的白銀並未大幅減少，他估計 1641 年輸入中國的白銀數量為 154 萬兩、1642 年 109 萬兩、1643 年 138 萬兩、1644 年 179 萬兩、1645 年為 172 萬兩，1641-1644 年平均每年輸入 145 萬兩，雖然只有 1636-1640 年平均的 47%（此一時期中國富裕地區和日本的經濟狀況都非常良好、甚至過熱），但和1620 年代的年平均相比，並未相差太多（76%）。第二、1640 年前後數年，以銀計價的米價開始顯著上漲，在 1640 年代達到史無前例的高價，由於在通貨膨脹時期，不可能出現增加屯銀的現象，因此，1640 年前後數年出現的銅錢價格貶值，應和爛鑄（debasement）有關，而不是由流通白銀數量減少所造成。第三、是否有貨幣危機，與貨幣的存量關係較為密切，而不是和流量有關。[11]另外，倪來恩（Moloughney）、夏維中（Weizhong）考察當時中國的對外貿易和政府稅收，推論明清之際的白銀危機應是發生在清初、而不是明末。[12]

　　中國學者對此一主題很少涉入。林滿紅認為明末（尤其是對當時中國白銀的主要供應者日本而言），白銀輸入中國並未大幅減少，銀貴錢賤現象主要導因於銅錢的爛鑄。另外，他指出明末中國的經濟和全球的經濟並沒有緊密結合在一起。所以當時世界性的經濟蕭條與西屬美洲白銀危機，並未如一些美國學者認為是造成明朝滅亡的主因。[13]劉景華、鄒自平認為 17 世紀危機，促

---

[11] R. von Glann, 'Myth and reality of China's seventeenth-century monetary crisis', *The Journal of Economic History* 56: 2 (1996), 429-454.

[12] 倪來恩、夏維中：〈外國白銀與明帝國崩潰〉，《中國社會經濟史研究》，1990 年第 3 期，第 46-56 頁。本文譯自 Moloughney Brian and Weizhong Xia, 'Silver and the fall of the Ming: A reassessment', *Papers on Far Eastern History* 40 (1989).

[13] 林滿紅：〈明清的朝代危機與世界經濟蕭條—十九世紀的經驗〉，《新史學》，1990 年第 1 卷第 4 期，第 127-147 頁。

使歐洲「城市經濟向領土國家經濟的過渡」，[14]這是中國大陸學者對「十七世紀危機」之唯一相關著作。[15]

第二節　明末白銀存量的估計

16-18 世紀，西屬美洲的白銀產量約佔全球的 80%。16 世紀時，祕魯的銀產量佔全世界銀產量的 61.1%、墨西哥佔 12.1%，合計 73.2%；17 世紀時，祕魯佔 63%、墨西哥佔 24.1%，合計佔 87.1%；18 世紀時，祕魯佔 32.5%、墨西哥佔 57%，合計 89.5%。[16]西屬美洲生產的白銀有很多最後都輸進了中國。

明季西屬美洲白銀經由三條路徑運往中國，這三條路徑依其重要性分別為：（1）西屬美洲→菲律賓馬尼拉→中國（1570 年代以後）；（2）西屬美洲→西班牙塞維爾→葡萄牙→中國（1570 年代以後）；（3）西屬美洲→西班牙塞維爾→荷蘭、英國→中國（17 世紀初以後）。[17]

晚明，世界另一個白銀重要產地為日本（約佔世界銀產的 15%），日本生產的白銀，絕大部份都輸進中國。1540 年以後，中國商人前往日本貿易，1543 年葡萄牙人首次抵達日本，1550 年以後，葡萄牙人每年定期前往日本貿易，[18]大約在 1570-1600

---

[14] 劉景華、鄒自平：〈十七世紀危機中的經濟轉型〉，《長沙電力學院學報（社科版）》，2003 年第 1 期，第 64-66 頁。

[15] 以 17 世紀危機為關鍵字，在中國期刊網進行檢索的結果。

[16] 全漢昇：〈美洲白銀與明清間中國海外貿易的關係〉，《新亞學報》，1983 年第 16 卷（上），第 1-22 頁。

[17] W. S. Atwell, 'International bullion flows and the Chinese economy circa 1530-1650', *Past and Present* 95 (1982), 68-90.

[18] A. Kobata, 'The production and uses of gold and silver in sixteenth- and seventeenth-century Japan', *The Economic History Review* 18:2 (1965), 245-266.

年這段期間，葡萄牙人幾乎壟斷中、日貿易。1602 年，日本派出朱印船前往海外貿易，最遲在 1610 年已有大量華船來到日本。1609 年荷蘭在平戶開商館，1624 年荷蘭佔據台灣，荷蘭經營的中、日轉口貿易取得重大進展。

本節大略估計明季海外輸入中國白銀的數量，以及唐、宋、元、明四朝，中國國內產量。下一節將估計明朝最後幾年（1636-1644），每年流入中國的白銀數量。

一、海外流入白銀的整體估計

莊國土指出，明朝前期的海外貿易以朝貢貿易為主，金銀的流進與流出，在賞賜與貿易相抵下，其淨額都很小。另外，他估計明季從海外流入的白銀總數當在 35,000 萬披索（28,000 萬兩）以上。[19]因此，1530-1644 這段期間，平均每年流入約 240 萬兩。莊國土關於明季海外貿易的其他估計如下：從日本流入中國的白銀在 17,500 萬兩以上，其中大部分是由澳門流入中國；[20]又根據全漢昇的研究，估計出明季從菲律賓輸入中國的白銀為 7,500 披索，相當於 6,000 萬兩。在 1569-1636 期間，葡萄牙平均每年從歐洲運來 100 萬披索到東方來，假設其中一半用於購買中國商品，則這段時間，葡萄牙就從歐洲輸入中國 3,400 萬披索，相當 2,720 萬兩。[21]

[19]　莊國土：〈16-18 世紀白銀流入中國數量估算〉，《中國錢幣》，1995 年第 3 期，第 3-10 頁。

[20]　莊國土：〈論明季海外絲綢貿易〉，《聯合國教科文海上絲路與中國國際研討會論文集》，1991 年。轉引自莊國土：〈略論早期中國與葡萄牙關係的特點 1513-1613〉，《文化雜誌》，1994 年第 18 期，第 4-8 頁。

[21]　莊國土：〈16-18 世紀白銀流入中國數量估算〉，《中國錢幣》，1995 年第 3 期，第 3-10 頁。

Von Glahn 對 1550-1645 年進口到中國的白銀數量，按來源和載體做了整理，明季中國從海外共進口約 19,336 萬兩白銀，其中日本銀佔 51%、西屬美洲銀經菲律賓佔 32%、西屬美洲銀經歐洲佔 17%，詳見表 5-1。

表 5-1：1550-1645 年中國進口的白銀數量（單位：公噸、1 公噸 = 26,667 兩）

來源	載體/年代	1550-1600 年	1601-1645 年	1550-1645 年
日本	葡萄牙人	740-920	650	1390-1570
	中國人	450	599	1,049
	朱印船		843	843
	荷蘭人		340	340
	小計	1,190-1,370+	2,432+	3,622-3,802+
西屬美洲經菲律賓	中國人	584	620	1,204
	葡萄牙人		75	75
	走私者		1,030	1,030+
	小計	584+	1,725	2,304+
印度洋/歐洲		380	850	1,230
總計		2,154-2,334+	5,017+	7,161-7,341+

資料來源：R. von Glahn, 'Myth and reality of China's seventeenth-century monetary crisis', *The Journal of Economic History* 56: 2 (1996), 429-454.

Yamamura 和 Kamiki 估計流入中國的白銀，1550-1600 年計 1,770-2,370 公噸、1601-1645 年計 6,900-8,400 公噸，1550-1645 年共計 8,670-10,780 公噸，亦即 23,120-28,747 萬兩。另外，1550-1645 年這段期間，從日本流入中國的白銀達 7,350-9,450 公噸，亦即 19,600-25,200 萬兩；從西屬美洲經菲律賓流入中國 1,320 公噸的白銀，亦即 3,520 萬兩。[22]

---

[22] K. Yamamura and T. Kamiki, 'Silver mines and Sung coins: A monetary history of

二、西屬美洲→中國

在 1540 年代，西屬美洲發現蘊藏豐富的銀礦。1554 年，發展出一種便宜、簡單使用水銀和鹽以提煉低含銀量礦石的煉銀法—汞齊化法（amalgamation），自此，西屬美洲的白銀產量才開始大量增加。[23]Brading 和 Cross 對 1571-1700 年，西屬美洲白銀產量做了估計，得出 1571-1645 年，西屬美洲白銀產量應至少為 64,448 萬兩，平均每年 859 萬兩，詳見表 5-2。

表 5-2：1571-1645 年西屬美洲白銀產量（單位：百萬兩；1 披索 ＝ 0.8 兩）

	官方記載輸往塞維爾的白銀	根據汞的用量所推估的白銀產量下限	經 Brading 和 Cross 對前兩欄數字進行調整後所得的估計
1571-75	15.8	13.8	17.3
1576-80	22.8	28.4	35.5
1581-85	38.9	31.4	39.2
1586-90	31.5	39.4	49.2
1591-95	46.6	37.9	47.4
1596-1600	45.6	33.0	41.3
1601-05	35.9	25.3	31.6
1606-10	41.6	27.6	34.5
1611-15	32.5	39.4	49.3
1616-20	39.8	40.4	50.5
1621-25	35.8	49.8	62.3
1626-30	33.0	31.3	39.1

---

medieval and modern Japan in international perspective', in J. F. Richards ed. *Precious Metals in the Late Medieval and Early Modern World*, 329-362, Durham: Carolina Academic Press, 1983.

[23] D. A. Brading and H. E. Cross, 'Colonial silver mining: Mexico and Peru', *The Hispanic American Historical Review* 52: 4 (1972), 545-579.

	官方記載輸往塞維爾的白銀	根據汞的用量所推估的白銀產量下限	經 Brading 和 Cross 對前兩欄數字進行調整後所得的估計
1631-35	22.6	37.0	46.3
1636-40	21.6	41.5	51.8
1641-45	18.2	39.4	49.1
1571-1645	482.2	515.7	644.5

資料來源：D. A. Brading and H. E. Cross, 'Colonial silver mining: Mexico and Peru', *The Hispanic American Historical Review* 52: 4 (1972), 545-579.

　　Gernet 認為在 1527-1821 期間，美洲所產白銀，至少有一半流向中國，Chaunu 則認為有三分之一強的美洲白銀流向亞洲，其中大部分流向中國。全漢昇認為 Chaunu 的估計較接近實際情況。[24]Barrett 估計 17 世紀西屬美洲所生產的白銀，74%輸往歐洲，輸往歐洲的白銀，至少有 40%流向亞洲，[25]根據弗蘭克的意見，其餘留在美洲當地的白銀，約有生產總量的 4-12%流向亞洲。[26]也就是說在 17 世紀最少有 34%的白銀流向亞洲，其中的絕大部份，最後流向中國。因此，若以西屬美洲總產量的 30%來推估，則明季美洲白銀流入中國的數量約在 193 百萬兩。

　　王士鶴估計 1596-1634 年間，馬尼拉運入澳門 2,025 萬披索（1,620 萬兩），運入中國 2,560 萬披索（2,048 萬兩），合計 3,668 萬兩，[27]平均每年 94 萬兩。這些數字可能小了一點。

---

[24] 全漢昇：〈明清間美洲白銀的輸入中國〉，《中國經濟史論叢》，台北：稻禾，1996 年，第 435-450 頁。

[25] W. Barrett, 'World bullion flows, 1450-1800,' in J. D. Tracy ed. *The Rise of the Merchant Empire*, 224-254, Cambridge: Cambridge University Press, 1990.

[26] 弗蘭克：《白銀資本》，北京：中央編譯，2001 年，第 204 頁。

[27] 王士鶴：〈明代後期中國–馬尼拉–墨西哥貿易的發展〉，《地理集刊》，1964 年第 7 期。轉引自黃啟臣、鄧開頌：〈明代澳門對外貿易的發展〉，《文化雜誌》，1987 年第 5 期，第 107-112 頁。

三、日本→中國

1560-1600 年，日本平均每年生產 50 公噸的白銀（133 萬兩），1601-1640 年每年生產約為 150-190 公噸（400-507 萬兩）的白銀。因此，可以推估 1560-1644 期間，日本生產約 25,429 萬兩白銀。[28]

Kobata 根據一位英國商人 Ralph Fitch 在 1580 年代的一份報告、Padre Sebastião Conçalves 的陳述、Alessandro Valignano 的著作，認為在 1580 年，葡萄牙從日本大概運走 50-60 萬兩銀/克魯賽羅。另外，他根據日本銀礦產量和繳交給當局的貢稅，推測整個 17 世紀，每年日本可能輸出達 530 萬兩的白銀。[29]日本輸出白銀大約始自 1540 年，則 16 世紀的後 60 年可能共輸出 3,300 萬兩，17 世紀的前 44 年，共輸出 23,320 萬兩，整個明季，日本共輸出 26,620 萬兩。

根據上述對日本銀產量和流出白銀的估計值，另已知日本生產和輸出的白銀，大部分都流向中國，若以 70%計，則明季流向中國的白銀約為 18,000 餘萬兩。

其他有關的估計如下：全漢昇估計在 1599-1637 期間，葡萄牙自日本共運出 5,800 萬兩銀，這些銀子多經澳門流入中國。[30]Souza 指出，在 1546-1638 期間，葡萄牙從日本輸入中國

---

[28] W. S. Atwell, 'International bullion flows and the Chinese economy circa 1530-1650', *Past and Present* 95 (1982), 68-90. 以及 A. Reid, 'The seventeenth-century crisis in southeast Asia,' *Modern Asia Studies* 24: 4 (1990), 639-659.

[29] A. Kobata, 'The production and uses of gold and silver in sixteenth- and seventeenth-century Japan', *The Economic History Review* 18:2 (1965), 245-266.

[30] 全漢昇：〈明代中葉後澳門的海外貿易〉，《中國近代經濟史論叢》，台北：稻禾，1996 年，第 135-157 頁。

3,660-4,110 萬兩的白銀。[31]

澳門議會（Senate of Macao）於 1639 年寫給教宗的信中提到：在 16 世紀末，葡萄牙每年約將 100 萬兩銀/克魯賽羅運出日本，到了 1630 年代，每年超過 300 萬兩銀/克魯賽羅。[32]。Diogo do Couto 估計在 16 世紀的最後 25 年，每年葡萄牙從日本運出約 100 萬兩的白銀。一些與 Diogo do Couto 同時代的人估計，每年葡萄牙從日本運出 18,000-20,000 公斤的白銀，也就是約 50 萬兩的白銀。[33]

四、唐、宋、元、明銀課與銀產量

白銀的流通自唐代開始，當時白銀主要產在南方的饒州、宣州、潤州、信州等地，總產量並不多。唐代中葉德宗元和年間（806-820），每年銀課約在 12,000-15,000 兩間。[34]假設此數字為年均銀課收入，則整個唐朝（618-907）的銀課收入約為 392 萬兩。

---

[31] G. B. Souza, *Portuguese Trade and Society in China and the South China Sea, c. 1630-1754*, Ph.D. dissertation, University of Cambridge, 1981, pp. 158-159, 165-168. 轉引自 G. B. Souza, 'Portuguese country traders in the Indian Ocean and the South China Sea, c. 1600', *European Commercial Expansion in Early Modern Asia*, Aldershot: Variorum, 1997, p.72.

[32] C. R. Boxer, *The Great Ship from Amacon*, Macao: Instituto Cultural de Macau, 1988, pp.169-170.

[33] C. R. Boxer, *The Great Ship from Amacon*, Macao: Instituto Cultural de Macau, 1988, p.7.

[34] 陳鴻琦：〈白銀在中國的流通〉，《國立歷史博物館館刊》，1999 年第 69 期，第 58-63 頁。

表 5-3：宋、元時期的銀課收入

年代	銀課（兩）	資料來源
至道 3 年（997）	145,000⁺	《文獻通考》
皇祐（1049-53）中	219,829	《宋史食貨志》
治平（1064-67）中	315,213	《宋史食貨志》
元豐元年（1078）	215,385	《宋史食貨志》
平均每年銀課 223,857 兩		
天曆元年（1328）	78,061	《元史食貨志》

資料來源：全漢昇：〈明代的銀課與銀產量〉，《中國經濟史研究》，台北：新亞，1991
　　　　年，第 601-623 頁。

　　若以表 5-3 北宋 4 個皇帝銀課收入的平均值，作為整個朝代
的年均銀課收入，則整個宋朝（960-1279）的銀課收入約為 7,163
萬兩。若以元朝天曆元年的銀課作為年均銀課，則整個元朝
（1280-1370）的銀課收入約為 710 萬兩。唐、宋、元 3 朝合計
的銀課總收入約為 8,265 萬兩。此 3 朝的銀課稅率約在 20%左
右，因此 3 朝的白銀總產量約為 41,325 萬兩。[35]

　　霍有光認為唐代全國白銀年產量約為 36 萬兩，宋代則介於
105-205 萬兩，[36]根據他的數字，唐、宋兩朝的白銀總產量為 60,040
萬兩；作者的估計是 37,775 萬兩。由於難以精確估計，這兩個
數字就都只能是粗略猜測，說不上誰對誰錯。

　　明代政府對於產量大的銀礦，多派官經營，至於那些不好的
銀礦，民間商人在得到政府的特許後，可進行開採。銀課的稅率

---

[35]　「關於明代以前政府銀課收入在銀礦產量中所佔的比率，日本加藤繁教授在 40
　　年前已經加以研究。他徵引……由此可知，唐宋時代的銀課，約為銀礦產額的百
　　分之二十。其後到了元代，銀課所佔比率，大約因時因地而各有不同，有只佔產
　　額的百分之十的，有多至百分之三十的。」參見全漢昇：〈明代的銀課與銀產量〉，
　　《中國經濟史研究》，台北：新亞，1991 年，第 601-623 頁。

[36]　霍有光：〈宋代的銀礦開發冶鍊成就〉，《科學技術與辯證法》，1994 年第 5 期，
　　第 28-34 頁。

大概為 30%。《明實錄》自洪武 23 年（1390）起，到正德 15 年（1520）為止，除少數幾年外，在每年終了的地方，都有銀課的記載。全漢昇根據《明實錄》銀課數據，計算明代歷朝每年平均銀課。[37]表 5-4 中的歷朝銀課、累計銀課、累計產出為作者依據全漢昇的歷朝年均銀課計算而來，由於未計入採礦官員高採低報和私採，由表 5-4 所估得的銀產量，應為當時中國銀產量的下限值。1390-1520 年累計產銀 3,947 萬兩，平均每年產銀 30 萬兩。

表 5-4：明代歷朝銀課和銀產量（單位：兩）

朝代	年均銀課	全部銀課	累計銀課	累計產出
太祖朝 1390-93	25,070	100,280	100,280	334,267
成祖朝 1402-23	224,313	4,934,886	5,035,166	16,783,887
仁宗朝 1424-25	106,432	212,864	5,248,030	17,493,433
宣宗朝 1426-34	256,450	2,308,050	7,556,080	25,186,933
英宗朝 1435-63	46,541	1,349,689	8,905,769	29,685,897
憲宗朝 1464-86	61,913	1,423,999	10,329,768	34,432,560
孝宗朝 1487-1504	54,628	983,304	11,313,072	37,710,240
武宗朝 1505-20	32,920	526,720	11,839,792	39,465,973

資料來源：全漢昇：〈明代的銀課與銀產量〉，《中國經濟史研究》，台北：新亞，1991年，第 601-623 頁。

　　王士性著《廣志繹》提到在萬曆 8 年（1580），雲南銀課 5-6 萬兩，雲南銀課收入大約佔全國銀課總額的一半以上，若以 60% 計，則 1580 年全國銀課收入約為 91,667 兩，該年銀產量約為 31 萬兩。[38]前述，明代上半期（1520 年以前），平均每年的銀產量為 30 萬兩。因此，對照 1580 年推估的數字，作者假設明代下半

---

[37] 全漢昇：〈明代的銀課與銀產量〉，《中國經濟史研究》，台北：新亞，1991 年，第 601-623 頁。

[38] 全漢昇：〈明清時代雲南的銀課與銀產額〉，《新亞學報》，1967 年第 9 期，第 61-88 頁。

期（1521-1644），白銀年均產量為 30 萬兩，應該不致太離譜。

五、小結

前述明季流入中國的海外白銀，小結於表 5-5。

表 5-5：明季流入中國的白銀（單位：百萬兩）

來源	日本		西屬美洲		流向中國總計
	產量/輸出額	流向中國	產量	流向中國	
莊國土		175[+]		87（60 經菲）（27 經歐）	280
von Glahn		99		94（61 經菲）（33 經歐）	193
Yamamura & Kamiki		224		35（經菲律賓）	259[+]
Brading & Cross			645	193（作者以產量 30% 推估）	
Atwell Reid	254	180（作者以70% 推估）			
Kobata	266				

　　根據表 5-5，不難看出每位學者的估計結果都不相同，且差異頗大，若取各家平均，則明季由日本流入中國的白銀為 170 百萬兩，西屬美洲流向中國的白銀為 125 百萬兩（經菲律賓和經歐洲的比例約為 2:1），合計 295 百萬兩。所以，整個明季由海外流入的白銀可能近 300 百萬兩，每年平均在 300 萬兩左右。

　　作者估計，唐、宋、元 3 朝的白銀產量約在 37,775 萬兩左右，明朝平均年產量為 30 萬兩，所以整個明朝（1368-1644）共出產 8,310 萬兩白銀，因此到了明末，中國共生產約 460 百萬兩白銀。

第三節　流入中國的白銀（1636-1644）

　　由於荷蘭封鎖和攻擊馬六甲與果阿，1636-1644 年這段期間，葡澳和印度/歐洲祖國的商業聯繫受到沈重打擊。荷蘭 17 世紀初來到東亞以後，因「荷蘭人的競爭及侵略帶來嚴重影響：葡國損失船隻的危險性增加，輸入成本增高，馬六甲海峽差不多變為不能通過的道路，澳門的商人因此或多或少與印度分隔」。[39]到了 1630 年代，情況變得更壞，「1633 年以後，〔荷蘭東印度〕公司開始定期巡邏馬六甲海峽，三年之後，每年封鎖果阿。1641 年 1 月 14 日攻佔馬六甲，暫時結束巡邏與封鎖。荷蘭人掌握了隨意啟用海峽的鎖鑰」。雖然荷、葡兩國於 1641 年 6 月 12 日在海牙締結為期 10 年的停戰協定，但荷蘭東印度公司認為有損利益，並不想遵守，所以直到 1645 年，荷、葡兩國在東亞並未處於真正的和平狀態。[40]因此在以下的分析裡，作者忽略 1636-1644 年這段期間，葡澳對印度和歐洲的出口。

　　前述表 3-20：1636-1644 年中國輸往日本的商品離岸價值與因之流入中國的白銀數量，以及表 4-11：1636-1644 年中國輸往馬尼拉的商品離岸價值與因之流入中國的白銀數量，加上表 2-12：1636-1644 年中國輸往荷蘭東印度公司（印度洋/歐洲）的商品離岸價值與因之流入中國的白銀數量。若忽略陸路貿易和與其他國家的海上貿易，我們可以得到 1636-1644 年，中國對外輸出的商品離岸價值與因之流入中國的白銀數量。結果見表 5-6 和圖 5-2。

---

[39] 羅德里克・帕達克：〈明朝年間澳門的檀香木貿易〉，《文化雜誌》，1987 年第 2 期，第 31-41 頁。

[40] 維因克：〈荷屬東印度公司和葡萄牙關於葡船通過馬六甲海峽的協定 1641-1663〉，《文化雜誌》，1993 年第 13/14 期，第 15-32 頁。

表 5-6：1636-1644 年中國輸出商品的離岸價值和因之流入的白銀
數量（單位：萬兩）

	日本		西屬馬尼拉		荷蘭東印度公司 （印度洋/歐洲）		中國商 品離岸 價值	流入中 國白銀
	中國商 品離岸 價值	流入中 國白銀	中國商 品離岸 價值	流入中 國白銀	中國商 品離岸 價值	流入中 國白銀		
1636	193	252	147	200	42	38	382	490
1637	264	338	273	362	36	19	573	719
1638	241	332	131	159	50	46	422	537
1639	247	354	189	243	57	53	493	650
1640	246	341	93	106	65	70	404	517
1641	216	320	275	285	63	52	554	657
1642	82	120	225	266	71	51	378	437
1643	77	113	100	143	54	34	231	290
1644	125	184	27	38	34	21	186	243
1636-44 年平均 比例	188 47%	262 52%	162 40%	200 39%	52 13%	43 9%	402 100%	505 100%

資料來源：作者整理。

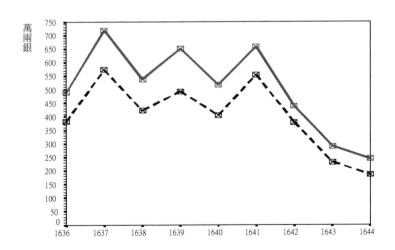

圖 5-2：1636-1644 年中國輸出商品的離岸價值（下方虛線）和流
入的白銀（上方實線）。由於部份商品為華商輸出，所以
流入白銀的金額大於離岸價值。

　　明季的對外貿易，輸入大量白銀，來源首推日本，其次是西屬美洲經菲律賓輸入中國的白銀。根據文獻整理，明季流入中國的白銀近 300 百萬兩，16 世紀下半葉流入的少一些，17 世紀上半葉流入的多一些，則明季 16 世紀下半葉大概平均每年流入 200 萬兩、17 世紀上半葉大概平均每年流入 400 萬兩。另外，筆者利用政府的銀課收入估計了唐、宋、元、明四朝的白銀產量，到了明末，中國白銀的總產量達 460 百萬兩。國內和國外來源合計為 760 百萬兩。

　　表 5-6 和圖 5-2 顯示 1636-1644 年，中國商品的離岸價值和流入白銀的數量。其中 1636-1641 年，平均每年離岸價值和流入的白銀分別為 471 萬兩和 595 萬兩，約是 17 世紀上半葉平均輸入額的 1.5 倍，此一時期，中國和日本的經濟可能處於過熱的狀態，應是明季對外貿易最興盛的時期。1641 年以後，中國對外貿易主要受到中國戰亂的影響，呈現衰退的景象，中國輸出商品的離岸價值，從 1641 年的 554 萬兩，逐年遞減到 1644 年的 186 萬兩。

　　中國商品的出口量和國外市場的需求量很難完全相同，必須靠著價格機制和存貨數量的增減來調節。因此若是某年進口數量過多，除了降價求售外，還可保留部份商品（增加存貨）到來年再賣，但同時也使得下一年的訂貨和進口量減少，這解釋了為何 1636-1641 期間，中國對外出口的金額和因之流入的白銀，呈現一年高一年低的現象。

第四節　晚明國民生產毛額的推估（c. 1600）

　　Feuerwerker 推估中國宋、明、清時期的經濟狀況時，做了以下假設：（1）非農業勞動力佔總勞動力的 20%；（2）農業部門產出佔總產出/國民所得的 70%；（3）80%的農地種植穀物；（4）平均每人的穀物產出約固定在 500-600 斤未去殼的穀。他估計中國人口在 1550 年左右大概為 1 億 5 千萬人，平均每人穀物產出為 550 斤，每擔穀 0.6-0.8 兩（取 0.7 兩），政府每年收入為 5 千萬兩，則根據前述假設得出中國國民所得（national income）、國內生產毛額（gross domestic product, GDP）或國民生產毛額（gross national product, GNP），在 1550 年約為 794 百萬兩，平均稅率約為 6.3%。[41]

　　以下為作者引用前人研究成果，對晚明國內生產毛額（GDP）的估計。這裡的估計結果和 Feuerwerker 相當一致，但仍是非常粗略。例如關於全國田畝總數的估計，因不可能完全掌握明季存在的免稅、逃稅、[42]折畝[43]的現象，所得估計值只是大概。

一、從人口和糧食消費推估

　　何炳棣引用大量文獻嚴謹論證洪武時代人口數據的可靠性，並用以作為估計明中後期人口的根據。由於自洪武後期起，

[41] A. Feuerwerker, 'The state and the economy in late imperial China', *Theory and Society* 13: 3 (1984), 297-326.

[42] 全漢昇：〈珀金斯：〈一三六八至一九六八年中國農業的發展〉〉，《香港中文大學中國文化研究所學報》，1973 年第 6 卷第 1 期，第 347-351 頁。

[43] 何炳棣：《中國歷代土地數字考實》，台北：聯經，1995 年，第 80、101 頁。

戶口登記對象漸漸演變成僅限於承擔賦稅的人口，使政府人口統計和實際人口有越來越大的差誤。何炳棣對中國 15-16 世紀的總人口估計如下：他對洪武 26 年（1393）和嘉靖 21 年（1542）的各省官方人口數字進行分析，發現在這 150 年間，北方五省的戶口登記數增加 72%，折算成複合年增率為 0.34%，[44]但整體南方各省之戶口登記數卻呈現出減少的現象，他認為造成此一現象的原因為賦稅因素，又因南方為帝國的經濟中心且仍保有未開墾土地，所以中國南方人口的增長率至少應和北方等量齊觀。「根據這些假設，我們可以估計全國的人口從十四世紀後期約 6000 萬增加到萬曆二十八年（1600 年）的 1.5 億。即使確定南方的人口以官方所顯示的北方人口那樣中等的速度增長，到十六、十七世紀之交恐怕也已超過 1.3 億[45]了」。 另外，他認為明代人口的高峰發生在 1600 年。[46]

　　吳承明根據明初較為可信的人口統計數字得到人口年成長率，用以推估晚明之總人口高峰發生在萬曆朝的 1.2 億。他認為「明統一後，十分注意整理戶籍。洪武時派國子監生與地方官員會查，表列二十六年（1393）有 1,065 萬戶，6,054 萬口，比較可信。永樂朝人口續有增長。永樂十年（1412）的記載，1,099 萬戶，6,537 萬口。這時流民不多，此數亦屬可信。兩相比較，年增率為 0.4%，這和明清兩代的人口趨勢正好相符。永樂以後的戶口統計，屢有下降，顯然是豪強蒙蔽、冒合日盛以及流民逃亡所致。嘉靖、萬曆記載都較洪武為少，自不合理。官冊既不可

---

[44] 根據作者的計算，正確的數字應該是 0.362%；$(1 + 0.00362)^{150} = 1.72$。

[45] 若每年人口皆以 0.362% 成長，則 1600 年中國的總人口為 1.268 億；$0.6 * (1 + 0.00362)^{1600-1393} = 1.268$。

[46] 何炳棣：《1368-1953 年中國人口研究》，上海：上海古籍，1989 年，第 261-262 頁。

用，我們不如按明初增長率推算，這樣，嘉靖朝人口應超過一億，萬曆朝至少應有 1.2 億。參照半個世紀戰亂後清初的人口統計（清初人口在 9,000 萬左右），以 1.2 億代表明盛世人口最高數字，大體是合理的」。[47]

曹樹基認為，由於明代社會的基本狀況和清代太平天國之亂發生前的時期很類似，而清代前兩百年間的人口大概保持 0.5% 的年增長率，且明代人地矛盾壓力遠小於清朝，因此明朝前兩百年的人口增長率保守估計應為 0.5%。他說：「我們將 1393-1580 年間的人口增長率的最低值確定為 5‰，那麼在這 187 年間，明朝的人口由 7000 萬增加到了 1.78 億……萬曆以後，中國進入了一個自然災害與社會動亂交織的歷史時期。尤其是在北方，這一時期旱災和蝗災頻頻出現，飢荒和民變不時發生，加之從萬曆八年（1580 年）以後席捲華北地區的兩次大瘟疫，人口數從高峰上跌落」。[48]

其他學者對明中葉以後的人口估計結果整理於下：珀金斯估計 16 世紀末的總人口約在 1.2-2 億之間。越綱認為人口高峰發生在 1590 年左右，其總數約為 2 億。繆振鵬和王守稼估計中國人口到了嘉靖、萬曆時在一億數千萬左右。[49]

珀金斯認為糧食為宋至清代中國人獲取熱量的主要來源，且人均單位產量在這六個世紀的變動都不大，並引用宋、元、明、清的相關資料，估計出人均糧食年消耗量約在 500-750 斤左右，

[47] 許滌新、吳承明：《中國資本主義的萌芽》，北京：人民，1985 年，第 39、186、187 頁。

[48] 曹樹基：《中國移民史-第五卷明時期》，福州：福建人民，1997 年，第 542-544 頁。

[49] 轉引自曹樹基：《中國人口史-第四卷明時期》，上海：復旦大學，2000 年，第 198-202 頁。

按每石 130 斤計算則約為 4.8 石。他說「有四種不同的資料都指出各個時期每人每天消費一升。這些資料中有兩種屬於宋、元時代的廣東省和浙江省的情況,第三種屬於 1785 年的山東,第四種屬於 1840 年的浙江寧波。有一種資料指明這個數字是碾過的米,其他資料沒有說明。第五種資料則用每年三石碾過的米來表示 1844 年安徽省典型的每年糧食消費水平……宋代的每天一升,以二十世紀的計量單位換算,每年為二點四石。可是明代的每天一升,同樣以二十世紀的計量單位換算,每年卻是三點九石,而清代的每天一升,則是每年三點八石。根據人們對於每升的重量以及糧食是否碾過等所作的不同假設,人們可以得出的按人計算的消費量約在五百斤到七百五十斤的範圍之內」。[50]

根據吳承明對明中期以後米價的整理,得到「1551-1575 年常年米每石 0.49 兩、荒年米每石 2.44 兩;1576-1600 年常年米每石 0.52 兩、荒年米每石 1.34 兩;1601-1625 年常年米每石 0.70 兩、荒年米每石 2.42 兩」[51]。因此,1551-1625 年的平均米價約為每石 0.9 兩,崇禎朝由於戰亂和天災,米價大幅上漲。

珀金斯認為明末和清代一般家庭可能將收入中的百分之六十用於糧食。他說「有一項資料將絲織業中長期的男工的總支出估計為十二點七兩白銀,如以實物計算,大約為十二到十三石大米。這些不同的工資數字所要表明的,似乎是明末和清代的中國社會裡的勞動者,一定要為他們自己和家屬而將他們收入中很大一部份用於購買供自己和家屬消費的糧食,其數目也許在一半以上……究竟要用多大一部份,取決於人們對於這位勞動者是否有

---

[50] 珀金斯:《中國農業的發展(1368-1968 年)》,上海:上海譯文,1984 年,第 396-398 頁。

[51] 吳承明:《市場、近現代化、經濟史論》,昆明:雲南大學,1996 年,第 254 頁。

其他來源收入的設想，也取決於這位勞動者的工資要養活幾口人。如果這份工資是供養每人消費三石的兩個半人的唯一來源，那麼，用於糧食的錢在收入中佔的比重是七點五比十二點七，即百分之五十九」。[52]

根據上述，4.8 石糧值 4.32 兩，1600 年時中國約有 1 億 5 千萬人口，又假設糧食需求和供給在正常年份約略平衡，則每年糧產總值約為 6 億 4 千 8 百萬兩。每年糧產總值佔國內生產毛額的 60%，所以中國在 1600 年前後的國內生產毛額約為 10 億 8 千萬兩（1,080 百萬兩）。

二、從土地產值估計

珀金斯估計中國 1400 年前後的耕地面積約為 4.3 億明畝，到了 1580 年前後，耕地面積可能至少已達 6 億明畝。珀金斯「修訂 1400 年前後的耕地面積的估計數中，除了對河南、湖廣和廣東等省採用藤井辦法之外，決定都使用 1502 年的資料」。「對於湖廣，藤井曾經將出現於省志中每一地區在 1472 年和 1512 年的數字加在一起，同登載在《會典》上的二億二千零二十萬畝數字相比，得出 1472 年總數是二千四百萬畝，1512 年總數是二千四百四十萬畝。就河南說，登載在《會典》上的 1393 年數字為一億四千五百萬畝，但是出現在其他地方的 1391 年和 1412 年的徵稅土地的數字卻分別為二千七百五十萬畝和二千七百七十萬畝」。另外，他指出對廣東而言，1502 年的數字根本不可信，反而是「1393 年耕地面積數字〔2,373 萬畝〕同其他來源的數據相

---

[52] 珀金斯：《中國農業的發展（1368-1968 年）》，上海：上海譯文，1984 年，第 399-400 頁。

比較，比 1502 年的數字〔723 萬畝〕更加一致。1502 年官方的明代耕地總計為 6 億 2 千 2 百餘萬畝，扣除湖廣、河南、廣東三省後之面積為 3 億 5 千萬畝，加上藤井估計之湖廣的 2 千 4 百萬畝、河南的 2 千 7 百萬畝和廣東的 2 千 4 百萬畝，全國合計為 4 億 3 千萬畝」。[53]

關於 1580 年的土地數字，珀金斯採用清水的數據加以估計。清水根據各省關於新增土地的記錄指出「湖廣的 1582 年數字，據該省長官說，因增加了五千萬餘畝而達到八千四百萬畝。清水還發現在第二次丈量中所增添的所有各省所增的土地達一億四千七百萬明畝」。1400 年的 4 億 3 千萬畝，加上新增的約 2 億畝，據此珀金斯認為「1580 年前後耕地面積的真實數字是在六億明畝以上，如果有嚴重的少報土地和畝的換算等問題，那還要更大」。[54]因此，在 1400-1580 年期間，農業生產力並未有太大的增長情況下，而人口卻約增加兩倍，作者認為 1580 年的耕地或許可估計為 8 億明畝。

吳承明根據官方普查資料得到萬曆六年（1578），全國耕地總計約為 7.8 億畝。他指出「明代的田畝統計似較戶口統計為佳，除上表洪武二十六年及弘治一段顯係失實外，歷朝呈遞增之勢，到萬曆六年為 7.014 億畝，這是民田的數字。我們估計這時官田有皇莊 376 萬畝，藩王莊田 2000 萬畝，軍屯田 5906 萬畝。官民田合計共 7.842 億畝」。[55]

---

[53] 珀金斯：《中國農業的發展（1368-1968 年）》，上海：上海譯文，1984 年，第 296-302 頁。1 明畝等於 579 平方公尺，1502 年的資料來源為梁方仲所著之〈明代戶口、田地及田賦統計〉一文。

[54] 珀金斯：《中國農業的發展（1368-1968 年）》，上海：上海譯文，1984 年，第 301 頁。

[55] 吳承明：《市場、近現代化、經濟史論》，昆明：雲南大學，1996 年，第 40 頁。

吳承明估計明代江南水田畝產量平均約在 2 石左右，合穀約 4 石。中國北方原糧畝產平均約為 1 石，邊際土地的產量預期會更低。另外，稻米大概佔糧食總產量的 70%。明代江南水田畝產量見於下表：

表 5-7：明代江南水田畝產量舉例

時間	地區	每畝產量（石）	資料來源
弘熙 1425	崑山	米 2	租米一石折合，顧炎武《日知錄》引周干
正德 1506-21	上海	米 1.5-3+	《上海續縣志》卷三十
嘉靖 1522-66	南通	穀 1-3	光緒《通州直隸州志》卷一引陳覽《農書》
天啓 1621-7	海鹽	米 2.5	光緒《海鹽縣志》卷八引《海鹽縣圖經》
明末	蘇松	米 1+-3-	顧炎武《蘇松二府田賦之重》
明末	海澄	3.5-4	顧炎武《天下郡國利病書》，約指穀
明末	海鹽	米 1.5+-2.5+	《陳確集》上冊
明末	吳興	米 3.025	《沈氏農書》
明末	江浙	穀 3-4 最高穀 8	顧炎武《天下郡國利病書》

資料來源：轉引自吳承明：《中國資本主義的萌芽》，北京：人民，1985 年，第 41 頁。

根據上述，每畝田可能約相當出產 1.2 石的米，每石值 0.9 兩，1578 年全國耕地面積為 8 億畝（1600 年大概還是這個數字），則一年的農業產值為 8.64 億兩。農業產值佔總產值的 70%，也就是國內生產毛額應為農業生產金額的 1.43 倍，所以 1600 年前後的國內生產毛額為 12.34 億兩（1,234 百萬兩）。

三、從稅收總額估算

晚明中央政府每年的稅收約在 3 千 3 百萬兩左右，其中來自土地的收入約佔 8 成，估算如下。「十六世紀晚期，太倉庫增加後的歲入大約 4 百萬兩，只占了帝國全部稅收的百分之十二」，

因此全國總稅收約在 3 千 3 百餘萬兩。「如果無論本色和折色，推測每石的平均價值是 0.8 兩白銀，這樣田賦正額總值將會略高於 2100 萬兩白銀。對於役銀，我們根據 7 個省 35 個縣的統計數字可以推算出平均每縣徵銀 9724.26 兩。整個帝國的役銀額可能約為 1 千萬兩白銀。即使它僅僅部份地由田賦吸收，整個帝國來源於農業土地的總收也將增加到 2 千 5 百萬兩，甚至接近 3 千萬兩白銀」。[56]因此，中央政府來自土地的收入 2,500 萬兩，約佔晚明總稅收 3,300 萬兩的 8 成所右。

以廣州府的順德縣（位於現今西江東南岸的廣州附近）為例，在 1581 年張居正實施的土地清丈結束後，實行新的田地賦稅規定，包含以下主要三項：[57]

(a) 根據地力，把縣裏所有應納稅的土地分為上、中、下三等。山地被列為下等。上田的基本稅額為每畝0.0404石米；中田每畝0.0273石米；下田每畝0.0172石米。

(b) 不管應徵稅土地的分類情況如何，對他們每畝全部統一徵收0.0094石糧食，用以補償勾消的官田損失。

(c) 將7%的加耗添加到田賦中以彌補管理損耗。

因此，以中田為例，每畝繳納田賦 0.0367 石（不記加耗），若年產 1.2 石，則明代正賦稅率為 3.06%。所以在田賦等於 2,100 萬兩的情況下，農業產值為 6 億 8 千 7 百萬兩，因農業產值約為總產值的 7 成，我們得到在 1600 年前後正常年份時的總產值為 9 億 8 千 1 百萬兩（981 百萬兩）。

---

[56] 黃仁宇：《十六世紀明代中國之財政與稅收》，台北：聯經，2001 年，第 203、311 頁。

[57] 黃仁宇：《十六世紀明代中國之財政與稅收》，台北：聯經，2001 年，第 98 頁。

四、小結

本節分從人口和人均糧食消費量、土地產出、稅收和稅率來估計晚明的國內生產毛額（GDP），分別得出 10 億 8 千萬兩、12 億 3 千萬兩和 9 億 8 千萬兩。既然難以精確估算，因此在 1600 年左右的正常年份，國內生產毛額，取大略之數，約為 10 億兩白銀（1,000 百萬兩）。對照 Feuerwerker 1550 年的估計值 800 百萬兩，在考慮人口成長和物價小幅上漲的兩項因素，作者和 Feuerwerker 對晚明 GDP 的估計是相當一致的。但是到了明朝最後的十數年，由於戰亂和天災因素，實質 GDP（扣除物價因素）應相較 1600 年明顯減少。

第五節　明末「十七世紀危機」

一、明末簡史（c. 1620-1644）[58]

努爾哈赤在 1619 年對明朝的遼東戰役中，順勢統一了女真族。1620 年夏天，萬曆皇帝去世，接下來的泰昌皇帝在做了僅 30 天的皇帝後，就因服食紅丸，在 37 歲的壯年駕崩。

1621-1627 年的天啟朝，是「中國歷史上的一個災難時期，在明朝沒出息的統治者中，天啟皇帝的名聲最壞」，官僚陷入東林黨和非東林黨的黨爭，國家內外問題情勢嚴峻，國家大政卻由

---

[58] 牟復禮、崔瑞德：《劍橋中國明代史》，北京：中國社會科學，1992 年，第 620-691 頁。本節使用《劍橋中國明代史》，除了此書為西方關於明史的經典著作外，更由於此書主張中國 17 世紀貨幣危機，但摘要其關於明末的內容，似乎不能讓讀者對該主張產生共鳴，這更凸顯了對中國 17 世紀貨幣危機假說成立的質疑。

魏忠賢（一個對其「很難有甚麼好話可說」的太監）把持。

　　1621 年春，滿州軍隊攻陷瀋陽和遼陽，控制整個遼河以東原屬明朝的領土。1622 年初，滿州在廣寧又取得重大勝利。直到 1626 年，袁崇煥在寧遠贏得一場勝利，努爾哈赤在此場戰役受傷，隨即逝世，明朝在東北的嚴峻景況，方稍獲紓解。另一方面，1621-1622 年，中國的西南少數民族起而反對明朝統治，由於明朝在東北問題上已焦頭爛額，無暇他顧，自此喪失對西南領土的控制。由於四川是一個主要糧食產地，貴州和雲南是極重要的銀、銅產地，明廷喪失對西南的控制，對其經濟是一大打擊。中國本部部份，1622 年，白蓮教起義，影響及於山東、北直隸和南直隸，但這次起義很快在同年年底就被撲滅。

　　1627 年 9 月 30 日，天啟皇帝去世，崇禎繼位，同年 12 月中旬，魏忠賢被皇帝下旨縊死。1628 年春，陝西發生嚴重乾旱，引發一連串的叛亂活動，情勢越演越烈。1629 年 12 月，皇太極侵入長城，迫近北京，佔領北直隸部份地區，直到隔年 1630 年 6 月，在中國軍隊的壓力下，才退出長城。1630 年 9 月，崇禎皇帝聽信謠言，在北京殺死他最有才能的將領袁崇煥。1631 年末，趕往東北馳援的山東部隊在行經北直隸南部時發生兵變，此次叛亂到了 1633 年初，方告底定。叛軍領袖孔有德和耿仲明由海路前去投靠皇太極，後來參與滿清對明朝的征服。1636 年，皇太極稱帝，國號清，明確宣示要推翻明朝，取而代之。1638 年下半年，皇太極的軍隊在北直隸和山東進行擄掠，帶著許多戰利品和俘虜回到瀋陽。1642 年 4 月，東北錦州陷落後，皇太極軍隊乘勝進入中國東部，最遠到達南直隸的北部，重創北直隸和山東。

　　1632 年，前述在陝西的造反者，進入中國北部平原。1633 年，明廷採取大規模軍事行動，其後數年雖然取得一些戰役的勝

利，但反抗軍的人數卻像滾雪球般越來越多，背後原因為中國北部和中部的乾旱與飢荒，為反抗軍提供源源不絕的兵員；另一方面，官軍素質下降，紀律敗壞且幾無士氣。叛軍領袖中，最有名的當屬張獻忠和李自成。1640-1641 年，流竄到四川的張獻忠部隊，給四川帶來極大破壞，1641 年底，進入湖廣地區四處流竄。1641 年 3 月，李自成攻克洛陽，1643 年 1 月在湖北北部擊潰明朝左良玉的討伐軍，接著佔領襄陽，將之改稱襄京，並自稱新順王。1643 年底，李自成徹底擊潰奉旨征討他的陝甘總督孫傳廷的軍隊，殺了孫傳廷，進佔西安。1644 年初，李自成在西安稱王，國號順，1644 年 4 月 25 日凌晨，崇禎自縊於煤山，同日早晨，李自成的軍隊進入北京城，明亡。一個多月後，李自成在滿清的壓力下，離開北京向西流竄，多爾袞的軍隊隨後佔領北京。

　　從 1618 年到 1637 年，為因應軍費的龐大開支，賦稅增加 6 倍。這些賦稅在腐敗官僚和地主豪紳的勾結下，都轉嫁給社會中下階層來負擔。在傳統重賦的東南地區（特別是江南），這種難以負擔的稅上加稅，使得富人和窮人的關係日益緊張，破產的小土地擁有者越來越多，社會狀況變得很不穩定。

　　進入 1640 年代，輸入中國的白銀數量減少，這多少都使得江南重賦問題變得嚴重。另外，除了其他重要原因外，政府沒有能力兩面作戰，同時兼顧鎮壓國內的農民起義和對抗滿清的侵略。結局很明顯，明朝滅亡的命運無法避免。明末某觀察者有如下的描述：

　　　　1644 年初，軍餉欠款已經達數百萬兩，而從南方來的稅款只有幾萬兩。國家糧倉現在實際上空了。沒有足夠的大米充軍糧，戶部就買雜糧湊數。當北京被圍時，駐軍已有五個月沒有發餉。執行任務的軍隊沒有炊事用具。

每個士兵領到 100 枚銅錢，由他們自己買吃的。士氣和
紀律渙散到這種地步，一個將軍報告說：「你鞭打一個
士兵，他站起來；但與此同時，另一個又躺下了」。王
朝快亡了，這是不令人驚奇的；令人驚奇的倒是，它竟
然直到那時還沒有完。[59]

　　綜上所述，作者認為明朝的滅亡，乃由許多交織在一起的因
素造成：氣候異常、人口壓力、腐化的官僚、內鬥內耗的朝廷、
不具戰鬥力的軍隊、錯誤的決策、崇禎皇帝多疑剛愎自用的性
格、運氣不佳、財政困難、白銀輸入的減少、滿清侵略、農民起
義。很難說單獨哪一項因素具有絕對的影響力，這些因素也都環
環相扣，應該是所有原因總和起來，造成明朝覆滅。[60]

二、輸入白銀和政府稅收

　　主張中國 17 世紀貨幣危機的學者認為：1639-1644 年輸入
中國的白銀急劇減少，囤銀增加，最後導致政府沒有足夠稅收來
維持必要的軍事力量去對抗內部的叛亂和外部滿清的入侵，以致
在 1644 年滅亡。作者的異議是：第一、是否 1639-1644 期間輸
入中國的白銀急劇減少為一事實，不無疑問；第二、不能足額徵

---

[59] R. Huang, 'Fiscal administration during the Ming dynasty', in C. O. Hucker ed. *Chinese Government in Ming Times*, New York: Columbia University Press, 1969. 轉引自牟復禮、崔瑞德：《劍橋中國明代史》，北京：中國社會科學，1992 年，第 688-689 頁。

[60] 明朝亡於內部因素幾為華人學者的共識。例如，陳捷先認為明朝亡於政府失去運作能力，官員結黨、貪污腐敗，皇室貴冑窮奢極侈，軍紀敗壞，皇帝昏庸，百姓窮困，終致引發全國性危機而滅亡。參見陳捷先：〈略述明朝亡國的原因〉，《歷史月刊》，2004 年第 194 期，第 55-64 頁。

稅的情況,在天啟、泰昌、崇禎朝前期就已存在,甚至是明中、後期的常態;[61]第三、白銀囤積的現象並未變得更嚴重;第四、軍費增加過快,才是政府入不敷出的主因。[62]

　　明末中國並不存在白銀存量不足的情形。16 世紀初,中國金銀兌價為 1:6、歐洲 1:12、印度 1:8,日本在 16 世紀中葉為 1:10。隨著大量白銀輸入中國,銀價持續下跌,到了 17 世紀中葉,中國金銀兌價為 1:13,約和世界其餘地區相等。[63]代表中國對白銀的需求已大致獲得滿足。

　　1600-1644 年,平均每年輸入中國的白銀約在 400 萬兩左右。明末最後幾年的數據如下:1636 年輸入 490 萬兩、1637 年719 萬兩、1638 年 537 萬兩、1639 年 650 萬兩、1640 年 517 萬兩、1641 年 657 萬兩、1642 年 437 萬兩、1643 年 290 萬兩、1644年 243 萬兩。1636-1641 年的年均輸入額為平均值 400 萬兩的 1.5

---

[61] 黃仁宇指出,「實際徵收額很少會超過計畫收入的 80%,有時還會更低」。參見黃仁宇:《十六世紀明代中國之財政與稅收》,台北:聯經,2001 年,第 204 頁。

[62] 全漢昇認為軍費成長過快為造成明朝政府財政失衡的主因,最終導致明朝的滅亡。他說:「在遼東戰事爆發(1618)以前,歲出約為基期(1518)的兩倍到四倍多;戰事爆發的初期(1621-27)比較差了,歲出約為基期的兩倍多到八倍多;以後迄於明亡(1628-44),歲出約為基期的七倍多到十七倍多……財政赤字在表中出現的次數非常頻密,幾乎年年都是這樣……通常在數十萬兩或百餘萬兩之間。赤字的出現,表示財政上入不敷支。根據我們的研究,自明中葉以後戶部太倉歲入銀數曾經長期遞增,但遞增的數字或者未必如額實收,或者收入後被宮廷或別的部門吸收過去,或者實收足了,但仍然趕不上歲出上升的速度。至於歲出的增加,如上文所述,主要由於軍費的膨脹……歲出銀兩雖然很多,由於銀子購買力的減弱,始終不能滿足與日俱增的軍事費用的需索;而歲入不數,卻成為歷次加派的藉口。人民抵受不了加派的重壓,往往揭竿而起;有些軍隊因缺餉捱飢,也加入他們的行列。結果,明政府在外患未靖的時刻,又再加上蕭牆以內的隱憂。這個『內憂』首先結束了朱明皇朝的統治,而『外患』也隨者入關,來奪取大明帝國的江山。參見全漢昇、李龍華:〈明代中葉後太倉歲出銀兩的研究〉,《中國文化研究所學報》,1974 年第 6 卷第 1 期,第 169-244 頁。

[63] J. Lee, 'Trade and economy in preindustrial East Asia, c. 1500 - c. 1800', *The Journal of Asian Studies* 58: 1 (1999), 2-26.

倍，1642 年的輸入額稍高於平均值，1643 年和 1644 年輸入額分別為平均值的 73%和 61%。明亡於 1644 年 4 月，1643 年白銀輸入小幅減少應和明朝滅亡無關，何況對外貿易的金額以及因之輸入的白銀數量，本來就起起伏伏，1641 年以後兩三年的衰退，應該不致產生如此巨大的效應，導致明朝的覆滅。[64]

表 5-8 列出 1618-1643 年間的太倉收入。緊急太倉收入是為因應軍事需要而加增的稅，表中的稅收達成率為將實際太倉收入除以正常太倉收入與預計緊急太倉收入之和而得。從介於 53-88%的稅收達成率可以看出無法足額徵稅，在這段時期是一個常態（甚至是明中、後期的常態、參見前述註解）。[65]太倉（作為國家重要國庫）實際徵稅額從 1621 年的 745 萬兩增加到 1640 年代初的 2,100 餘萬兩，短短 20 餘年，成長近 3 倍，以及就數額而言，都十分驚人。徵不到足額稅背後的原因應該並不出在稅率太高（當時的國內生產毛額約為 1,000 百萬兩，政府稅收不過 30-40 百萬兩）；也不是因白銀缺乏，當時白銀存量約為 700 百萬兩。另和經濟狀況的關係也不大，1630 年代前期，中國富裕省分的經濟情況仍然良好，外貿很平穩，[66]國內的問題尚侷限在

---

[64] 雖然從整個帝國的角度觀察，當時中國應該並未出現「銀荒」，但不能就此排除個別地區和某些社會階層可能發生白銀不足的問題，這是本文必須注意的研究限制。例如，「百瀨弘認為，明代銀荒的現象並非全國一致，主要在華南如福建、廣東地區才較明顯……岸本〔美緒〕指出，雖然白銀數量整體而言趨於增加，但只集中於部份地區，或都市的富裕階層手中，而農村卻未沾上白銀的好處。晚明的銀荒，主要是由於農村通貨不足所導致」。參見鄭永昌：〈中日有關明代白銀史研究之回顧〉，《國立台灣師範大學歷史學報》，1992 年第 20 期，第 235-253 頁。

[65] 從明中葉起，中央政府財政便因稅收不足而陷入困境。除軍費和宮廷支出增加的影響外，稅收制度設計不當才是癥結所在，以致地方政府消極徵稅、藉故截流、請求豁免。參見吳琦、趙秀麗：〈明代財政的症結〉，《江西師範大學學報（哲社版）》，2004 年第 1 期，第 112-117 頁。

[66] 「不完整的和有時是矛盾的貿易數字，使概括發生困難，但看來在 17 世紀 30 年代初，由於葡萄牙人通過澳門運入大量白銀，中國同日本的商業活動也大有起色。這些發展

中國西北，但稅收達成率和明亡前幾年 1640 年代初期的達成率差別不大。所以稅收不足應該絕不是明朝滅亡的重要原因，至於 1644 年的情況，明廷朽爛到收不到稅，會比因收不到稅導致明朝滅亡的說法，要來得合理。

表 5-8：1618-1643 年太倉收入（單位：百萬兩）

	正常太倉收入	預計緊急太倉收入	實際緊急太倉收入	非太倉緊急軍事收入	實際太倉總收入	稅收達成率%
1618	4.00	2.00	?	—	?	
1620	4.00	5.20	?	5.12	?	
1621	3.25	6.47	4.20	3.34	7.45	76.6
1622	2.05	6.47	2.46	5.10	4.52	53.1
1623	3.26	8.12	4.64	?	7.90	69.4
1628	3.10	8.12	3.96	?	7.06	62.9
1630	3.98	8.12	5.16	?	9.14	75.5
1631	3.87	10.30	8.38	?	12.25	86.5
1634	4.24	10.30	8.57	?	12.81	88.1
1637	?	13.10	?	?	16.70	
1639	?	20.40	?	?	20.00	
1641	4.97	20.40	16.48	?	21.45	84.5
1643	5.00	20.40	16.30	?	21.30	83.9

資料來源：R. von Glahn, *Fountain of Fortune*, Berkeley: University of California Press, 1996, p. 177.

三、費雪方程式

以下就明末是否有囤銀增加的狀況，做一探討。使用費雪方程式[67]進行實證發現：明末白銀流通的速度呈微幅增加，代表並

似乎給明帝國的這些與海上貿易最直接有關的地區帶來了暫時的繁榮」。參見牟復禮、崔瑞德：《劍橋中國明代史》，北京：中國社會科學，1992 年，第 665 頁。

[67] 雖然陳昭南指出近代中國的銀錢雙元幣制，長期而言，兩種通貨間的替代現象和區域流動始終存在。參見 C. N. Chen, 'Flexible bimetallic exchange rates in China,

未發生囤銀增加的現象。值得提出來說明的是：明末的統計數字仍然相當缺乏，下文所用的數字來自粗略推估或合理猜測，因此使用費雪方程式對中國 17 世紀貨幣危機假說進行實證檢驗，是一個大膽的新嘗試。也因此，所得結論或許並不足以嚴謹地推翻此一假說，但至少有效地提示了這個質疑。

Feuerwerker 認為農業部門產出佔總產出的 70%，非糧食的農業產出佔總產出的 14%，又已知部份的糧食在市場體系流通，因此全國大概有 50%的經濟活動已貨幣化了，主要是城鎮居民（非農業人口佔總人口的 20%）、政府、商人使用白銀和銅錢在市場從事商品和勞務的買賣。在商業活動中，小額的支付採用銅錢，而大額、牽涉遠距離的交易、繳稅和一次大額給付的薪水，則使用白銀。[68]但到了 1630 年代，情況有了改變，銅錢有從日常交易中淡出的趨勢，特別是中國南方。

根據 von Glahn，由於明廷失去對西南產銅省分的控制，缺乏原料來源，造成流通在市面的錢重量越輕、成色也越差（劣幣驅除良幣），因此銅錢在 1633-1634 年開始巨幅貶值，往後的 10 年，在中國北方，銅錢從 1:700 貶到 1:1,200，而中國南方從 1:1,000

1650-1850', *Journal of Money, Credit and Banking* 7: 1 (1975), 359-376. 但他在另一篇論文中指出，由於銀銅的兌換比例約為 1：100、金銀約為 1:16（19 世紀歐洲），所以銀銅間的替代性遠不如金銀間的替代性。參見 C. N. Chen, 'Bimetallism', *History of Political Economy* 4: 1 (1972), 89-112. 直覺上，如果短期而言（本文只處理明末十年），銀、銅間替代性很差或替代過程很緩慢（便可假設成兩者完全不可替代），貨幣白銀和非貨幣白銀數量上約略存在一穩定比例，則使用費雪方程式將是適當的。

[68] R. von Glann, 'Myth and reality of China's seventeenth-century monetary crisis', *The Journal of Economic History* 56: 2 (1996), 429-454. 另外，K. G Deng 指出整個經濟的商業化比例至多達60%，其中農村部門佔 27%、城鎮部門 30%、政府部門 1-2%。參見 K. G Deng, 'Development and its deadlock in imperial China, 221 B.C. – 1840 A.D.' *Economic Development and Cultural Change* 51: 2 (2003), 479-522.

貶到 1:2,500。另外，由於銅錢私鑄嚴重、劣幣充斥，加上官鑄品質每況愈下，在 1630 年代，特別在中國南方，白銀在顯著程度上取代了銅錢。[69]表 5-9 列出崇禎朝 1628-1643 年間的銀、錢兌價。

表 5-9：崇禎朝 1628-1643 年間的銀、錢兌價

年/地	標準銅錢	私鑄銅錢
1628	550（官定）	
1628	650（官定）	
1629 陝西	650	
1630	650	
1631	650	
1631	800（北方）	
1631	1,060（南方）	
1632	650（官定）	
1632	730-740（市場）	
1632	1,200（南方）	
1634 四川	1,000（官定）	
1634	1,333（南方）	
1636	650（官定）	
1638	800 北京	
1638	1,400-1,500 河南陝西	
1638 江南	1,100	
1638 江南	1,600-1,700	
1640 江南	2,000	2,200
1640 江南	1,500	
1640-1 江南	2,000-2,500	
1642 江南	2,500	
1643 江南	3,000	
1643	2,000	
1643	2,200	

資料來源：R. von Glahn, *Fountain of Fortune*, Berkeley: University of California Press, 1996, pp. 106-109.

---

[69] R. von Glahn, *Fountain of Fortune*, Berkeley: University of California Press, 1996, pp. 193-196. 特別要指明的是，銅錢的貶值，乃是由於銅錢成色變差、重量變輕。相同重量的銀、銅之相對價值應不致發生改變。

　　晚明，雖然商品經濟已很發達，但中國本質上還是個農業國家，農民糧食的生產，首在滿足自身生存的需要。即使是商品經濟最發達的江南地區，農業產出中仍有很大的一部份並未進入市場買賣。[70]估計在 17 世紀初期的正常年份，貨幣（白銀、銅錢）經濟大概佔整個經濟體的 50%，由於白銀用在較大額的交易、並已廣泛使用，以及白銀和銅錢間的替代性不高，所以進一步假設使用白銀的交易金額約穩定維持在佔總產出的 30%。由於中國的經濟並未完全貨幣化，我們可以把費雪（Fisher）方程式[71]稍微改寫成下式，以符合明朝後期的情況：

$$M * V = P * c * Y \qquad\qquad （式 5\text{-}1）$$

　　其中 M 為白銀存量，V 是流通的速度（velocity of circulation），P 是價格水準，c 是市場使用白銀進行交易的金額佔總產出的比例（反映經濟白銀/貨幣化的程度），Y 是實質產出。持有貨幣的動機主要有二：一是為了交易需要；二是因其具有價值儲藏的功能。當貯藏和囤積貨幣的情況發生時，貨幣流通的速度會減緩，但在通貨膨脹的情況下，尤其是面臨較高的通貨膨脹，貨幣的囤積增加應該不可能發生。[72]

　　作者非常粗略估計，明末的白銀國內累計產量和海外流入白銀數量合計為 760 百萬兩，若考慮有重鑄的損耗和其他可能損失，因此讓我們取個整數，假定明末白銀存量為 700 百萬兩。

---

[70]　張海英：《明清江南商品流通與市場體系》，上海：華東師範大學，2001 年，第162-176 頁。

[71]　B. Felderer and S. Homburg, *Macroeconomics and New Macroeconomics*, Berlin: Springer-Verlag, 1987, 53-58.

[72]　雖然明季皇室、官僚和富豪囤銀是相當普遍的現象，參見蕭清：《中國古代貨幣思想史》，台北：台灣商務，1992 年，第 291-293 頁。但這裡所要顯明的是，在明末的最後十餘年，囤銀現象程度並未加劇。

[73]1600 年的國內生產毛額（GDP）大約是 1,000 百萬兩，以及我們知道明朝的經濟極可能在 16 世紀末、17 世紀初達於頂點，因此假設 17 世紀前 30 年的實質 GDP 大致維持在這個 1,000 百萬兩的水準（以 1600 年為基準年）。另外，17 世紀前 30 年的物價（以江南米價推估）上升得很慢，也就是在這段時間大致沒有甚麼太大的變動，名目 GDP 因此大概維持在 1,000 百萬兩的水平上。[74]

　　將白銀存量（M）700 百萬兩、經濟白銀（貨幣）化的比例（c）0.3、名目 GDP（$P*Y$）1,000 百萬兩代入費雪方程式（式 5-1），可以得到流通速度為每年 0.43 次，亦即白銀平均持有期間為 2.33 年。這裡所計算出來的平均持有時間似乎很長，乃是因為白銀並不是使用在日常生活中常發生的小額交易，以及可能大部分的白銀被儲藏起來、或作為非貨幣用途（如製作銀器）所致。

對費雪方程式兩邊進行「微分」，可得到：

$$\Delta(M*V) = \Delta(c*P*Y)$$

將上式展開，得到

$$\Delta M*V + \Delta V*M = c*(\Delta P*Y + \Delta Y*P) + P*Y*\Delta c$$

---

[73] 在 1643 年，明朝官員蔣臣估計中國民間流通約 250 百萬兩的白銀（《崇禎長編》卷 1：「今歲行五千萬，五歲為界，是為二萬五千萬，則民間之白金，約已盡出，後且不可繼矣」。蔣臣的估計不包括皇室、貴冑的儲銀，這部份的數量，應相當可觀。參見蕭清：《中國古代貨幣思想史》，第 299-300 頁。另外，Y. C. Wang 根據 16 世紀中期以後流入中國的白銀數量以及雲南銀產和流入中國白銀數量的比例，估計到了 1650 年，中國的存銀量約為 220 萬兩（參見 Y. C. Wang, 'Secular trend of rice prices in the Yangzi Delta'）。很明顯 Wang 忽略前朝國內白銀產量，上述兩百餘萬的數字低估了實際的存量。

[74] R. von Glahn, *Fountain of Fortune*, Berkeley: University of California Press, 1996, p. 158.

上式等號左方除以 $M*V$，右方除以 $c*P*Y$，則有

$$\frac{\Delta M}{M} + \frac{\Delta V}{V} = \frac{\Delta P}{P} + \frac{\Delta Y}{Y} + \frac{\Delta c}{c} \qquad （式 5-2）$$

其中，Δ 為年改變量。例如 $\Delta M/M$ 為某年白銀存量的相對變化量，[75]大概由該年流入中國的白銀數量所決定（中國銀產量因量小可忽略），餘此類推。「1632 到 1638 年，在上海以銀計價的米價上漲了 80-90%，而以銅錢計算的價格則上漲了 250%，此主要歸因於 1637 和 1638 年的歉收。雖然 1639 年是個豐年，但『米貴錢賤』還是引起松江一連串的暴動。1640 年，另一個豐年，但米價仍然昂貴，糧價引起的暴動對吳江、蘇州、嘉興、無錫、太倉造成破壞。1641 年大規模的蝗災，造成許多人死於飢饉和疾病，糧價較 1640 年上漲了 1 倍；1642 年的好收成使得糧價有所回落。但整個 1640 年代，由於和滿清的戰爭，糧食每石值銀 2-3 兩，約為 17 世紀前 25 年平均糧價的 2.5-4 倍」。[76]因此，1632 年江南的米價大概為每石 1 兩，1644 年大概為 2.5 兩，12 年間上漲 1.5 倍，年複合糧價平均成長率為 7.9%。在戰爭和災荒頻仍的時期，必定有人囤積糧食，所以糧價上漲率應較整體物價上漲率為高，因此保守地假設物價年複合增加率為（$\Delta P/P$）6%（前述糧食產值大概佔當時 GDP 的近 6 成，所以這裡相當於假設糧食以外的其他商品平均每年上漲近 4%）[77]。

---

[75] 白銀有兩種用途：貨幣用途和非貨幣用途，如果貨幣白銀和非貨幣白銀數量上存在一穩定比例（直覺上，短期很可能是如此），則貨幣白銀的相對改變量等於白銀存量的相對改變量。

[76] R. von Glahn, *Fountain of Fortune*, Berkeley: University of California Press, 1996, pp. 196-197.

[77] 當產出/所得大幅下降，糧食佔消費支出的比重將上升，糧價水準就越接近整體物價水準。所以即使糧食以外的其它商品價格上漲率不到 4%，整體物價水準上漲率仍應有 6%。何況戰亂對商品供給必會產生負面影響。

　　根據曹樹基的估計，由於戰爭、災荒、瘟疫，1644 年的人口從 1630 年的 19,251 萬人減少成僅剩 15,247 萬人，14 年間減少 21%的人口，年複合平均人口成長率為-1.65%。[78]除人口減少外，個人平均實質所得必然也會因戰爭、災荒、瘟疫而減少，考慮人口減少和生活水準下降兩項因素，作者假設實質 GDP 的複合年增率（$\Delta Y/Y$）為-3.5%，則 1644 年的實質 GDP 約為 1630 年的 60.7%，其中人口數減少約 20%、每人平均實質所得減少約 20%，以晚明平均每人 GDP 不會比維持生存所需多太多的情況下，20%這個數字應還算合理。

　　如前所述，作者估計 1636-1644 年流入中國的白銀數量，結果如下：1636 年輸入 490 萬兩、1637 年 719 萬兩、1638 年 537 萬兩、1639 年 650 萬兩、1640 年 517 萬兩、1641 年 657 萬兩、1642 年 437 萬兩、1643 年 290 萬兩、1644 年 243 萬兩，平均每年 505 萬兩。白銀存量估計值為 700 百萬兩，因此 1636-1644 這段時期，白銀存量的平均年增率（$\Delta M/M$）等於 0.7%。

　　在 17 世紀的前 30 年，每年以白銀支付的總交易金額估計佔國內生產毛額的 30%。1630 年後，戰爭、災荒、瘟疫的廣泛發生當然會使商品交易受到負面影響，但鑄錢的品質惡化，將導致白銀替代銅錢的現象增加，此會增加白銀的使用和流通。考慮這兩個相反效應，雖然兩者有可能約略相互抵消，這裡仍保守假設這一比例從 1630 年的 0.3 至 1644 年微幅降為 0.25，[79]則年平均複合變化率（$\Delta c/c$）為-1.3%。

　　將前述估計得到的 $\Delta M/M = 0.7\%$、$\Delta P/P = 6\%$、$\Delta c/c = -1.3\%$、

---

[78] 曹樹基：《中國人口史-第四卷明時期》，上海：復旦大學，2000 年，第 451-452 頁。

[79] 若經濟白銀化之比例下降的幅度比本文假設的還要小的話，則利用費雪方程式求出的白銀流通速度增加的幅度就更大。

$\Delta Y/Y = -3.5\%$ 代入費雪方程式的一階微分形態（式 5-2），得到 $\Delta V/V = 0.5\%$，幾近於零。前述 1630 年時，估計的白銀流通速度為每年 0.43 次，相當白銀平均持有期間為 2.33 年，根據 0.5%的平均年複合成長率，到了 1644 年，白銀流通速度變為每年 0.46 次，相當白銀平均持有期間為 2.18 年，顯示並沒有白銀囤積增加的現象，相反地，還因通貨膨脹、銅錢爛鑄的因素，導致極小部份原本貯藏備用的白銀又再進入流通領域。

第六節　摘要[80]

　　傳統主張中國亡於白銀/貨幣危機的學者認為，1639 年（含）以後，葡萄牙被禁止赴日貿易，使中國和日本的貿易大受打擊。但事實是中國人和荷蘭人迅速遞補葡萄牙人所留下來的空位，1639-1640 年的中、日貿易仍然繁榮興盛。1620 年以後，馬尼拉的入口稅資料顯示中、菲貿易衰退，有學者認為和西屬美洲的政、經問題有關，但關稅數字所顯示的衰退主要由於走私所造成，實際上中、菲貿易並未萎縮，西屬美洲白銀大致仍和 17 世紀初期一般地流向中國。1643 年（含）以後，葡澳和馬尼拉的貿易中斷，的確讓中國受到一點傷害，但 1643 年中國輸出衰退，

---

[80] 本研究結論不支持明末存在白銀危機，這讓某些學者覺得難以接受。例如《明夷待訪錄・田制二》云：「天下之銀既缺，凶年田之所出不足以上供，豐年田之所出足以上供，折而為銀，則不足以上供也，無乃使民歲歲皆凶年乎？」。有學者據此認定明末中國缺銀。由於明代政府稅收的來源，絕大部份是農業稅，所以上述引文的直接意思是，農民缺銀、銀錢匯價不利農民，但不能據以引申推論全中國缺銀。當時中國白銀多集中在貴胄富豪之手，而農民須在收成不久後變賣糧食換銀來繳稅，這自然使得糧食賤而銀貴，所以即使是豐年，因糧食賣不了好價錢，繳稅的負擔依然沈重。另外，引文中的天下，當從估當時中國絕大多數人口之農民的觀點來解釋。

內部原因（戰亂和天災）應該扮演主導性的角色。明末的經濟問題，應該不是欠缺白銀所造成，產出衰退方為主因。[81]

　　「十七世紀白銀/貨幣危機」學者認為：1640年代，輸入中國白銀急劇減少，造成大量白銀的囤積（由銅錢的急劇貶值推論），以致政府難以徵收到足夠的稅收去支應戰爭的需要，最後因無力抵抗農民起義和滿清軍隊，於是在1644年4月，北京城破，崇禎自縊，明亡。但實際上，白銀輸入談不上大幅減少、白銀囤積並未變得更為嚴重、稅收沒有出現異常現象，詳如下述：

　　第一、1640年代白銀輸入減少，並未如那些學者宣稱的嚴重，而造成的原因主要導因於中國受戰亂和天災的影響，對外輸出商品供給減少所致，並非因所謂的「世界性」（主要是歐洲）的經濟蕭條。

　　第二、明朝無法足額徵到稅的問題，至少在1620年代就已存在。在1640年代，明覆滅前，太倉8成多的稅收達成率並不比過去低，甚至比整個1620年代都高。除此，實徵稅額較之1621年成長近2倍，變成2,100餘萬兩。國庫空虛可能是由於軍費支出成長過快所致，因此即使稅收在20餘年成長2倍，仍不敷所需。

　　第三、根據費雪方程式，作者得到在明末最後幾年，白銀的流通速度並未有所改變，甚至微幅變快，所以沒有發生不尋常白銀囤積增加的狀況，甚至因通貨膨脹和銅錢爛鑄，導致極小部份原先貯藏的白銀再進入流通領域。另外，文獻指出明朝最後十餘

---

[81] 亦可參考宋應星（1587-?）的議論。《野議・民財議》云：「財之為言，乃通指百貨，非專言阿堵（貨幣）也。今天下何嘗少白金〔白銀〕哉？所少者，田之五穀、山林之木、牆下之桑、灣池之魚耳。有鏹數物者於此，白鏹〔白銀〕、黃金疾呼而至，腰纏篋盛而來貿者，必相踵也」轉引自蕭清：《中國古代貨幣思想史》，台北：台灣商務，1992年，第302-303頁。

年的銅錢大幅貶值，乃是由於銅錢品質（重量和成色）日益變差所致，並不是因為白銀被大量囤積以致銀少錢多和銀貴錢賤。

> 直到最近，大多數研究中國歷史的學者仍然傾向於把明朝統治的最後 25 年看作是王朝衰弱與最後崩潰的重演，這齣古老的戲文以前已經演出過許多次了。然而，簡單地用我們所知道的對漢、唐或宋王朝結局的看法，去套泰昌（1620 年 8 月 28 日至 9 月 26 日）、天啟（1620 年 10 月 10 日至 1627 年 9 月 30 日）、崇禎（1627 年 10 月 2 日至 1644 年 4 月 24 日）三朝，是忽視了它們的許多獨特與具有重大意義之處，因為 17 世紀上半葉，中國在經濟、社會、文化和政治生活等重要方面，是一個跟過去很不相同的國家。甚至從 16 世紀初期起，中國社會所發生的變化，不僅對目前研究的這個時期，而且對此後中國文明的發展，都是極為重要的。因此，任何企圖把晚明的歷史輕易地歸結為朝代盛衰週期性的不可抗拒的結果，理當受到堅決果斷的拒絕。[82]

上述《劍橋中國明代史》引文認為明末在經濟、社會、文化和政治層面都與過去截然不同。他們提出如下解釋：此獨特性由興盛的國際貿易所導致，中國和全球因貿易往來更加緊密地連結在一起，大量白銀也隨之流入中國。[83] 綜前所述，作者不能同意這樣的論點。從 1511 年中國人第一次在馬六甲和葡萄牙人接觸開始，歐洲人的擴張所帶來全球性新的變化，雖然終究使中國在

---

[82] 牟復禮、崔瑞德：《劍橋中國明代史》，北京：中國社會科學，1992 年，第 632 頁。

[83] 牟復禮、崔瑞德：《劍橋中國明代史》，北京：中國社會科學，1992 年，第 632-637 頁。

數百年後走出傳統封建治亂循環的舊有模式，但在明末，一切只是開端，所謂新的因子（中國納入全球體系和白銀流入），並未對明朝的滅亡發生太大作用。明朝的滅亡仍然依循過往的模式：當人口成長到土地所能承受的極限後，碰上頻繁的天災，再加上腐朽的政府，於是層出不窮的戰爭、飢饉、瘟疫慢慢地消耗明朝國力，直至最後一刻，農民反抗軍和滿族軍隊給予最後一擊，輕易地將之推翻了。1641 年初，李自成仍然是四處流竄的叛亂團體，其勢力範圍僅侷限在河南的一小部份；另一方面，滿清曾數次侵入中國北直隸和山東，雖然造成很大損害，卻從未有能力實行永久性的佔領。但到了 1643-1644 年，這時的明朝已經不能有效統治，僅剩下一個腐朽的空殼子即將瓦解。

第六章　海外貿易對晚明江南絲綢產業發展影響的探討

第一節　導言

　　明代的農業有兩項重要特徵，一是經濟作物比重增加，二是引進和推廣外來高產作物（如蕃薯、玉米）。「糧食生產以外，棉花、麻、苧的生產也極普遍，各種染料成為農家的一大收入，煙、芋、蔗等作物成為明清的新興行業，其他如果樹、花草、藥材、茶、油料作物以及林木等，也都因地制宜，得到了較快的發展」。另外，各地出現規模大小不一、某種經濟作物的種植專區，如江南的棉、廣東的龍眼、甘蔗、煙葉、青靛。而引進的蕃薯、玉米等糧食作物，由於其高產和對土地氣候要求不高的特性，不僅舒緩明代的人口壓力，且使原先種植糧作的部份土地得以挪出改種經濟作物。

　　在經濟作物種類多樣化和產量增加的背景下，農產品加工業和大宗商品遠距離販售的商業也興盛起來。例如江南的生絲和絲、棉織品主要經由運河系統向外輸出、棉花由山東和河南運入。另一方面，由於江南、福建和廣東大量種植經濟作物，以致有時須由外省輸糧，如江南由湖廣輸入，廣東由廣西輸入。

　　隨著農業市場化的發展，工業製品的手工業也跟著發展起來，如江西景德鎮、廣東石灣、福建德化、浙江處州的陶瓷業；又如蘇州、杭州、南京的絲織業。這些產品遠銷至全國各地和海外市場。明代手工業和經濟都會分布圖參見附錄 D-4。

　　與經濟作物種植、農產加工和手工業發展的同時,商業網絡逐漸發展成熟,形成不同層次、各具功能的市場,逐漸突破地域藩籬,全國市場因而日漸成形,城市的經濟角色(相對作為政治中心)也變得越來越重要,在江南和大運河沿岸許多新興市鎮因之而起。在此背景下,絕大多數研究中國的歷史學家皆同意,中國從 16 世紀起,商品經濟就已達到很不錯的水平,惟所爭議的是商品經濟是否就表彰資本主義。[1]

　　16 世紀後期開始,日本、美洲白銀大量輸入,政府稅收基本上改採白銀徵收,也使得白銀作為一種貨幣,在市場上流通日廣,政府稅收也有可觀增長。即使是這樣,到了 17 世紀初,中國本質上還是個農業國家,農民糧食的生產,首在滿足自身生存的需要。即使是商品經濟最發達的江南地區,農業產出中仍有很大一部份並未進入市場中買賣。[2]

　　明下半葉最具影響力的商品,當首推江南絲綢,其為當時中國最主要的出口品。本章討論江南絲綢產業,不僅是因其為晚明絲銀貿易的直接相關研究課題。並由於過去常有學者將晚明江南絲綢產業的市場化(生產力增長、市場擴大、專業分工等)和中國資本主義社會的發展連在一起。[3]另由於探討中國資本主義萌

---

[1]　R. B. Marks, *Tigers, Rice, Silk, and Silt: Environment and Economy in Late Imperial South China*, Cambridge: Cambridge University Press, 1998, p. 11.

[2]　上述中國國內市場的發展,參見張海英:《明清江南商品流通與市場體系》,上海:華東師範大學,2001 年,第 162-176 頁。

[3]　何順果:〈資本主義萌芽問題新論〉,《北京大學學報(哲社版)》,1998 年第 3 期,第 69-76 頁。以及劉雲村:〈關於中國資本主義萌芽問題的商榷〉,《明清資本主義萌芽研究論文集》,台北:谷風,1987 年,第 105-140 頁:「資本主義萌芽的標誌是民營手工場的出現……『在明朝的記載中,我們還只能在江南地區的絲織業中偶然看到了個別手工工場的出現,而在清朝的記載中,我們就不僅在江南地區的絲織業中,並且在其他地區的其他行業中,都可以看到也個別類似手工工場生產組織的出現』」。

芽，對外貿易是一個不可忽略、但較少論及的因子，[4]且有學者進一步認為，明、清改朝換代所造成的貿易衰退，是造成江南絲綢業資本主義萌芽夭折的主因。[5]換言之，江南絲綢業發展和絲綢出口與過去一個非常重要的研究主題：資本主義萌芽有關；除此，不難理解絲綢出口對晚明江南絲綢產業發展應有顯著影響。

　　資本主義萌芽指的是出現了資本主義的生產方式（工業/手工業資本家雇用身分自由的勞工進行生產）。[6]對中國資本主義萌芽（廣義而言，從封建社會到資本主義社會的過渡）問題的探討，可以回溯到 1930 年代，其後，曾幾次引起大規模的討論熱潮。1985 年，許滌新、吳承明主編出版的《中國資本主義的萌芽》一書，「標志著資本主義萌芽問題的研究達到了一個新的高峰」。[7]但大約從 1990 年起，資本主義萌芽研究開始出現反思，學界傾向認定資本主義萌芽並未在近世中國出現。雖然此議題仍具重要性，卻由於一些因素，研究盛況不再。這些因素包括：「資本主義萌芽研究的整個理論架構在 80 年代中期，已經完全定型，以後不見再有發展；同時在史料的發掘方面也未出現突破」；以及「以往資本主義萌芽研究所賴以進行的理論基礎—五種生產方式論，現在變成了需要重新探討的問題」。[8]

---

[4]　Y. C. Wang, 'Notes on the sprouts of capitalism', in A. Feuerwerker ed. *Chinese Social and Economic History from the Song to 1900*, 51-57, Ann Arbor: Center for Chinese Studies, University of Michigan, 1982.

[5]　劉小魯：：〈貿易收支、銀貨危機與明末資本主義萌芽的夭折〉，《蘇州科技學院學報（社會科學）》，2003 年第 3 期，第 102-106 頁。

[6]　劉永成：〈論中國資本主義萌芽的歷史前提〉，《明清資本主義萌芽研究論文集》，台北：谷風，1987 年，第 1-29 頁。

[7]　仲偉民：〈資本主義萌芽問題研究的學術史回顧與反思〉，《學術界》，2003 年第 4 期，第 223-240 頁。以及 A. Dirlik, 'Chinese historians and the Marxist concept of capitalism', *Modern China* 8: 1 (1982), 105-132.

[8]　李伯重：〈英國模式、江南道路與資本主義萌芽〉，《理論與方法》，2001 年第 1 期，

　　雖然目前仍有學者認為中國的資本主義萌芽出現於明清時代，其中以江南的絲織業最具代表性。[9]但現今學術界的多數看法如下：第一、五種生產方式論[10]本身受到質疑，中國資本主義萌芽因而變為一個偽問題。[11]第二、鴉片戰爭前的帝制中國並沒有發生資本主義萌芽；近代化萌芽或是市場經濟擴大發展應是較資本主義萌芽更為適當的語詞。[12]第三、資本主義雖可說是從市場經濟擴大發展而來，但市場經濟僅為資本主義發展的一項重要必要條件。附帶一提，布勞岱爾（Braudel）認為人類對商品的供給和需求強化市場機制，市場運作也同時增長供需的數量，在這樣一個互為因果的良性循環下，最後市場的發展漸漸把世界朝向一個整合的經濟體邁進。[13]不過，市場經濟（包括商業、分工、

第 116-126 頁。

[9]　孟祥才：〈中國資本主義萌芽問題斷想〉，《山東大學學報（社科版）》，2002 年第 3 期，第 1-4 頁。

[10]　馬克思認為人類社會的發展，從最早的原始共同體到亞細亞社會（納貢制），再到古代奴隸社會，然後到封建社會，接下來到資本主義社會，最後經過社會主義社會階段後，變成共產主義社會。參見鹽澤君夫、近藤哲生：《經濟史入門》，台北：麥田，2001 年，第 45-48、144-151 頁。另外，1939 年，毛澤東在《中國革命和中國共產黨》提到：「中國封建社會內的商品經濟的發展，已經孕育著資本主義的萌芽，如果沒有外國資本主義的影響，中國也將緩慢地發展到資本主義社會」，參見仲偉民：〈資本主義萌芽問題研究的學術史回顧與反思〉，《學術界》，2003 年第 4 期，第 223-240 頁。

[11]　「我想補充說的是：馬克思的五種社會經濟形態是歷史哲學的命題，不是經濟史的命題」。參見吳承明：〈經濟學理論與經濟史研究〉，《中國經濟史研究》，1995 年第 1 期，第 1-7 頁。

[12]　朱華：〈中國資本主義發生條件再探討〉，《上海行政學院學報》，2001 年第 1 期，第 43-54 頁。江太新：〈關於資本主義萌芽問題討論二三事〉，《中國經濟史研究》，2003 年第 3 期，第 14-24 頁。順帶一提，吳承明修正了他先前的看法，他表示：「資本主義是可以逾越的，市場經濟卻不能逾越。越過了，還得補課……因此，我想提出，在歷史研究上，不要提研究資本主義萌芽了」。參見吳承明：〈要重視商品流通在傳統經濟向市場轉換中的作用〉，《中國經濟史研究》，2004 年第 2 期，第 1-2 頁。

[13]　F. Braudel, *After Thoughts on Material Civilization and Capitalism*, Baltimore: Johns Hopkins University Press, 1977, pp. 79-116.

市場和追求利潤）並不等同資本主義，還要有其他條件的配合，資本主義才會從市場經濟裡萌芽成長。[14]

　　綜上所述，15 世紀下半期到 19 世紀上半期的四百年間，明清中國的市場經濟日漸擴大，已為學者共識。過去傾向用資本主義萌芽來解釋這段時期中國經濟整體變化的趨勢，[15]而目前多數學者認為僅是發生了沒有資本主義的商業化（commercialization）。[16]例如范毅軍考察明代的江南市鎮，發現江南經濟的發展顯現數量的增長，但質的改變可能極微。[17]不過不論如何，晚明江南的絲綢產業，出現了既深且廣的市場化/商品化現象，[18]此一狀況和絲綢出口的關係密不可分，詳見下述。

---

[14] 沈宗瑞：《略論資本主義的歷史與發展》，台北：幼獅，1993 年，第 82-89 頁。德·索托：《資本的祕密》，台北：經濟新潮社，2001 年，第 19-29 頁。程洪、羅翠芳：〈試論中西 16 世紀商業資本的不同命運〉，《武漢教育學院學報》，2000 年第 5 期，第 55-63 頁。石錦：〈明清間農業結構的轉變〉，《新史學》，1990 年創刊號，第 97-105 頁。張和平：〈從韋伯的社會假說看資本主義萌芽與清代中國社會〉，《中國社會經濟史研究》，1998 年第 1 期，第 85-95 頁。唐力行：《商人與中國近世社會》，台北：台灣商務，1997 年，第 66-69、322 頁。

[15] 邱澎生：〈十八世紀雲南銅材市場中的官商關係與利益觀念〉，《中央研究院歷史語言研究所集刊》，2001 年第 72 本第 1 分，第 49-119 頁。

[16] R. B. Marks, *Tigers, Rice, Silk, and Silt: Environment and Economy in Late Imperial South China*, Cambridge: Cambridge University Press, 1998, pp. 11-12.

[17] 范毅軍：〈明中葉以來江南市鎮的成長趨勢與擴張性質〉，《中央研究院歷史語言研究所集刊》，2002 年第 73 本第 3 分，第 443-552 頁。以及范毅軍：〈明代中葉太湖以東地區的市鎮發展與地區開發〉，《中央研究院歷史語言研究所集刊》，2004 年第 75 本第 1 分，第 149-221 頁。

[18] 晚明中國經濟高度的市場化已是一個普遍現象，背後驅動力幾乎完全來自中國內部的動力。由 9 位大陸學者共同參與的國家社科基金項目《晚明社會變遷研究》總結：「大量史料證明，明朝前後期具有迥然不同的社會面貌⋯⋯總的來說，根據對晚明整體社會實態的綜合考察，我們認為一個單一的農業社會結構，在晚明正向多元社會結構轉變⋯⋯不僅是貨幣經濟發展進入了一個新階段，而且是市場作用擴大到前所未有程度」。參見萬明：〈晚明社會變遷〉，《中國文化研究》，2004 年第 1 期，第 2-4 頁。晚明江南絲綢產業的特殊性，不僅是因其為當時市場化/商品化程度最深的，另也由於它的發展受到海外市場很大的影響，參見後述。

第二節 晚明江南的絲綢產業

江南的地理位置「北界長江，南臨杭州灣，東濱海，浩瀚的太湖鑲在其中，大體相當於長江三角洲範圍，包括今南京、鎮江、常州、無錫、蘇州、上海、嘉興、湖州和杭州等 1 個直轄市、8 個省轄市的區域，面積四萬多平方公里」。[19]江南明代屬南直隸和浙江布政使司，包括應天、鎮江、常州、蘇州、松江、杭州、嘉興、湖州等 8 府。江南的簡圖參見附錄 D-4。

江南對外交通，非常便利發達，處於全國內陸水運網的中心，明季對外聯繫的兩條主要水路通道以大運河為主、長江為輔（水運較陸運便宜）。大運河為當時中國南北貨運最重要的運輸管道，其航運運費為陸路運費的 70%；宜昌到上海之長江通航條件極佳，運費非常低廉，清光緒（c. 1900）某一英國人的一份報告顯示，長江大木帆船的運費僅為陸運的 1/20 到 1/30。另一方面，雖然明季江南和西方極少有直接接觸，但透過福建和廣東，間接和遠東國際海運貿易產生密切關連。[20]江南的商品（特別是絲綢）遍及全國，並銷往日本、歐洲、經馬尼拉到西屬美洲。

江南輸入和輸出的商品種類繁多，其中最重要的輸入商品有下列幾項：稻米、棉花、鐵與鐵器、木材；重要的輸出商品包括蠶絲、絲織品、棉布。[21]這些商品中，生絲和絲織品尤為重要，絲具重量輕和價格昂貴的特性，非常適合遠距販賣。

江南的蠶桑業從北宋起開始有了較大發展，到明中葉，除江南之外，只有在其他少數地區還存有一些規模不大的絲織產業。

---

[19] 范金民、金文：《江南絲綢史研究》，北京：新華，1993 年，第 1 頁（前言）。
[20] 李伯重：《發展與制約》，台北：聯經，2002 年，第 363-370 頁。
[21] 李伯重：《發展與制約》，台北：聯經，2002 年，第 372 頁。

到了明末，內陸的絲織業基地幾已名存實亡。即使福建、廣東等地出口海外的絲綢，也多由江南轉運而來。可說至少在清中葉以前，江南生產了全中國絲綢的極大部份。[22]

明代絲織品的品質，在前代的基礎上，有所提高，但價格卻下跌，以銀計價之明代江南的絹價較之宋代，低了近 60%，若考慮兩朝白銀不同的購買力，以糧價來計算，也低了 11%。另一方面，產量較之前朝也有大幅增加。在價跌量增的條件下，明代絲織品，不再僅是供皇家御用和賞賚品，也流入民間市場，供給官僚、地主、士大夫和商人穿用。[23]然而即使是產地的江南，一般農民還是穿不起絲織品，有「湖絲雖遍天下，而湖民身無一縷」的說法。[24]

一、官營織造局

明代的官營織造局，可分成中央和地方兩個系統。中央織造局專供上用，包括南京內織染局、神帛堂、留京供應機房，以及北京外織染局。明初在浙江、南直隸等 8 省設立了共 23 個地方織造局，其中江南 8 府中，除常州外，其餘各府皆設織造局。地方織造局（蘇杭兩局除外）所造緞匹，主要作為賞賜和西北貿易之用。到了明中葉，江南地區以外其他地方的絲織業，皆已衰落，於是官方織造局尚正常運作的僅剩江南織造局，其中以蘇州、杭州、南京最為重要。

---

[22]　李伯重：《發展與制約》，台北：聯經，2002 年，第 377-385 頁。

[23]　許滌新、吳承明：《中國資本主義的萌芽》，北京：人民，1985 年，第 147 頁。

[24]　任克：〈明代絲織業中出現資本主義萌芽的原因淺探（下）〉，《蘇州絲綢工學院學報》，1999 年第 1 期，第 77-80 頁。

　　由於每年朝廷派織的數量，通常超過織造局的生產能量，所以就必須依靠民間機戶領織。所謂領織，就是官府支付費用，通過中間包攬人，利用民間織機為其進行織造工作。在層層剋扣後，發到機戶手中的酬勞所剩不多，有時甚至幾乎只給付象徵性的酬勞，因此民間機戶即使不發生虧損，也常無任何利潤可言。在 15 世紀下半葉，領織就已出現在江南，其後，領織生產日形重要。16 世紀 70 年代起，額定數量之外的加派，日益頻繁，成為定例。由於加派的數量龐大，官方局織的產量遠遠無法應付，到了 17 世紀，民間領織成為上貢的主要模式。[25]

二、江南的絲綢市場與專業市鎮

　　參與江南絲綢貿易的商幫，主要有山西商人、徽商、江浙商人、福建商人和廣東商人。福建、廣東商人除參與國內貿易外，還經營海外絲綢貿易。[26]「明後期的商人資本，二、三十萬兩的算中賈、五十萬兩以上的算大賈、最大的有達一百萬兩的，這就很少了」。[27]

　　明季江南的植桑養蠶集中在太湖流域的杭州、嘉興、湖州的平原地區，以及蘇州的太湖沿岸區域（直至鴉片戰爭前都是如此），特別是湖州所出產的湖絲，遠近馳名，有「湖絲遍天下」之稱。根據著於明末《沈氏農書》和清初《補農書》的記載，江南農民植桑養蠶所獲之利潤要高於種稻，於是桑田種植面積日

[25] 彭澤益：〈從明代官營織造的經營方式看江南絲織業生產的性質〉，《明清資本主義萌芽研究論文集》，台北：谷風，1987 年，第 380-427 頁。以及范金民、金文：《江南絲綢史研究》，北京：新華，1993 年，第 103-124 頁。

[26] 范金民、金文：《江南絲綢史研究》，北京：新華，1993 年，第 244-248 頁。

[27] 許滌新、吳承明：《中國資本主義的萌芽》，北京：人民，1985 年，第 105 頁。

廣，農戶多採蠶桑、稻作的混合經營方式。[28]

　　明中期前，絲織業主要集中在江南的蘇州、杭州、南京城內。以正德《江寧縣志》的記載為例，「其時南京有 104 種鋪行，其中直接屬於絲綢鋪行的，就有段子、表綾、絲棉、布絹、改機、腰機、包頭、紵絲、羅、紗、緞紗等 11 種，如果加上顏料、染坊、金線等間接與絲綢有關的鋪行、種類就更多」。[29]可見南京城內絲織業極為興盛，專業分工很細，蘇、杭等城市應該也是類似情形。至於專業市鎮的絲織業，要到明下半葉才發展起來。

　　隨著江南絲綢交易的熱絡，一些太湖流域周遭新興的絲綢專業市鎮，在明中期以後，慢慢興起。依經營性質，分成絲業市鎮和綢業市鎮兩類。明季著名的絲業市鎮包括蘇州府吳江縣震澤鎮，湖州府烏程縣南潯鎮，湖州府烏程縣烏鎮和嘉興府桐鄉縣青鎮（兩鎮一水之隔、合稱烏青鎮），湖州府歸安縣菱湖鎮，湖州府德清縣新市鎮，湖州府崇德縣石門鎮，杭州府塘棲鎮、杭州府臨平鎮。著名的綢業市鎮有蘇州府吳江縣盛澤鎮、嘉興府桐鄉縣濮院鎮（與秀水縣合轄），嘉興府秀水縣王江涇鎮，湖州府歸安縣雙林鎮、杭州府海寧縣硤石鎮。這些市鎮構成了絲織業的貿易網絡，江南絲綢從這些市鎮向海內外輸出。[30]下述以震澤鎮的發展進程，來見證這些絲綢市鎮的興起。

　　震澤鎮臨接太湖，元代時僅為住有數十戶的一個小商業鄉鎮，[31]後規模日漸成長，16 世紀中葉，發展成居民約千家的大鎮，

---

[28] 樊樹志：《明清江南市鎮探微》，上海：復旦大學，1990 年，第 188-195 頁。

[29] 范金民、金文，《江南絲綢史研究》，北京：新華，1993 年，第 199 頁。

[30] 樊樹志：《明清江南市鎮探微》，上海：復旦大學，1990 年，第 199-207 頁。

[31] 《姑蘇志‧鄉都》載「今制聯民有鄉、里、都、圖、區、保之名……郊外居民所聚謂之村，商賈所集謂之鎮……吳縣鄉二十四、圖二十七、都三十七……震澤鄉閻城里在東洞庭、管都一〔都二十八〕」。

17 世紀中葉，人口再增長成為二、三千家，1725 年置震澤縣。[32] 鎮澤鎮四周的農村多以養蠶、繰絲為業，[33]所繰之絲，售于震澤鎮鎮上的商店，再轉銷到其他地區。

絲綢專業市鎮由牙行、行商和機、染坊所構成。牙行包括了絲行（收購農家所產蠶絲）和綢莊（收購農家和鎮上機戶所產的絲製品），以現在的語詞言之，就是鎮上的商店，作為生產者與客商之間的中介。牙行所收購的絲綢，客商（外地商人）購買後，行銷到全國和海外市場。[34]

種桑養蠶的專業分工，最遲出現在明中期。桑葉的商品化，包括桑秧和桑葉的買賣。為了縮短栽種到採葉的時間（自種須 7 年，買桑秧只要 3 年），因而出現桑秧市場。另有些養蠶農戶生產了過多桑葉，有些會有不足的情形，因此在桑葉市場（葉市）有餘者賣出、不足者買入，最後甚至出現了專門種桑的農戶。桑葉市場在太湖流域周遭很普遍，尤以烏青鎮、雙林鎮、濮院鎮最為著名。鎮上的牙行從桑戶購進桑葉，再將之出售給蠶戶。蠶種製造和養蠶的分工，則到了清中葉才開始較為普遍。[35]

三、江南民間絲綢的生產方式

勞動分工和專業化的發展是推動明清江南經濟發展的主要力量。分工和專業化提高生產效率，降低成本，而市場規模的

---

[32]　《震澤縣志・疆土四》載：「明成化中至三、四百家，嘉靖間倍之而又過焉，迄今貨物並聚，居民且二、三千家」。《吳江縣志・序》載：「吳江自雍正三年，析置震澤縣，而地止存其半」。

[33]　《震澤縣志・風俗、生業》載：「植桑尤多，鄉村間殆無曠土……凡折色地丁之課，及夏秋日用皆惟蠶絲是賴」。

[34]　樊樹志：《明清江南市鎮探微》，上海：復旦大學，1990 年，第 207-214 頁。

[35]　范金民、金文：《江南絲綢史研究》，北京：新華，1993 年，第 89-93 頁。

持續擴大消納了日增的產出，[36]上述正是江南絲織業的寫照。有關專業分工的情形，許滌新、吳承明有以下陳述：「不用說染色、練白、另有專業；即紡經、穿綜、也多另覓熟手，否則貽工費時，不利競爭。單就機織來說，普通絹綢，也要夫織妻絡；若織較高級的產品，須另有人挽花，一般要一機三人。所以如果要擴大再生產，有上兩三張機，即須雇人幫工」。[37]另外，《濮院瑣志》卷一提到濮院鎮絲織業專業分工的情況，分成絡絲、織工、挽工、牽經、刷邊、運經、扎扣、接頭、接收、修綢、難莊等工序，技術勞工「或人兼數事，或專習一業」。[38]絲織業專業分工的生產模式，為擁有專門技能勞工的出現和雇工生產提供了基礎。

從明中葉起，不只是在像蘇、杭、南京這樣的大城市，甚至在江南絲綢專業市鎮附近的農村，都出現了雇人挽織的情形。乾隆《震澤縣志》卷 25 有以下記載：「綾紬之業，宋元以來，惟郡人〔蘇州人〕為之。至明熙、宣〔1425-1435〕間，邑民始漸事機絲，猶往往雇郡人織挽。成宏〔成弘〕以後〔1465-1505〕，土人亦有精其業者，相沿成俗，於是震澤鎮及其近鎮各村民乃盡逐綾綢之利。有力者雇人織挽；貧者皆自織，而令其童稚挽花」。

《明神宗實錄》載：「機戶出資，織工出力，相依為命久矣。……〔織工〕得業則生，失業者死。臣〔曹時聘〕所睹記：染坊罷而染工散者數千人，機戶罷而織工散者又數千人，此皆自食其力之良民也」。[39]由此可見，在 16 世紀末，蘇州的絲織業已

---

[36] 李伯重：〈英國模式、江南道路與資本主義萌芽〉，《理論與方法》，2001 年第 1 期，第 116-126 頁。

[37] 許滌新、吳承明：《中國資本主義的萌芽》，北京：人民，1985 年，第 153-154 頁。

[38] 樊樹志：《明清江南市鎮探微》，上海：復旦大學，1990 年，第 215-216 頁。

[39] 《明神宗實錄》卷 361，萬曆 29 年 7 月丙申。

普遍存在手工作坊，雇用上千、甚至上萬的勞工，這些勞工除專業技能外，應無其他謀生方式。另外，晚明絲綢專業市鎮也已形成絲綢專業的勞動市場，例如，濮院鎮上每日都有大批的待雇織工和拽工集中於鎮上的太平巷；《濮州所聞記》記載：「太平巷，本福善寺，西出正道。闔鎮織工，拽工，每晨集此以待雇」。[40]

　　從事生產的資本家來源有二，一是從原先的小生產者轉變而來。《醒世恆言》卷18〈施潤澤灘闕遇友〉有如下記載：

> 蘇州府吳江縣離城七十里，有個鄉鎮，地名盛澤，鎮上居民稠廣，土俗純樸，俱以蠶桑為業。男女勤謹，絡緯機杼之聲，通宵徹夜。那市上兩岸綢絲牙行，約有千百餘家，遠近村坊績成綢匹，俱到此上市。四方商賈來收買的，蜂攢蟻集，挨擠不開，路途無佇足之際；乃出產錦繡之鄉，積聚綾羅之地⋯⋯嘉靖年間〔1522-1566〕，這盛澤鎮上有一人，姓施名復，渾家喻氏，夫妻兩口別無男女。家中開張綢機，每年養幾筐蠶兒，婦絡夫織，甚好過活⋯⋯那施復一來蠶種揀得好；二來有些時運。凡養的蠶，並無一個綿繭，繅下絲來，細圓勻緊，潔淨光瑩，再沒一根粗節不勻的。每筐蠶，又比別家分外多繅出許多絲來。照常織下的綢拿上市去，人看時光彩潤澤，都增價競買，比往常每匹平添錢多銀子。因有這些順溜，幾年間，就增上三、四張綢機，家中頗為饒裕⋯⋯夫妻依舊省吃儉用，晝夜營運。不上十年，就長有數千金家事。又買起左近一所大房屋居住，開起三、四十張綢機。

---

[40] 樊樹志：《明清江南市鎮探微》，上海：復旦大學，1990年，第214-216頁。

施復雖然是小說人物，但作者馮夢龍為明末當代人，所寫之《醒世恆言》應是取材於真實的社會情況，可據此推測施復為當時盛澤鎮的一個縮影。他辛勤工作，用了 10 餘年的光景，累積數千金的資本，將生產規模從原先的一張綢機，增加到 30-40 張。

另外，原先從事商品買賣或借貸的商人，也有跨業進入生產領域的。例如胡有松，「『往來二邑〔浙江崇德與蘇州〕間，貿絲織繒綺，通賈販易，竟用是起其家』。胡式既買絲，又利用織工織綢，再出賣成品，獲取商業和工業的雙重利潤」。[41]另一個例子是大海商鄭芝龍，根據《巴達維亞城日記》1640 年 12 月的記載，鄭芝龍雇用工人在安海為其生產製造絲織品。

> 馬狗〔澳門〕之景氣亦甚不佳，據商人韓布安（Hambuan）來台窩彎〔台灣安平〕所談云，彼等處境非常窮困，一般商人為營小貿易，不得不變賣寶石及金銀首飾等物，又因食品高貴，貧民難以生活，金錢甚缺乏，故中國人多回中國，而貨品雖皆養給於中國而進口甚少，官員一官〔鄭芝龍〕令自廣東及澳門帶織布工人一百五十戶至安海街計畫在此就業。[42]

四、小結

綜合上述這些現象（廣大市場、細密的專業分工、江南市鎮的手工作坊、手工業資本家和自由身分的專業雇工），加上因對資本主義的定義不同、或將發生資本主義的必要條件視為足夠證據，1990 年以前許多學者認為，晚明江南地區的絲綢產業已經

---

[41] 范金民、金文：《江南絲綢史研究》，北京：新華，1993 年，第 215 頁。

[42] 郭輝、王世慶譯：《巴達維亞城日記》，台中：台灣省文獻委員會，1990 年，第 248 頁。

出現了資本主義萌芽，而目前傾向以近代化萌芽和市場經濟深化來概括。但不論如何，這些現象至少反映了晚明江南絲綢業商品化的程度既廣且深，出現了和之前大不相同的面貌。

第三節　晚明中國絲綢產業生產毛額的估算

生產毛額的計算，只計入最終產品的市場價值。因此，若生絲只用於國內生產的中間投入，則不列入計算。所以，中國絲綢產業的生產毛額，為銷往國內市場絲織品的市場價值，加上銷往國外市場絲貨（生絲和絲織品）的市場價值。另外，將江南絲綢產業和中國絲綢產業劃上等號，這當然只是近似的事實。

一、江南絲綢的海外輸出額估算（1600、1637）

根據前述，1600 年，一艘從澳門赴日貿易的葡萄牙大帆船，載運約 550 擔的生絲和絲織品若干，兩者合計大概佔所有船貨的 6 成。廣州購進價/中國國內售價為 81,938 兩。

澳門赴日貿易的船隻數，1596-1605 年，分別為 1、1、3、0、1、0、1、0、1、1 艘，共計 9 艘，平均每年 0.9 艘，因此葡澳在 1600 年左右，每年輸日的絲貨，以中國國內售價計大概為 73,744 萬兩。

全漢昇指出 1588 年前後，中國輸往菲律賓的貨品中，95%為絲貨，因此保守估計在 1600 年前後，絲貨佔中國出口至菲律賓全部貨品價值的 90%。1596-1605 期間，中國商品平均每年輸往菲律賓的商品金額為 115 萬兩，絲貨因之為 103 萬兩，若毛利潤為 100%，則絲貨離岸價/國內售價為 52 萬兩。

1600 年前後，葡萄牙人每年大概將在澳門/廣州價值 24 萬兩的絲貨運往印度洋/歐洲。

將上述葡澳運往日本、印度洋／歐洲，以及中國商人輸往菲律賓的生絲、絲織品加總，則 1600 年前後，每年江南生產的生絲和絲織品，以國內售價計算，銷往國外的金額大概為 83 萬兩。

明季中國的對外貿易在 1637 年達於巔峰，商品離岸價總值為 573 萬兩。1637 年葡澳輸日的船貨資料顯示絲貨佔中國商品的 9 成、輸菲的比例可能和此一比率約略相同、荷蘭東印度公司輸日的比例則為 6 成，據此保守推估絲貨佔中國出口商品總值的 7 成 5，則中國/江南絲貨的離岸價值/國內售價為 430 萬兩。中國生絲的日本進口價，1600 年為每擔 145 兩、1637 年為每擔 287 兩，上漲了 98%。因此 1637 年江南絲貨出口總值達 217 萬兩（以 1600 年中國國內價格計算），為 1600 年時的 2.6 倍。[43]

二、范金民的江南絲綢產量估算

范金民根據江南官營和民間織機的數量，以及織機的單位產量與絲織品的市場價格，估計 1600 年前後，每年江南投入長程貿易和上貢的絲織品之市值在 50 萬兩左右，其中 38 萬兩進入長程市場流通、12 萬兩上貢。詳請參見下述引文。[44]

---

[43] 這裡的估算相當粗略，作者假設在日本的絲價漲幅和巴達維亞、馬尼拉兩地的漲幅相當。考慮套利（arbitrage）原理，這個假設雖不中亦不遠矣；不計諸如運費等的因素，若某一產品在 A 地的價格高於 B 地的價錢，商人會將此一商品從 B 地運至 A 地，則 A 地供給增加，價格下跌，而 B 地恰好相反，最後直至兩地價格相等為止。

[44] 范金民、金文：《江南絲綢史研究》，北京：新華，1993 年，第 251-252 頁。

明代在江南的中央織局約有織機 500 張，額定織造每年
約為六千匹；地方六個織染局約有織機 1150 張，額定
歲造 10550 匹，中央和地方織局每年額定織造約為一萬
六千五百五十匹。明後期向江南大規模加派絲織品，據
估計自萬曆三年〔1575〕至天啟四年〔1624〕的 50 年
中，不計改造中的歲造部份，平均每年約為一萬五千八
百餘匹。加派緞匹顯然實際上是由民機生產的，但名義
上是官營織局完成的，也就是說可以視為官營生產部
份。歲造和加派兩項，合計約為三萬兩千匹。這類緞匹，
如一律以江南歲造緞匹每匹 3.97 兩計算，則達十二萬
七千餘兩銀。實際用銀因加派緞匹均高於歲造緞匹而可
能高一些。明後期江南民間織機大約是官局織機的 3
倍，如果生產能力大體相當，則每年可能達十萬匹左
右，價值約三十八萬餘兩。考慮到民間生產的檔次一般
不會有官局那麼高，每匹綢緞的實際造價要低得多，如
以明後期絹每匹為 7 錢，綢約為 1 兩計，那麼明後期江
南投入商品流通的三十八萬餘兩銀的綢緞約為絹 54 萬
匹，或綢 38 萬匹，或繰絲 10 萬匹。

　　上述范金民的估計，似乎只包含官織造局和蘇、杭、南京等
民間獨立機戶的產量，可能並未包括政府鞭長莫及的新興市鎮和
農村家庭的生產，所以應該低估了絲織品的產值。另如果考慮絲
織品的出口金額（大概佔絲貨出口金額的 4 成），范金民 38 萬兩
的數字，顯得極不合理。

三、由 1840 年的資料推估

吳承明估計中國在鴉片戰爭前（約 1840 年）多項商品的流通量，其中生絲為 1,022 萬兩、絲織品 1,455 萬兩（全用以內銷）。出口生絲價值 225.2 萬兩，進入國內市場流通的生絲價值 796.8 萬兩（國外和國內之比約為 2:7）。[45]

以上數字，看起來比晚明的數字大很多，但考慮絲價上漲和人口增加因素，實質差距就沒有那麼大了。英國東印度公司購買湖絲的價格，1699 年為每擔 137 兩，1766 年為 265 兩，到了 19 世紀的七八十年代，絲價增至 400 兩以上。[46]因此在 1840 年左右，湖絲的國內售價可能為每擔 350 兩，另約在 1600 年，葡澳白絲在廣州的進價為每擔 80 兩，1600 年到 1840 年，上漲 337.5%。所以，以 1600 年的價格計算之 1840 年左右，中國的生絲產值約為 234 萬兩，其中價值 52 萬兩的生絲外銷，182 萬兩銀的生絲內銷，用以進一步加工製作絲織品，國內絲織品消費量為 333 萬兩。

中國人口在 1600 年約為 15,000 萬。1820 年為 38,310 萬、1851 年為 43,610 萬，[47]因此，1840 年的中國人口大概為 41,730 萬人，為 1600 年的 2.78 倍。假設 1600 年和 1840 年，中國的人均生絲及絲織品的消費量大概相同，[48]則 1600 年，中國國內生

---

[45] 許滌新、吳承明：《中國資本主義的萌芽》，北京：人民，1985 年，第 284 頁。

[46] 樊樹志：《明清江南市鎮探微》，上海：復旦大學，1990 年，第 218-221 頁。

[47] 曹樹基：《中國人口史‧第五卷清時期》，上海：復旦大學，2001 年，第 832 頁。

[48] 「或許宋代中國為一可能的例外，我相信從西元前 2 世紀到 19 世紀，中國和歐洲的經濟變化，以近現代經濟成長稱之應相當合理，亦即個人平均所得無增加的成長。從唐、宋到 19 世紀，中國經濟歷史的特性為『結構穩定的成長』」，參見 A. Feuerwerker, 'Presidential Address', *The Journal of Asian Studies* 51:4 (1992),

絲內銷量價值為 65 萬兩、絲織品消費量為 120 萬兩，換句話說，大概以價值 65 萬兩的生絲，產製了價值 120 萬兩的絲織品，[49]供國內市場消費。

由於計算生產毛額時，為避免重複計算，只計入最終商品的價值（生絲的價值已包含在絲織品的價值裡），因此絲綢產業生產毛額的內銷部份約為 120 萬兩。明代人口在 1600 年前後到達頂峰，1630 年以後，開始減少，[50]可據以認定明代的 GDP 在 1600 年前後達到最大，之後大略持平，1630 年以後下滑。所以在明末的 1630 年代，以 1600 年價格計，應比這個數字小一些，不過下面仍採用 120 萬兩這個約略之數。

四、小結

由於晚明中國的生絲幾乎都產於江南，絲織品的大部分也產自江南，為便於分析，作者粗略假定江南的絲貨生產等同於中國的絲貨生產。以 1600 年中國國內價格計算，作者推估得出以下結論：1600 年，江南絲綢產業生產毛額為 203 萬兩，國內市場

757-769. 所以這裡假設 1600-1840 年間，中國絲綢人均消費量沒有太大的變化。

[49]　《沈氏農書・蠶務》載：「〔農家〕婦人兩名，每年織絹一百二十疋，每絹一兩平價一錢，計得價一百二十兩。除應用經絲價七百兩、該價五十兩，緯絲五百兩、該價二十七〔二十五？〕兩，籰絲錢〔線〕、家火〔傢伙〕、線臘五兩，婦人口食十兩，共九十兩數，實有三十之息」。經絲、緯絲合計價值約 75 兩。《沈氏農書》是一本記載明末清初浙江嘉湖地區農業生產的地方性農書，反映了明清之際當地農業技術和經營管理的發展水平。范金民、金文在《江南絲綢史研究》頁 216 陳述：「明末湖州沈氏的絲織經營規劃……沈氏為了掩蓋剝削量，很明顯有意抬高了絲價，以致高達每兩 7 分 2 厘 5 毫」。因此，本文推估以價值 65 萬兩的生絲為原料，製造了最終價值 120 萬兩的絲綢，應是在合理範疇內。

[50]　1630 年以後的人口下滑，參見曹樹基：《中國人口史-第四卷明時期》，上海：復旦大學，1997 年，第 451-452 頁。

和國外市場分別佔 120 萬兩和 83 萬兩。1637 年，江南絲綢產業生產毛額為 337 萬兩，國內市場和國外市場分別佔 120 萬兩和 217 萬兩。

第四節　摘要

資本主義萌芽指的是出現了資本主義的生產方式，1990 年前多數學者（現在仍有少數學者）認為中國資本主義萌芽發生在明季後期的絲綢產業。目前，學術界較傾向認定資本主義從未在近代中國的明、清兩朝發生萌芽。

不論江南的絲綢業在明代後期是否出現資本主義萌芽，但是明代後期的絲綢產業的確出現一些與前朝極不相同的特色。臚列如下：第一、絲織品種類增加和品質提升；第二、價跌量增；第三、絲綢專業市鎮出現，絲織業從大城市擴散到市鎮和農村；第四、從商業資本延伸或是小生產者分化，出現了工業/手工業的資本家；第四、身分自由的專業勞工出現，勞動市場形成。這顯示其市場化/商品化的程度非常高。

晚明絲綢產業市場化/商品化的發展，從生產毛額的估計結果發現，國外市場的重要性即使不高於國內市場，應至少不亞於國內市場的影響。作者估計，以國內價格計算的絲綢產業生產毛額，在 1600 年，國外市場為國內市場的 7 成，但其後隨著國外市場的成長，到了 1637 年（中國出口的高峰），國內市場僅是國外市場的 55%。1600-1637 年，國內市場需求大概沒有太大變化，而實質出口量增加 161%。

晚明，中國/江南絲綢產業，平均每年的生產毛額大概為兩百萬兩（以 1600 年中國國內售價計算），國外市場的貢獻度約為

50%。晚明（c. 1600）的國內生產毛額約為 1,000 百萬兩，絲綢產業的生產毛額僅為國內生產毛額的 0.2%，絲綢出口金額僅為0.1%。顯而易見，晚明中國絲綢出口，對江南絲綢產業的發展有很大影響。至於對整體經濟的影響，根據前幾章的內容，得知每年海外絲綢貿易的狀況變化很大，白銀輸入的數量因之起伏很大，以致貨幣供給額的增加率極不規律，這應多少會對江南經濟、甚至中國經濟產生負面衝擊 – 至少短期會是如此。[51]

---

[51] 根據現代貨幣理論，貨幣供給額的增加，必須配合經濟發展的狀況，盡量穩定，不規則和不可預測的貨幣供給變動率對經濟會有很大傷害。這是經濟學基本概念，參見任何總體經濟學教科書，關於貨幣學派的章節內容。

第七章　結語

第一節　歷史回顧和主要研究發現

　　中國在宋、元時期，就已有商船前往印度洋進行貿易，到了 15 世紀初，鄭和率領龐大的艦隊七次遠航，最遠曾抵達非洲的東岸，中國的海外擴張活動於此時達到頂點。[1]但因明廷財政困難和鄭和遠航所帶來的經濟效益遠遠無法和所花的龐大成本相比，中國官方從此就未再派遣艦隊出訪。除此，鄭和遠航對整個世界幾乎沒有產生任何影響，這和西方的海外探險形成強烈對比。[2]

---

[1] Gavin Menzies 最近提出新見解，引發很多爭論。他的重要結論有二：第一、1421-1423 年，鄭和的分遣艦隊發現了美洲新大陸和澳洲，另一支分遣艦隊曾繞過好望角；第二、西歐探險家隨後能發現新航路，多虧了中國繪製的地圖幫助。「我〔Menzies〕的研究證實十五世紀初，中國艦隊確實進行過多次探勘之旅。最後一次，也是規模最壯大的一次，有四組艦隊編組為一個龐大的艦隊群，於一四二一年初出發。完成旅程的船當中，最後幾艘於兩年後的夏秋回到中國。之間他們航行過什麼地方，至今沒留下過記錄。但是那些海圖顯示他們不只是繞過了好望角，他們還橫越大西洋以測繪匹奇嗄諾一四二四年地圖上的島嶼。此外，他們又探勘了南北極、南北美洲、以及橫越大西洋到達澳洲。他們解決了計算經緯度的問題，並以同樣的精確度測繪地圖和星圖……哥倫布、達迦馬、麥哲倫、庫克船長在他們之後得到相同的『發現』。但他們都心知他們是在跟隨前人走過的路線。因為在他們出發探索『未知』以前，船上也帶了好幾份中國海圖。容我硬套一句牛頓的名言：如果他們能看得比別人遠，那是因為他們站在巨人的肩膀上」。參見孟西士：《1421 中國發現世界》，台北：遠流，2003 年，第 22、24 頁。

[2] 「畢竟，達‧迦馬的遠航為人類歷史上一個重要的轉捩點，象徵現代世界的起始。葡萄牙開始在東方建立起一個海上帝國，西班牙、荷蘭、英國接踵而來，古老歐亞文明的平衡被打破，連結全球的海上航路，受到歐洲的控制。恰恰相反，鄭和遠航並未帶來任何改變；沒有建立殖民地、沒有發現新航路、沒有產生獨佔、沒

　　另一方面，民間商船到了 15 世紀末，也不再出現於印度洋，僅在東亞水域活動。[3]即使如此，在 17 世紀初，中國海商整體力量還是遠遠在前來東亞貿易的歐洲人之上。[4]甚至到了 18 世紀末，華人在東亞海域，仍然扮演主要海商群的角色。要到 19 世紀，中國帆船貿易才步向衰敗。[5]

　　1840 年發生中、英鴉片戰爭，中國慘敗之後，才開始建立現代化的海軍，用以對抗列強侵略。1894 年的中、日甲午戰爭，清王朝龐大的北洋艦隊，卻遭到日本徹底摧毀，所有的建軍努力毀於一旦。從鴉片戰爭起的一百餘年，中國內憂外患不斷，割地賠款，慢慢淪入半殖民地的深淵。

　　在世界另一端，受到金錢和宗教的驅使，歐洲從 15 世紀起開始向海外進行擴張，15 世紀末和 16 世紀初，世界發生了幾件大事：1492 年，哥倫布發現新大陸；1498 年 Vasco da Gama 率領的

有留下文化的火花，也沒有發展出全球的合一……即使鄭和遠航從未發生，中國和世界的歷史可能和現在也不會有所不同」。參見 R. Finlay, 'Portuguese and Chinese maritime imperialism', *Comparative Studies in Society and History* 34: 2 (1992), 225-241.

[3]　中國商船很可能在七世紀時就已活躍在東亞海域，所以明中葉的狀況，情景像倒退了六、七百年。參見陳國棟：〈書評－韓振華著《航海交通貿易研究》〉，《漢學研究》，2003 年第 21 卷第 1 期，第 445-451 頁。

[4]　「1625 年，5 艘中國戎克船抵達巴達維亞貿易，這些船多為 600 或 800 噸重的大船；他們的總噸數至少和該年由巴達維亞返航荷蘭的艦隊總噸數相當，甚至更大……1626 年，有數艘 800 噸的中國商船抵達……1627 年，有 5 艘戎克船抵達……與巴達維亞的貿易只是中國海外貿易的一環。據估計，在 1626 年，從福建出發的船中，其中 4 艘前往巴達維亞、4 艘前往東埔寨、4 艘前往交趾、3 艘前往暹邏、1 艘前往北大年、占卑、1 艘前往扎拉丹、大約 100 艘較小型的戎克船前往路程較近的馬尼拉」。參見 J. C. van Leur, *Indonesian Trade and Society*, Hague: W. van Hoeve, 1955, p. 198. 除此，1625 年前往日本貿易的華船數達 60 艘，參見前述。

[5]　張彬村：〈十六至十八世紀華人在東亞水域的貿易優勢〉，《中國海洋發展史論文集（第三輯）》，台北：中央研究院中山人文社會科學研究所，1988 年，第 345-368 頁。

葡萄牙艦隊經非洲好望角抵達印度；1519-1522 年麥哲倫的西班牙船隊首次完成環繞全球航行一周的創舉。這些事件的意義和影響，中國要到1840年的鴉片戰爭後，才漸漸真正了解到：1500-1800年，世界權力和經濟力量開始了巨大變化，歐洲從 16 世紀起，慢慢開始凌駕於世界的多數國家，中國逐漸喪失全球中心的地位。

最早來到東亞的歐洲國家為葡萄牙。葡萄牙人在 1511 年在馬六甲開始和中國人有了接觸；1554-7 年租借澳門，並以此為基地，從事中、日和中、菲間的轉口貿易，賺取大量利潤；1557-1638 年，可說是葡澳的黃金年代。中、日和中、菲間的貿易以絲、銀貿易為主要形態。

1565 年，西班牙開始在菲律賓殖民；1572 年起建立中國—菲律賓馬尼拉—墨西哥阿卡普爾科的貿易航線，從這時起直到1815 年，每年有 1-4 艘（以 2 艘居多）大帆船橫渡太平洋往來馬尼拉和阿卡普爾科之間。中國的商品（特別是絲綢）輸入馬尼拉/阿卡普爾科，而白銀沿著這條「海上絲綢之路」，從西屬美洲流向中國。

與此同時，在 1567 年，福建月港開放海禁，允許中國商船赴海外貿易，但日本仍在禁止之列，亦不允許外國商船到月港進行貿易。海外貿易的合法化，開啟晚明私人海上貿易的興盛局面。另外，雖然中、日的直接貿易不合法，但仍然不斷有中國海商前往日本做生意。

16 世紀末、17 世紀初，荷蘭來到東亞。1602 年成立荷蘭東印度公司，1619 年將公司總部遷到巴達維亞，1624 年佔領台灣，並據此發展中、日的轉口貿易。

中國商品（特別是絲貨）物美價廉、極具國際競爭力；15世紀中期後，鈔法不行，白銀取代寶鈔作為大額交易的媒介，但

中國銀產不足，不敷所需；日本和西屬墨西哥、祕魯在 16 世紀中葉發現大銀礦；以及全球航線建立。在這樣的背景下，晚明中國的海外貿易非常興盛，也有了較頻繁的中、歐交流。

以 1640 年為例，作者估計中國輸出商品的離岸價值為 404 萬兩白銀，因之流入中國的白銀數量達 517 萬兩（包括中國海商的貿易利潤）。1550-1644 年流入中國的白銀總數可能近 300 百萬兩，而整個明季（1368-1644），中國國內的白銀產量大概僅為 83 百萬兩。

晚明中、歐的接觸，對中國產生深遠影響。傳統看法如下：首先是引入了如蕃薯、玉米等高產作物；其次是宗教和學術的交流，以利瑪竇為代表人物。另外，隨著貿易而來大量白銀的流入，使中國經濟和政府財政產生重大改變：第一、使得政府賦稅收入和支出得以大幅成長；第二、基本上讓大部分的地租、勞役和額外課徵改以用銀繳納的一條鞭法得以實行；第三、中國產銀的數量遠遠不足所需，大量進口的白銀使得貨幣足夠，讓經濟能運行順暢和維持成長；第四、導致東南沿海城市更形繁華、專業市鎮興起，以及集市數目快速增加。

晚明中國開始融入日漸成形的全球體系。15 世紀末的地理大發現開啟了全球化時代，為中國注入新的經濟因素。因而過去一些美國學者認為發生於 17 世紀上半葉的全球經濟蕭條和明末白銀流入中國的突然大幅減少，造成明朝於 1644 年滅亡（中國的「17 世紀白銀/貨幣危機」）；另有些學者認為，17 世紀中國的貨幣危機雖然不是導致明亡的最重要因素，但畢竟起了關鍵作用，對明朝的滅亡產生推波助瀾之效。但作者估計明末 9 年的貿易（白銀流入）數字，發現明末最後 2-3 年的白銀輸入減少稱不上突然急劇的變化。另外使用費雪方程式（Fisher equation）和

其微分式，發現 17 世紀貨幣危機理論應該並不成立，囤銀並沒有增加的跡象。除此，文獻顯示 1643 年以前稅收也無惡化現象。據此認為明朝還是亡於傳統治亂循環因素：政治腐敗、人口壓力、天災、農民起義、外族入侵，白銀扮演的角色並不是那麼重要。

　　晚明中國對外貿易很興盛，輸出產品以生絲和絲織品佔絕大部分（以金額言，大概在 7 成左右），其次為瓷器，再來是棉紡織品（主要銷東亞）和黃金。當時中國生絲幾乎全產自江南的杭州、嘉興、湖州、蘇州四府，用以輸出海外的絲製品之絕大部分也產自江南。因此絲綢海外貿易，對江南的絲綢產業和經濟產生重大影響。另一方面，當時江南產製的絲綢，亦供宮廷和城市居民（官僚、富人）消費，國內市場也很大。作者估計，1600 年，江南絲綢產業名目生產毛額為 203 萬兩，國內市場和國外市場分別佔 120 萬兩和 83 萬兩；1637 年，江南絲綢產業實質生產毛額為 337 萬兩（基年=1600），國內市場和國外市場分別佔 120 萬兩和 217 萬兩。因此作者認為晚明江南絲綢產業的發展，亦即市場化/商品化的深化和廣化，國外市場的大量需求，應是和國內市場等量齊觀的因素。

第二節　和西方發展道路分道揚鑣的明朝

　　明代晚期，中國和西歐國家的海上實力並未有太大不同，中國仍應處於領先地位，[6]甚至在 15 世紀初，中國曾是全球唯一的

---

[6] 1842 年中、英吳淞口海戰，雙方都使用了明輪船，為當時最先進的設計。西歐明輪船的出現最早可回溯到 1543 年，西班牙建造使用明輪的小型拖船，而後逐漸演變成利用蒸汽作為推進動力。中國人在 12 世紀就已建造 60-90 公尺長、靠 20 餘個明輪推進的大船。雖然中國 5 艘由踏板驅動的軍艦全軍覆滅，但參與 1842

海上強權。但由於種種因素，15-16 世紀地理大發現的成就卻和
中國無涉。[7]在工業革命後，西歐開始進入一個根基於科技進步
的現代經濟成長時期，[8]但一直到了 18 世紀末和 19 世紀初，西
方的整體國力才超越中國。[9]為何一個曾經如此長久輝煌的中國
會被西方超越？為何中國未能順利進入工業化/資本主義的發展
階段？透過對晚明國際貿易的研究，雖然離完整回答這個問題還
很遙遠，但至少本書的研究發現可提供一些線索和洞察。[10]

　　明朝和當時的歐洲列強（葡、西、荷等國），表象上明顯存
在兩項截然不同之處：中國重農抑商、西歐遵從重商主義

年海戰的一位英軍艦長在其回憶錄中有以下陳述：「他們〔中國〕能夠建造這種
艦船〔明輪船〕也表明，他們不但具有高超的才智」。參見詹姆斯、索普：《圖話
世界古代發生全記錄》，台北：世潮，2002 年，第 12、103-104 頁。另外，在 1624
年，強弩之末的明朝海軍，依靠實力，曾逼迫荷蘭撤出澎湖，參見前述。

[7]　K. S. Chang, 'The maritime scene in China at the dawn of great European discoveries',
　　Journal of the American Oriental Society 94: 3 (1974), 347-359. Chang 認為明成祖的
　　遺訓、中國人對疆界的傳統認知和國際貿易僅佔整體經濟一個極微小的比例，造
　　成地理大發現由西方人、而不是由中國人完成。

[8]　A. Feuerwerker, 'Presidential address', *The Journal of Asian Studies* 51: 4 (1992),
　　757-769.

[9]　「但是事實上，只有極少的證據顯示西歐在 1800 年以前存在資本存量數量上的
　　領先，或是一組可持久的情況（人口或其它的）給歐洲在資本累積上顯著的優勢。
　　歐洲不太可能有明顯較優秀的人力資源和生產力，也不是靠長期緩慢累積優勢而
　　勝過亞洲較先進的地區」。參見 K. Pomeranz, *The Great Divergence*, Princeton:
　　Princeton University Press, 2000, pp. 31-32. 以及「因此，中國經濟只是在 19 世紀
　　初才急劇失序。鴉片貿易及其引起的大量白銀外流動搖了整個經濟體系。這種衰
　　敗過程在鴉片戰爭和中國『崩潰』時達到頂峰」。參見弗蘭克：《白銀資本》，北
　　京：中央編譯，2001 年，第 368 頁。

[10]　「以全球化的視野來看晚明時期的中國，或許會與以往傳統史著中的晚明史視角
　　大異其趣，或許給今天的中國人帶來更多更新的啟示」。這一階段的全球化，
　　體現在受貿易驅動所建立的綿密全球海上網絡。參見樊樹志：《晚明史（上卷）》，
　　上海：復旦大學，2003 年，第 5 頁。另外，「晚明社會研究關係到中國古代社會
　　形態的變遷，在探討中國早期近代化的啟動和障礙時，是我們不容迴避的重要課
　　題」。參見萬明：〈晚明社會變遷〉，《中國文化研究》，2004 年第 1 期，第 2-4 頁。

（mercantilism）；中國實行海禁政策，西歐進行海外擴張。以下分就重農抑商和重商主義，以及中國的海禁政策與同時期歐洲諸國的海外擴張做一簡單描述。接下來在第三小節，將粗略討論晚明時期，中國的國家競爭力，我發現晚明中國的整體競爭力應仍居世界首位，但歐洲快速提升的科技水平已迎頭趕上。最後在第三節，主要使用布羅代爾的長時間（地理/結構時間），對深層因素進行探索，並對傳統觀點提出質疑：是否長期而言，白銀流入對中國產生了正面幫助。

一、重農抑商政策

重農抑商政策始於秦和漢初。自漢武帝起，雖然某些時期（如宋朝），商業受到政府的鼓勵，但大致上，重農抑商為中國歷代王朝遵循的常規，特別是重農政策。《鹽鐵論》被某些學者視為重農抑商政策取得正統地位的起點。[11]

《鹽鐵論力耕篇》載：「三年耕而餘一年之蓄，九年耕有三年之蓄，此禹、湯所以備水旱而安百姓也。草萊不辟，田疇不治，雖擅山海之財，通百末之利，猶不能贍也。是以古者尚力務本而種樹繁，躬耕趣時而衣食足，雖累凶年而人不病也。故衣食者民之本，稼穡者民之務也。二者修，則國富而民安也」。

《鹽鐵論本議篇》載：「易曰：『通其變，使民不倦』。故工不出，則農用乏；商不出，則寶貨絕。農用乏，則穀不殖；寶貨絕，則財用匱……管子云：『國有沃野之饒而民不足於食者，器械不備也。有山海之貨而民不足于財者，商工不備也』。隴、蜀

---

[11] 王大慶：〈1980 年以來中國古代重農抑商問題研究綜述〉，《中國史研究動態》，2000 年第 3 期，第 11-18 頁。以及林天蔚：〈試論我國的重農抑商時代與重農輕商時代〉，《中國文化復興月刊》，1982 年第 15 卷第 5 期，第 27-32 頁。

之丹漆旄羽，荆、揚之皮革骨象，江南之楠梓竹箭，燕、齊之魚鹽旃裘，兗、豫之漆絲絺紵，養生送終之具也，待商而通，待工而成。故聖人作為舟楫之用，以通川谷，服牛駕馬，以達陵陸；致遠窮深，所以交庶物而便百姓」。

到了東漢，「農本商末」的主軸思想，即已完全建立。例如「班固主張：『驅民而歸於農，皆著於本』（食貨志）、王符有『重本賤末』的理論（潛夫論）、荀悅的『申賢』亦是重農」。[12]

中國的重農抑商政策，並非一成不變。宋朝就是一個非常重商的時代，發生了「商業革命」，使中國經濟發展水平突飛猛進，並處於世界的絕對領先地位。[13]從地域上講，江南的經濟發展，似乎也沒有太受到這個政策的影響。彭慕蘭（Pomeranz）認為中國太大了、內部差異極大，整個歐洲、而不是個別國家，才是中國的對等體。從經濟的角度而言，江南等同於英格蘭、或是英格蘭加上尼德蘭。[14]

如果把歐洲工業化的進程分成三個時期：（一）15 世紀後期到 16 世紀前期的城市手工業時期；（二）16 世紀中期到 18 世紀中期的農村家庭工業時期；（三）18 世紀後期到 19 世紀後期的城市工廠機械化工業時期。李伯重認為江南的經濟發展，直到西歐發生工業革命前夕，並不落後於世界的發展前沿。[15]他認為從 1620-1850 年間，江南的人均所得應是有所增加的，不只有量的

---

[12]　林天蔚：〈試論我國的重農抑商時代與重農輕商時代〉，《中國文化復興月刊》，1982 年第 15 卷第 5 期，第 27-32 頁。

[13]　M. Elvin, *The Pattern of the Chinese Past*, Stanford: Stanford University Press, 1973, p. 118. 以及樊樹志：《國史概要》，上海：復旦大學出版社，2001 年，第 237 頁。

[14]　彭慕蘭：《大分流》，南京：江蘇人民，2003 年，第 2 頁（中文版序言）。

[15]　李伯重：《江南早期的工業化（1550-1850 年）》，北京：社會科學文獻，2000 年，第 4-5、23-25 頁。

增加，且有質的進步，亦即生產力的提高。[16]另據范金民的估計，在清嘉慶時期（1796-1820），江南佃農的生活費用主要靠副業等其他收入、而不是糧食，[17]這說明江南商業獲得很大的進展。

　　從整體講，重農抑商政策對中國明、清兩代的「現代化」發展有不利影響：促使商人投資土地，不利工商資本的積累；以及強調自給自足的小農社會，不利商品經濟（貨幣、市場）的進一步發展。[18]

　　重商主義一詞概括指稱，在 16 世紀到 18 世紀中葉這段時期，歐洲諸國所採取的經濟政策和與其有關的政治經濟思想。重商主義對西歐朝向資本主義發展起了關鍵性作用。[19]歐洲各國的重商主義，並不完全相同，其共通特徵可歸納如下：第一、金、銀等貴金屬為財富泉源；第二、貿易順差為獲得金、銀的重要手段；第三、發展海權；第四、強調國家力量。[20]

---

[16] 李伯重：《多視角看江南經濟史（1250-1850）》，北京：三聯，2003 年，第 5-6 頁（前言）。「在明代人口最多的 1620 年至清代人口最多的 1850 年的二百年中，江南人口平均年增長率僅為 3‰左右。而各方面的情況來看，江南經濟平均年增長率在 3‰以上應當沒有多大問題。經濟增長速度超過人口增長速度，因此人口增長並未拖住經濟增長的後腿，也不會導致經濟的"內卷化"……在明代中期至清代中期的三個世紀中，由於商業化以及勞動分工水平的不斷提高，江南農業和棉紡織業的成長方式，正在由過去的"廣泛性成長"（extensive growth）逐漸轉變為"斯密型成長"（the Smithian growth）。前一種成長是一種沒有勞動生產率提高的成長，而後一種成長則是一種有勞動生產率提高的成長」。

[17] 范金民：《明清江南商業的發展》，南京：南京大學，1998 年，第 331 頁。

[18] 王大慶：〈1980 年以來中國古代重農抑商問題研究綜述〉，《中國史研究動態》，2000 年第 3 期，第 11-18 頁。

[19] 「在經濟史的研究中，最重要的一段是從傳統經濟向現代化經濟轉換的歷史。這種轉換，過去強調工業革命，如今不同了。以西歐來說，新思想始於 14 世紀以來的文藝復興，經濟變革始於 16 世紀以來的重商主義，馬克思指出，歐洲資本主義制度在 16 世紀即已建立，工業革命還在二百年以後的事，是市場擴大的結果」。參見吳承明：〈經濟學理論與經濟史研究〉，《中國經濟史研究》，1995 年第 1 期，第 1-7 頁。

[20] 黃金茂：〈重商主義要論〉，《企銀季刊》，1995 年第 18 卷第 4 期，第 1-8 頁。

　　對外貿易帶來的利潤是重商主義的核心，是所有一切的根源。17 世紀前期，英國重商主義的代表人物托馬斯曾說：對外貿易的真正面貌和價值為「國王的大量收入，國家的榮譽，商人的高尚職業，我們的技術的學校，我們的需要的供應，我們的貧民的就業機會，我們的土地的改進，我們的海員的培養，我們的王國的城牆，我們的財富的來源，我們的戰爭的命脈，我們的敵人所怕的對象」。[21]

　　由於海商從事貿易、賺取利潤和財富，因而普遍受到重視，享有較高地位。例如，荷蘭富有的商人，可和重要的政治人物通婚。另外，政商合一，使歐洲各國商人受到國家在經濟、外交、軍事上的大力幫助，以擴展對外貿易，為自己和國家賺取可觀利潤。[22]

　　最後，隨著西屬美洲貴金屬大量開採出來，西歐金屬貨幣於16 世紀增加三倍。在「貨幣產生貿易、貿易增多貨幣」的運作機制下，全球貿易網絡日漸成形，商品流通速度加快、貿易額也跟著增長。全球貿易的興盛，帶動手工業的發展和促進城市的繁榮，強化了資本的累積，為西歐向資本主義社會轉型奠定良好基礎。[23]另外，弗蘭克明確指出：歐洲主要因著和亞洲的貿易而興起。[24]

---

[21] 托馬斯（袁南宇譯）：《英國得自對外貿易的財富》，北京：商務，1997 年，第 89 頁。

[22] 李慶新：《明代海洋貿易制度研究》，南開大學歷史學研究所博士論文，2004 年，第 310-311 頁。

[23] 周友光：〈從重商主義到工業主義〉，《武漢大學學報（哲社版）》，1994 年第 3 期，第 96-102 頁。

[24] 弗蘭克：《白銀資本》，北京：中央編譯，2001 年，第 26 頁。

二、海禁政策

　　明太祖的海禁政策，原先短期目標是為對付轉往海上發展的方國珍、張士誠叛亂集團以及倭寇在中國東南沿海的侵擾，但較深層的根源為傳統重農輕商和重本抑末思想，以及明顯迫切的北方邊患。[25]《皇明祖訓箴戒章》載：「四方諸夷皆限山隔海，僻在一隅，得其地不足以供給，得其民不足以使令。若其不自揣量，來擾我邊，則彼為不祥。彼既不為中國患，而我興兵侵犯，亦不祥也。吾恐後世子孫倚中國富強，貪一時戰功，無故興兵，殺傷人命，切記不可。但胡戎與中國邊境互相密邇，累世戰爭，必選將練兵，時謹備之」。明太祖的海禁政策，此後變成明、清兩朝的基本國策，長期延續下來。[26]

　　甚麼是海禁政策下的貿易活動呢？就是朝貢貿易：利用外國使團前來中國納貢的方式取得中國亟需的物品，並禁止中國人民從事海外貿易和移民，以避免造成海疆不靖，影響政權穩固。[27]這個以中國為中心的朝貢體制絕大程度上出於政治目的，「是將中國的中央與地方關係加以延伸，關係較密切的少數民族以設立土司、土官的方式加以秩序化；關係較疏遠的鄰近諸國則透過羈縻的方式來統治之，最後，再藉由互市的關係維持之，從而包攝了周邊的世界。換句話說，是由中央—各省—藩（土司、土官）—朝貢諸國—互市諸國，層層擴大的同心圓

[25] 晁中辰：〈朱元璋為甚麼實行海禁？〉，《歷史月刊》，1996 年第 104 期，第 81-87 頁。

[26] 孫海峰：〈略論明朝的海洋政策〉，《河南大學學報（社科版）》，2003 年第 2 期，第 66-68 頁。以及魏華仙：〈近二十年來明朝海禁政策研究綜述〉，《中國史動態研究》，2000 年第 4 期，第 12-18 頁。

[27] 鄭樑生：〈明朝海禁與日本的關係〉，《漢學研究》，1983 年第 1 卷第 1 期，第 133-162 頁。

所形成的有機體制」。[28]

　　15 世紀初期，鄭和七下西洋，為中國向海外擴張的頂峰。但此一時期的開海政策仍受到很大侷限：依然禁止民間私人海上貿易，所實施的乃為官方壟斷的海外貿易。鄭和下西洋的動機主要為政治動機，經濟動機甚小。明成祖即位之初，就遣使前往各國，以貿易利益為餌，希望各國前來中國輸誠納貢，承認中國的宗主地位。《明太宗實錄》卷 12，洪武 35 年 9 月辛巳云：「遣使以即位詔諭安南、暹邏、爪哇、琉球、日本、西洋、蘇門答剌、占城諸國。上諭禮部臣曰：太祖高皇帝時，諸蕃國遣使來朝，一皆遇之以誠，其以土物來市易者，悉聽其便……今四海一家，正當廣示無外，諸國有輸誠來貢者，聽，爾其諭之，使明知朕意」。

　　鄭和在 1405-1633 年，七次奉命出使亞、非各國，最遠抵達非洲東岸。當時中國擁有世界最龐大的船隊和最大的巨艦。每次遠航，艦隊由 100-200 艘大小船隻組成，其中包括約 60 艘的大海船，航行人員則多達 2 萬餘人；大型船隻長約 152 米、寬 61 米，中型船隻長約 136 米、寬 51 米，這些中大型船隻的噸位介於 1,500 噸至 2,500 噸之間。鄭和遠航發展並加強中國和東南亞、南亞和東非國家間政治與經濟的聯繫，擴大中國影響的範圍。另一方面，卻遭到國內極大的批評，到了成化年間（1465-1487），劉大夏甚至將有關鄭和遠航的檔案焚毀。明代政府的海外擴張自鄭和而絕：一是由於耗費巨大，造成政府財政上難以承受的負荷；二是明廷把關注焦點重新放在威脅中國生存的北方邊患；三是從僅獲取奇珍異寶的觀點來看，鄭和遠航的經濟利益實在太小。《殊域周咨錄》載：「三保〔鄭和〕下西洋費錢糧數十萬，軍

---

[28] 濱下武志：〈近代中國の國際的契機〉，《中央研究院近代史研究所集刊》，1997 年第 28 期，第 275-289 頁。

民死且萬計，縱得奇寶而回，於國家何益！此特一弊政，大臣所當切諫者也。舊案雖存，亦當毀之，以拔其根，尚何追究其有無哉」。[29]

　　明代的海外擴張由政府主導，所需經費龐大，背後幾乎完全出自政治動機，欲建立以中國為核心的政治秩序，不具經濟利益。所以當正統（1436-1449）以後國力衰弱，遠航事業便難以為繼，從此逐漸喪失海上優勢。[30]相反的，中世紀末期和近代初期，歐洲人為追逐財富和宗教因素進行的海外探險和征服，對整個世界產生深遠影響，而鄭和的遠航效應幾如曇花一現。以下引文做了很好的註解：「『擴張會帶來新的擴張』，一個國家之所以發達，是因為它已經發達，因為它已捲入到有利於它發達的運動中去」，[31]而海外擴張和貿易就是這個有利的活動。

　　15 世紀末到 19 世紀為海權時代，[32]西方國家是海權時代的主角，主宰了海洋。海權包括海洋權利（sea right）和海洋力量（sea power）兩個部份，為國家主權概念的延伸。馬漢（A. T. Mahan）在其出版於 1900 年的巨著 *The Influence of Sea Power Upon History 1660-1783* 中明確指出：使用和控制海洋的權利與力量，在目前和過去數百年都是左右世界歷史的重大因素。[33]中

---

[29] 馬超群：〈鄭和下西洋與西方人航海的比較研究〉，《文化雜誌》，1995 年第 22 期，第 130-138 頁；施子愉：〈從有關鄭和下西洋的三項文獻看明代的對外政策和輿論〉，《文化雜誌》，1995 年第 22 期，第 161-169 頁。

[30] 孫海峰：〈略論明朝的海洋政策〉，《河南大學學報（社科版）》，2003 年第 2 期，第 66-68 頁。

[31] 布羅代爾：《15 至 18 世紀的物質文明、經濟和資本主義》第三卷，北京：三聯，1996 年，第 37 頁。

[32] 彭小甫：〈十五至十九世紀中西海權的消長大事年表〉，《人文及社會科學教學通訊》，1991 年第 1 卷第 6 期，第 207-215 頁。

[33] 張文木：〈論中國海權〉，《世界經濟與政治》，2003 年第 10 期，第 8-15 頁。以及何耀光：〈中國歷代海權特質初探〉，《海軍學術月刊》，1999 年第 33 卷第 2 期，

國鴉片戰後百餘年苦難的表象原因在於海權的衰弱，而根源可追溯到明初的海禁政策。[34]「據不完全的統計，自 1840 年鴉片戰爭開始的百餘年間，英、法、日、俄、美、德等帝國主義列強，從海上入侵中國達 84 次，入侵艦艇達 1860 艘，入侵兵力達 47 萬人」。[35]

三、從國際貿易談國家競爭力

　　目前評估國家競爭力的兩大機構分別為瑞士洛桑管理學院（IMD）和世界經濟論壇（WEF）。WEF 的評估標準包括八大項內容：開放程度（openness）、政府效能（government）、金融實力（finance）、基礎建設（infrastructure）、科技實力（technology）、企業管理（management）、勞動市場（labor）及法規制度（institution）；[36]IMD 的評估標準則包括經濟表現（economic performance）、政府效率（government efficiency）、企業效率（business efficiency）、基礎設施（infrastructure）等四大項。[37]

　　使用這些標準來檢視晚明時期中國的全球競爭力，一則超出本論文的範圍，二則可能不合時宜。職是之故，作者僅從貿易角度和重要文獻結論，極為粗略地來談這個主題。

第 16-29 頁。

[34] 史志宏：〈明及清前期保守主義的海外貿易政策〉，《中國經濟史研究》，2004 年第 2 期，第 33-41 頁。

[35] 許華：〈海權與近代中國的歷史命運〉，《福建論壇（文史哲版）》，1998 年第 5 期，第 25-28 頁。

[36] 朱雲鵬、譚瑾瑜：〈從世界經濟論壇競爭力報告談政府角色〉，《國家政策論壇》，2002 年第 2 卷第 4 期，第 170-180 頁。

[37] 許振明、唐正儀：〈如何提升國家競爭力〉，《國政研究報告》，2002 年 5 月 2 日，財金（研）091-020 號。

　　15 世紀晚期，中國無疑在各方面都遠遠超越世界其餘國家。[38]到了 18、19 世紀之交，才被西方超越；1840-1841 年的鴉片戰爭，鮮明地表明中國已經衰弱。但這其間 400 多年的時間裡，特別是在晚明時期，到底發生甚麼樣的狀況呢？

　　晚明總產出中，農業佔很大一部份，大概為 70%。農業生產力在整個明季，仍持續發展，人口的增長應可為明證；以當時的科技而言，中國養活了史無前例、令人驚異的人口。《劍橋中國明代史（第二部）》有以下敘述：「毫無疑義，明季農業生產力持續進步，這些進步不但約略餵飽人民的胃，也成就史無前例的眾多人口」。[39]以 1700 年為例，中國人口密度達每公頃 3.6 人，而法國和英國僅分別為 1.1 人和 1.5 人。[40]

　　總產出中的第二大塊，應該是製造業了，特別是輕工業。晚明時期，輸出品主要是生絲和絲織品，其次是瓷器，這兩大類中國製品獨步全球。根據國際貿易的比較利益理論和歷史記載，毫無疑問中國的絲貨和瓷器，技術領先、物美價廉。當時中國國內長距離販售的最重要商品：棉和棉製品，雖然不是主要出口品，銷售區域也有地理上的侷限，海外市場集中在東亞，但考慮當時海外貿易的極高運輸成本和風險，以及歐洲可從距離較近的印度獲得棉紡織品的供應，因此絕對不能主張中國的棉產業一定不處

---

[38] 「事實上，在 15 世紀晚期，中國仍然是全球唯一的經濟強權。人口或許超過 1 億、驚人的農業生產力、龐大和複雜的國內市場網絡，以及毫無疑問在各方面都領先世界的手工業」。參見 W. S. Atwell, 'Ming China and the emerging word economy, c. 1470-1650', in D. Twitchett and F. W. Mote ed. *The Cambridge History of China (Vol. 8) – The Ming Dynasty 1368-1644 (Part 2)*, 376-416, Cambridge: Cambridge University Press, 1998.

[39] M. Heijdra, 'The socio-economic development of rural China during the Ming', in D. Twitchett and F. W. Mote ed. *The Cambridge History of China (Vol. 8) – The Ming dynasty 1368-1644 (Part 2)*, 417-518, Cambridge: Cambridge University press, 1998.

[40] 弗蘭克：《白銀資本》，北京：中央編譯，2001 年，第 410 頁。

於全球的領先地位。考慮直到 19 世紀初期以後，中國國產棉紡織品才無法和歐洲進口品競爭此一事實，[41]晚明時期棉產業的全球競爭力應是處於前緣地位。

重工業部份，以煉鐵業為例，明代中國的技術和生產水平，非但絕不遜於西方國家，應仍保有領先地位。明代中國已用焦炭替代煤來煉鐵，這要比歐洲早上二、三百年。另外，當時大量價格低廉的中國生鐵和鐵器長期向東南亞輸出。[42]

關於中、西科技發展的長期趨勢，李約瑟指出，中國自公元前 300 年起，科學以緩慢的步調持續進步。1500 年起，大幅落後的西方科技開始突飛猛進，到了晚明，兩者的整體差距雖然縮小，但中國仍小幅領先。大概在 17 世紀初，歐洲在數學、天文學和物理學的進展開始超越中國，但中國在醫學、植物學和化學領域，仍保持不同程度的領先。[43]

綜上所述，晚明時期中國的國家競爭力應仍執世界牛耳。柯文（P. A. Cohen）認為「要以『中國史境』研究中國問題，精細地探求中國社會發展的內在邏輯、內在動力以及形態結構……中國最近幾百年歷史有一條自身的『劇情主線』（story line），即使在 1800 或 1840 年，都沒有完全中斷，也沒有被西方搶占和替代」。[44] 15 世紀晚期到 19 世紀中期，中國沿著既定的路徑緩慢發展，而西方開始大步向前，急起直追，但唯有到工業革命以後，才將中國遠遠拋到後面。

---

[41] 李伯重：〈明清江南棉紡織業的勞動生產力〉，《中央研究院第三屆國際漢學會議論文集（歷史組）》，台北：中研院史語所，2002 年，第 87-118 頁。

[42] 巴素：《東南亞之華僑（下冊）》，第 905-907 頁。轉引自李木妙：〈海上絲路與環球貿易〉，《新亞學報》，2003 年第 22 卷，第 303-356 頁。

[43] 李約瑟（胡菊人譯著）：《李約瑟與中國科學》，台北：時報文化，1979 年，第 32-35 頁。

[44] 李慶新：《明代海洋貿易制度研究》，南開大學歷史學研究所博士論文，2004 年，第 308 頁。

第三節　分析

中國和歐洲對於商業、貿易、海權態度上的差異（保守 vs. 進取），甚至文化上的不同，都不足以完整說明中國為何被西方超越；這一切都只是表象。以下將探討最深層的理由，來解釋為何中國走了屬於自己、獨特的一條道路。

> 私人業主不顧〔中國〕政府禁止而越來越富想像力和大膽地進行海上商業；他們沿著中國東海岸，特別是長江三角洲到廣州一帶經商，如果他們能得到國家的支持和贊助，像 15 和 16 世紀他們的歐洲同行那樣，他們會取得甚麼樣的成就呢？甚至在沒有國家贊助的情況下，中國的商人和工匠的殖民地，以至最後的農業居留地，也大都從明代起即在自菲律賓到東南亞一帶建立了起來。[45]

相當明顯，在解釋為何近代中國走向衰弱時，中國商人缺乏企業家精神這個藉口，要排除在外。傳統的觀點認為：明代保守的海洋政策和重農抑商政策（清朝承襲）種下近代中國海權衰弱的惡因。為甚麼會形成這樣的政策呢？黃仁宇認為這些政策「符合當日政治需要，在歷史上則為背道而馳」，以及「願意追溯深遠的話，則表面上看來不可思議的地方仍有解說。其根源出自地理，也出自歷史」。[46]作者也認同這些現在看來愚蠢的政策，在過去那個時空背景下，不能不說是相當務實的政策。黃仁宇說：

---

[45] 年復禮、崔瑞德：《劍橋中國明代史》，北京：中國社會科學，1992 年，第 9 頁（導言）。

[46] 黃仁宇：《中國大歷史》，台北：聯經，1993 年，第 278 頁。

　　　大凡地區間經濟發展差異過大時，其政治必受影響……
　　　此在傳統中國社會，自當竭力防避。防制地區間經濟高
　　　度發展，以與低度及落後之經濟看齊，為適應中國傳統
　　　政治之需要。此在長期經濟發展過程中，自為不利……
　　　中國歷史上，凡朝代以落後之農村經濟為骨幹，其經濟
　　　基礎為「單元」者，通常能號召大量兵員，戰勝以「多
　　　元」經濟，甚至較前進經濟為基礎之政權。是以明代經
　　　濟政策，符合當日政治需要，在歷史上則為背道而馳。[47]

　　以下將中國分成（東南）沿海地區和內陸地區，從下述四個
面向來討論這些要素的影響：地理位置、自然結構、領土大小、
人口數量。這四個條件為馬漢所提出，用以檢視海權爭奪的優勢
地位。[48]另外，年鑑學派認為歷史的變動有三種時間概念（短、
中、長期），只有地理/結構因素才有長期影響；「世界的不平衡
產生於結構性因素，結構的形成十分緩慢，消失也十分緩慢」。[49]
黃仁宇認為「地緣政治因素」[50]和「社會經濟方面的限制」，對
近代中國歷史的發展有非常大影響。[51]

---

[47] 黃仁宇：《放寬歷史的視界》，台北：允晨文化，1999 年，第 9 頁。

[48] A. T. Mahan, *The Influence of Sea Power upon History 1660-1783*, Boston: Little Brown and Company Press, 1918, p. 88-89.

[49] 布羅代爾：《15 至 18 世紀的物質文明、經濟和資本主義》第三卷，北京：三聯，1996 年，第 37 頁。

[50] 「但是把這些〔上一段落提及的北宋到滿清〕事蹟擺在一起，前後貫通的看來，我們則覺得當中有無可避免的地緣政治因素在，它的影響超過所有歷史人物及各朝代的總和。本書在前述各章內，前後提出各種議論，綜合起來都可歸併於亞洲大陸整體性所賦予歷史的影響。」參見黃仁宇：《中國大歷史》，台北：聯經，1993 年，第 273 頁。

[51] 黃仁宇：《中國大歷史》，台北：聯經，1993 年，第 273-276 頁。

　　中國東臨太平洋，具超過一萬公里的海岸線，沿岸有數千個大小島嶼。加上東南沿海地區，多為山地，不利農業發展，又人口眾多，只好靠海吃海，大多從事漁業和海外貿易，移民海外的風氣也很盛。但考慮內陸地區和海洋地區的土地與人口比例，中國的格局實為一個大陸型國家。因而對北方邊境的關注，除了歷史因素外，地緣政治考量也不可忽略。缺乏適當的海洋政策，自是出於此地理結構的限制。

> 他們〔明朝〕朝夕思慮的是北方蒙古鄰居所給於的威脅，而這是可以理解的，因為明王朝就是抗拒並逐出了蒙古征服者才建立起來的；他們必須防備蒙古人捲土重來……蒙古人在 1449 年和 1450 年一再侵入中國，給中國造成慘重的傷害，並且接二連三地進行襲擊……余子俊在榆林邊鎮建造的城牆遠遠沒有解決成化和弘治〔1465-1505〕時期的整個北方邊境防禦問題，蒙古人不斷地考驗城防體系……到了 15 世紀 70 年代，中國開始用沒有塔樓和堡壘的長垣把這些設防的長垣連接了起來。傳奇中的萬里長城——更確切些說是一系列長垣——終於成形了。在明王朝的後來幾年裡，築牆和沿長城防區的駐兵便是明政府首要關注之事。亞洲內陸的這道邊界變成了令人喘不過氣來的負擔。[52]

　　明朝政府對北方事務的關注和安定大於一切的政策主軸，有其不得不然的地緣政治和歷史原因，也是傳統中國歷史脈動的延續。另一方面，中國和世界互動的影響，這個新的因素在明季基

---

[52] 牟復禮、崔瑞德：《劍橋中國明代史》，北京：中國社會科學，1992 年，第 8、438 頁。

本上是不大的。從晚明開始，透過海上貿易，擴展了中國和世界其他國家交流的地理範圍、廣度及深度。[53]但除引進新作物外，影響的範圍大概僅限中國沿海地帶，內陸地區幾乎感受不到太大的衝擊，[54]明、清兩朝（鴉片戰爭前）的政治、經濟結構並沒有因此而有任何重大調整。另外，大量白銀的流入，可能也不像過去大多數學者認為的那樣，對明季中國產生深遠和重大的正面影響。

> 中國被封閉在一個四方形裡〔一邊臨海、三面臨陸〕。在這四邊形中，雖然並非沒有抗拒和仍然落後於形式，但唯有邊緣地帶〔東南沿海地區〕真正按世界的時間生活，接受世界的貿易和節奏。世界的時間優先使這類邊沿地帶變得活躍。那麼，四邊形的中心有沒有反應呢？在個別地區，反應無疑是有的，但也可以說，基本上沒有反應。中國「大陸」所發生的事在地球上所有有人居住的地區，甚至在產業革命時代的不列顛諸島重演。到處都有一些角落，世界史在那裡竟毫無反響，那是一些寂靜的、無聲無息的地方[55]……受它自身之累，它的厚度、體積和巨人症都對它不利……它自身的聯繫也變得

---

[53] 「1514-1662 年間，中國的政府和人民捲入和受到『現代世界體系』發展最初階段的影響。這些牽涉和影響是經由連接全球各大洲（南極和澳洲除外）的海上航線所導致，經由這些航線，商品、作物、疾病、概念進行了交換」。參見 J. E. Wills, Jr., 'Relations with maritime Europeans, 1514-1662', in D. Twitchett and F. W. Mote ed. *The Cambridge History of China (Vol. 8) – The Ming Dynasty 1368-1644 (Part 2)*, 333-375, Cambridge: Cambridge University press, 1998.

[54] 有些學者會以晚明時，中國內陸也已普遍用銀來貿疑。但內陸經濟的貨幣化，主要是中國經濟自身發展的結果，貨幣並不一定非是白銀不可，作者詳細的論點，參見後述。

[55] 布羅代爾：《15 至 18 世紀的物質文明、經濟和資本主義》第三卷，北京：三聯，1996 年，第 2 頁。此處，我將印度改成中國，這是對原文唯一的更動。

不便，政府的命令，國內生活的運動和脈衝以及技術進
步同樣難以傳遍全國。[56]

從貿易額、政府收支和國內生產毛額的數字，上述引文就更
易理解了。國際貿易最盛時的晚明，每年出口商品的離岸價總值
約為數百萬兩，乍看好像是一個很龐大的金額，但只不過約為政
府總收入的十分之一。另外，和國內生產毛額（10 億兩）相比，
就顯得更微不足道了。除此，即使出口商品中，絲綢佔絕大部份，
出口市場僅約與國內市場相當。[57]

明季中西交流的面向非常廣，並不僅局限於貿易。利瑪竇在
1583 年由澳門進入廣東，開始傳教之旅，1601 年獲得明廷特許
入京居留。他「留下的歷史遺產，在中外文化交流史上凸顯的效
應，遠超過於他對基督教入華的影響……他用中文撰述的著作和
譯作〔如《天主實義》、《幾何原本》、《渾蓋通憲圖說》等〕，使
少數中國讀書人開始接觸文藝復興以後的歐洲文化；他用西文記
述中國印象和在華經歷的書信、回憶錄，以及用拉丁文翻譯的《四
書》，也使歐洲人初步了解傳統正在起變化的中國文化」。[58]但他
在中國的傳教，基本上是失敗的；「利瑪竇於一五八三年進入內
地，到一五九六年利瑪竇進入江西，長達十四年裏才有付洗教徒
百餘人」，在北京的日子，雖然獲得皇帝恩寵，但始終未能取得
自由傳教的許可，只能將「『學術』當成手段，進行曲線傳教」，

---

[56] 布羅代爾：《15 至 18 世紀的物質文明、經濟和資本主義》第三卷，北京：三聯，
1996 年，第 368 頁。此段文字原是描述法國的狀況，但中國比法國大得多，用以
形容中國，自是非常貼切。

[57] 到了 1840 年，中國生絲的內外銷比為 7：2，參見第 8 章。另外，在 19 世紀初，
中國茶葉的內外銷比為 13：2，參見 S. Naquin and E. S. Rawski, *Chinese Society in
the Eighteenth Century*, New Haven: Yale University Press, 1987, p. 104. 不難理解帝
制晚期，隨著中國國內市場的擴大，海外貿易的重要性變得越來越不重要。

[58] 朱維錚：《利瑪竇中文著譯集》，上海：復旦大學，2001 年，第 1-2 頁（導言）。

[59]影響僅止於少數的中央政府官員，如徐光啟和李之藻等。所以文化上的交流，對晚明中國的影響，仍是非常有限。

　　來自於美洲新世界的作物，特別是蕃薯和玉米，導致中國人口大幅增長，此對日後中國發展產生極大影響，很有可能是影響最深遠的事件。[60]糧食供應是影響人口數量最重要的決定因素已為學術界的多數意見，何炳棣認為 1700-1850 年中國人口快速成長（從 1.5 億成長到 4 億），由新世界引進的作物扮演了重要角色。[61]另外，一些學者認為中國人口大幅增長，使中國的勞動力成本十分低廉，導致採用增加勞動投入、而非利用資本與技術進步來增加產出，這對中國長期經濟發展形成很大障礙。[62]除此，弗蘭克指出：「亞洲〔尤指中國和印度〕在前幾個世紀的經濟生產和人口擴張的本身卻反過來阻止 1800 年以後繼續擴張」。[63]

---

[59] 朱維錚：《利瑪竇中文著譯集》，上海：復旦大學，2001 年，第 28 頁（導言）。

[60] 「新作物對人口眾多的中國的絕對影響以及相對影響可能最大，因為來自新世界的作物使耕地增加了一倍，使人口增加了兩倍。中國在 16 世紀 60 年代已有關於紅薯種植的記載，玉米在 17 世紀成為主要農作物之一。馬鈴薯、煙草以及其他來自新世界的作物也很重要。實際上正如我們在後面會論述到的，在中國和整個亞洲由此造成的人口增長遠比歐洲大的多。今天中國人吃的食物中有 37%是源出於美洲的」。參見弗蘭克：《白銀資本》，北京：中央編譯，2001 年，第 100 頁。

[61] L. M. Li, 'Introduction: Food, famine, and the Chinese state', *The Journal of Asian Studies* 41: 4 (1982), 687-707.

[62] J. Lee, 'Trade and economy in preindustrial East Asia, c. 1500 - c. 1800: East Asia in the age of global integration', *The Journal of Asian Studies* 58: 1 (1999), 2-26. 以及王業鍵：〈近代中國的成長及其危機〉，《中央研究院近代史研究所集刊》，1978 年第 7 期，第 255-270 頁。值得一提的是，中國和江南人口是否過多、是否妨礙經濟發展，學術界仍未有共識，但作者個人傾向同意趙岡的見解：江南地區最富裕，吸引了各地移民，造成剩餘人口最多，以致過密型生產最普遍，簡言之，靠著投入大量勞力從事生產。參見趙岡：〈過密型生產模式的提法錯了嗎〉，《中國社會經濟史研究》，2004 年第 2 期，第 1-3 頁。

[63] 弗蘭克：《白銀資本》，北京：中央編譯，2001 年，第 398 頁。

　　明季大量白銀流入中國，有兩個原因。一是由於中國商品（絲綢、瓷器、棉紡織品）的價格與品質極具國際競爭力；二是由於明前期用於大額交易和繳稅的寶鈔，因發行太過浮濫，到了 15 世紀中，幾已停止流通；白銀漸漸取代寶鈔的地位，和用於小額交易的銅錢並用。15 世紀後期起，商業發展快速，造成國內所產白銀不敷使用，對外貿易流入的海外白銀，正好補上了這個缺口。[64]一般認為大量進口的海外白銀對中國的經濟和政府財政產生很大影響：第一、使政府賦稅收入和支出得以大幅成長；第二、基本上讓大部分的地租、勞役和額外課徵改以用銀繳納的一條鞭法得以實行；第三、中國產銀的數量，遠遠不足所需，大量進口的白銀使貨幣充足，讓經濟能運行順暢和維持成長；第四、導致東南沿海城市更形繁華、專業市鎮興起，以及集市數目快速增加。

　　明季作為貨幣、大量進口的海外白銀，對中國長期經濟發展有顯著影響嗎？若沒有這些白銀，明季的經濟發展會停滯嗎？針對這兩個問題，我的答案是否定的。古典經濟學告訴我們貨幣是虛幻的（veil of money），認為財富和貨幣是兩個截然不同的概念，財富所包含的是實質的產出（例如因應外貿需求的生產），而貨幣僅是交易媒介，對經濟沒有實質影響。[65]市場經濟良好運作所需的僅為適當、適量和被信賴的貨幣。

　　白銀作為貨幣，並非沒有替代品，可兌換紙幣就是一個很好的替代品。中國最早的可兌換紙幣—交子，出現在北宋的四川，初由民間，後收歸政府發行。一開始，是為解決四川的錢荒，而被創造出來。可兌換紙幣的發行，並不需十足準備，以北宋政府

[64]　弗蘭克：《白銀資本》，北京：中央編譯，2001 年，第 162 頁。
[65]　B. Felderer and S. Homburg, *Macroeconomics and New Macroeconomics*, Berlin: Springer-Verlag, 1987, p. 33.

發行的交子為例，一開始，準備率定為 28.7%。[66]北宋以後，南宋發行了會子、元朝發行了中統鈔、至正鈔，宋、元兩朝發行的紙幣為可兌換紙幣，但都受到準備不足、發行過多，以及偽鈔的困擾。另外，伴隨紙幣發行，雖有禁用金銀的規定，但金銀並未因此退出市場流通。[67]明初發行的大明寶鈔為不可兌換紙幣，大概只流通了近 100 年，就因濫印而退出市場。[68]明末民間出現了會票、銀票、錢票，這三種票券都具有紙幣的性質；「崇禎年間陳子龍說：『今民間子錢家〔錢鋪、當鋪、錢莊〕都用券〔銀票、錢票〕，商賈輕賫往來則用會〔會票〕，此即前人用鈔之初意也』」。[69]假設沒有海外輸入的白銀，明季中國真會因缺乏足夠貨幣，以致經濟發展受到重大影響嗎？這是極難想像的。我認為政府和民間很可能會以金、銀為準備，發行可兌換紙幣來替補白銀的不足，至少這是不能排除的可能性；市場應該會找到它的出路，以適應和滿足對貨幣的需求，[70]如同北宋四川民間交子的出現；如

---

[66] 葉世昌、潘連貴：《中國古近代金融史》，上海：復旦大學，2001 年，第 45-46 頁。「《續資治通鑑長編》說邛、嘉、眉（治今四川眉山）等州 "李順作亂" 而停鑄，"民間錢益少"，私以交子為市……後來政府決定改交子為官辦。仁宗天聖元年（1023 年）十一月成立益州交子務，於次年二月開始發行官交子（以下只稱 "交子"）……每年的最高發行額為 1256340 貫，備本錢（現金準備）36 萬貫，準備率為 28.7%」。

[67] 葉世昌、潘連貴：《中國古近代金融史》，上海：復旦大學，2001 年，第 65-67、85-90 頁。

[68] 葉世昌、潘連貴：《中國古近代金融史》，上海：復旦大學，2001 年，第 96-101 頁。

[69] 《鈔幣論》，轉引自葉世昌、潘連貴：《中國古近代金融史》，上海：復旦大學，2001 年，第 119 頁。

[70] 萬明考察明代白銀貨幣化的發展，結論如下：「明代白銀成為主要貨幣……貨幣化過程源自民間社會，經過一個自下而上到自上而下的發展歷程……明代白銀貨幣化過程是中國社會經濟貨幣化的過程，是市場萌發的」。參見萬明：〈明代白銀貨幣化的初步考察〉，《中國經濟史研究》，2003 年第 2 期，第 39-49 頁。據以佐證作者的觀點：若是沒有海外流入的白銀，市場經濟仍會找出解決貨幣需求的答

同明末會票、銀票、錢票的出現；如同清朝中葉民間私票和其他信用工具的出現。[71]再說，銀塊的流通也有相當不便之處。[72]

　　綜上所述，關鍵不是白銀的數量夠不夠，而是被人民信賴和接受的貨幣數量（以下本段簡稱貨幣）夠不夠；關鍵是貿易、不是白銀，對中國經濟產生實質影響。針對前述傳統觀點，白銀對明季中國經濟和財政影響的論述，作者的不同意見如下：第一、如果有足夠在市場流通的貨幣（不一定非是白銀不可），政府財政收支當然可以貨幣化；第二、如果實物稅大幅轉變成貨幣稅，再加上經濟成長，政府預算便能隨之增加；第三、適量的貨幣提供經濟運作和成長的必要潤滑，但貨幣不等同白銀，貨幣可以是其他形式；第四、是遠程貿易、而不是白銀，導致東南沿海地區的經濟繁榮。另外，明季大量流入中國的海外白銀，是否持續支撐秤重貨幣制度？而銀塊制度一旦成形後的僵固慣性，[73]是否是中國無法回復到可兌換紙幣（一種先進許多的貨幣）的主要障礙？這都值得再斟酌。

案。

[71]　「清代複本位制的固有缺點—缺乏彈性、複雜、攜帶不便—並未改觀。由於政府沒有採取積極步驟，改善幣制，以求配合經濟變遷的需要，私經濟部門於是漸漸採用私票及其他信用工具，以利交易之進行。大約在鴉片戰爭前一個世紀內，在中國有四種信用工具出現，每一種可或多或少地補救清代複本位制的缺點。這四種信用工具為（1）銀票或錢票，（2）莊票，（3）會票，（4）過賬銀」。參見王業鍵：〈中國近代貨幣與銀行的演進（1644-1937）〉，《清代經濟史論文集（一）》，台北：稻鄉，2003 年，第 179-180 頁。

[72]　「明朝政府從未有過鑄銀幣的打算……純銀塊的流通非常不便，因為各地用的『兩』，單位大小不同，主要商品—如鹽或棉布—各用各的銀兩，買賣外地的貨物又要用別種銀兩。流通中的每錠銀子還要秤，要驗純度。這些條件造成銀兩單位雜亂，兌換方式繁多」。參見費正清：《費正清論中國》，台北：正中，1994 年，第 139-140 頁。

[73]　汪敬虞認為清代銀兩制僵固慣性的產生，祖宗成法並不是重要理由，賦稅收入才是真正的原因，政府靠著操縱銀、錢買賣兌價來增加實質賦稅收入。參見汪敬虞：〈“同治銀幣”的歷史意義〉，《中國經濟史研究》，2003 年第 4 期，第 3-14 頁。

　　前述小結如下：由於中國的巨人症和大陸性格，最多只有海外貿易所能影響的東南沿海地區依照世界的時間在前進，但其受到帝國主體的制約，顯得步履顛簸、力不從心。海貿的利益和整個國家產出相比，根本微不足道，無法推動中國朝向海權發展，也無法促使中國朝向資本主義轉型。更糟的是，中國當時領先的農業科技和 16 世紀西、葡引進的高產作物，導致驚人的人口數量，而極其充沛和極其低廉的勞力，使得資本累積在生產領域變得並不重要，節省人力的技術發展也變得多此一舉。最後，大量流入的海外白銀，應該沒有像傳統的見解所理解的那樣，對中國產生太大的影響，甚且可能反而對中國貨幣制度的演進形成負面障礙。

　　相反地，西歐國家和中國、世界其餘地區的貿易，對其發展產生深遠且正面的影響。例如 1600 年，西班牙的人口約為 800 萬、葡萄牙 100 萬、[74]荷蘭 150 萬人、[75]中國 15,000 萬人，西、葡、荷三個國家的總人口僅為中國的 7%。1600 年，中國的國內生產毛額約為 10 億兩白銀，平均人均所得為 6.7 兩。在 1600 年，西、葡、荷三國的人均所得大概和中國差不多（應該比中國低），[76]這三國的國民生產毛額不過為 7,000 萬兩。17 世紀的前 40 年，每年流入中國的白銀約 400 萬兩，貿易額大概也是這個數字，僅佔中國國民生產毛額的 0.4%，卻佔西、葡、荷三國的 6%（這個數字還不包括西、葡、荷和其他國家的貿易）。很明顯地，海外貿易對整個中國的影響應不致太大，而對西、葡、荷三國的影響則相當明顯，對推動西歐的經濟發展和海外擴張有相當大貢獻。

---

[74]　E. Weber, *A Modern History of Europe*, New York: W. W. Norton, 1971, p. 187.

[75]　J. de Vries, 'The population and economy of the preindustrial Netherlands', *Journal of Interdisciplinary History* 15: 4 (1985), 661-682.

[76]　弗蘭克：《白銀資本》，北京：中央編譯，2001 年，第 238-242 頁。

也正是因此，西歐這些靠海的小型國家，海貿成了發展動力，是再自然不過的事了。弗蘭克說：

> 由此得出一個結論是，歐洲不是靠自身的經濟力量而興起的，當然也不能歸因於歐洲的理性、制度、創業精神、技術、地理——簡言之，種族——的 "特殊性"（例外論）。我們將會看到，歐洲的興起也不主要是由於參與和利用了大西洋經濟本身，甚至不主要是由於對美洲和加勒比海殖民地的直接剝削和非洲奴隸貿易。本書〔《白銀資本》〕將證明，歐洲是如何利用它從美洲獲得的金錢強行分沾了亞洲的生產、市場和貿易的好處——簡言之，從亞洲在世界經濟中的支配地位中謀取好處。歐洲從亞洲的背上往上爬，然後暫時站到了亞洲的肩膀上。[77]

另外，彭慕蘭也認為西歐海外殖民地的開擴，與中國的貿易有極大關連，中國扮演主要的驅動力。他說：

> 歐洲的奢侈品需求、消費主義和資本主義政治經濟確實在一個方面起了明顯作用，即刺激了新大陸經濟增長和非洲的奴隸貿易。但即使在這一領域，推動向新大陸移民的也是歐洲的政治經濟與歐、亞兩洲——特別是中國——需求的一種結合。儘管有一些殖民者是受宗教和政治的激勵，但如果殖民地居民沒有發現他們可以在歐洲或亞洲出售的商品，難以令人相信歐洲在新大陸的殖民地會有很大的發展。[78]

---

[77] 弗蘭克：《白銀資本》，北京：中央編譯，2001年，第26頁。

[78] 彭慕蘭：《大分流》，南京：江蘇人民，2003年，第177頁。

　　對明朝貶抑的評價，開始於 20 世紀後期。[79]貶抑的評價根基於鴉片戰爭後中國屈辱的歷史，遠因被認為可以追溯到明朝「失當」的政策。貶抑的評價也來自於傳統上將西方模式（封建社會朝向資本主義發展）視為唯一可能和正確的發展模式，以及將人類歷史視為直線的和進步的形式。[80]因此近代的中國，是一個失敗、落後和違反西方先進發展潮流的範例。但實際上，過去的世界是多元的歷史，[81]且發展的軌跡不總是向前直行，而是顯示了各種時間不等的週期性結構，充滿了各種不同週期、不同幅度的起伏。[82]

---

[79] 費正清：《費正清論中國》，台北：正中，1994 年，第 144 頁。貶抑的評價並不全然公允，例如堺屋太一等認為「〔德川〕家康師法明廷，構想出中央集權式的安定社會，推崇朱子學，而建立了秩序社會。他同明太祖一樣，排斥成長，使新興勢力難以崛起。在這一點上，大致獲得了成功；因為這樣，德川幕府也保持了與明廷大致相等期間的命脈，長期未見內亂。而頭一次發生內亂時，旋即垮下來 ------ 這一點也與李自成叛亂旋告崩潰的明廷一樣」。參見堺屋太一等：《德川家康的研究》，台北：遠流，1992 年，第 42-43 頁。

[80] 例如 D. S. Landes 認為現代西方國家和發展中國家的巨大貧富差距，關鍵為是否參與和完成工業革命，而遠因可溯及大發現時代。對比西歐的發展，他將明中國描繪成停滯、退縮、傲慢和自大。關於鄭和遠航，他形容「中國人缺乏視野，以及最重要的好奇心。他們下西洋是為了誇耀，而非學習；為了表現自己的存在，而非想留下來；要接受贊禮與臣服，而非採購」。最後「中國逐漸走向孤立；平和、圓滿、協調地過了好幾百年，怡然自得，不受外國的侵擾。然而世界並沒有因此而停頓。」參見藍迪斯：《新國富論》，台北：時報文化，1999 年，第 106-108、168、309-311 頁。

[81] 「我們已有的記述是，一些大體相似並且只有鬆散的相互關連的帝國、『文明』或『世界體系』沿著在很多方面並行的路線發展。然而，對 19 世紀和 20 世紀，大部分世界史學家告訴我們的歷史是，一個單一的北大西洋核心成為變革的發動機，世界其餘部份以不同方式做出『反應』……在這些史學著作中，中國在經濟上落後於西方及清朝的政治形象與軍事形象低下，成為西方和『其餘地方』完全分離的信號。」參見彭慕蘭：《大分流》，南京：江蘇人民，2003 年，第 7-8 頁（中文版序言）。另外，吳承明認為「文化總是多元的，歷史中心是康德、黑格爾杜撰的」。參見吳承明：〈從傳統經濟到現代經濟的轉變〉，《中國經濟史研究》，2003 年第 1 期，第 3-5 頁。

[82] 「近代早期的經濟史（以及政治和社會史）顯示出各種週期，至少顯示出顯然很有

　　黑格爾說「每個時代都有它特殊的環境，都具有一種個別的情況，使它的舉動行事，不得不全由自己來考慮、自己來決定」。[83]明朝政府面臨北方民族威脅以及作為一個以農民為主體的大陸型超大型國家，為達到社會的安定和政權維續，它的政策已理性回應了這些需要，並無背離合理和適宜的原則。「明代經濟政策，符合當日政治需要」，為何「在歷史上背道而馳」？受限於時空的環境和過去經驗，可能才是主要原因。雖然中國被歐洲超越的因子應該在 15-16 世紀早就種下，晚明時已有跡可循，[84]但不要忘了我們是站在當時人們所無法企及、無法想像的高點，來關照這段歷史。過去因種種內外因素（主要是地理、人口和歷史因素），中國選擇了一條和西方不同的道路，或許只是如此簡單罷了。

第四節　以古鑑今

　　歷史研究的一個重要意義和價值在於「吸取往事中的經驗、教訓，以指導自己當下或未來的行為」[85]，蘭克說：「歷史給本書〔《拉丁和條頓民族史》〕的任務是：評判過去，教導現在，以利於未來」。[86]

　　規律的波動和脈動……這個（迄今最後一個）世界經濟長週期的擴張階段—至少在亞洲—持續了三個世紀之久，即從 15 世紀開始，貫穿整個 17 世紀，至少直到 18 世紀前半期，甚至到 18 世紀末……長期擴張的 "A" 階段在 18 世紀晚期的亞洲走到盡頭，隨後是（週期性的？）衰弱……中國經濟只是在 19 世紀初才急劇失序」。參見弗蘭克：《白銀資本》，北京：中央編譯，2001 年，第 460、354、355、368 頁。

[83]　黑格爾：《歷史哲學》，北京：三聯，1956 年，第 44 頁。

[84]　「它〔中國〕在經濟全球化中的優勢逐漸喪失。這當然是進入清朝以後才逐漸讓人們看到的變化，但晚明時代已經初露端倪」。參見樊樹志：《晚明史（上卷）》，上海：復旦大學，2003 年，第 5 頁。

[85]　陳新：〈我們為甚麼要敘述歷史〉，《史學理論研究》，2002 年第 3 期，第 5-18 頁。

[86]　轉引自張廣智、陳新：《西方史學史》，上海：復旦大學，2000 年，第 212 頁。

一、歷史新契機

　　從世界發展的長週期來看，19 世紀初的中國開始步向衰落，和西歐的發展呈現截然不同的局面，但歷史擺盪的脈動又再次回到復甦的一邊，種種跡象顯示中國目前又正處於一個上升的「Ａ」階段。彭慕蘭說：「然而更近的事實可能警告我們注意，東亞與歐洲的差距是一種巨大但暫時的分離……我們根據人均指標做判斷，日本也明顯趕上了最富有的西方國家；台灣和南韓沒有落後很遠，中國沿海重要地區現在看來正在緊隨其後。用某些基礎指標如預期壽命和出生率判斷，甚至中國許多內地區域（儘管以人均 GDP 衡量仍然貧窮）現在看起來也屬於在世界上佔第二位的成功區域」。[87]

　　與中國處於週期性發展上升階段的同時，全球也處於一個發展的轉捩點。1957 年第一顆人造衛星成功發射，預示著一個新紀元「太空權時代」的到來。發展太空技術和進行星際探測，主要目的有三：第一、太空戰場已是人類進行戰爭的制高點，將對未來的戰爭起更大作用，現今太空戰爭主要指的是軍事衛星系統和反衛星系統；第二、太空科技的研發和商品化，對經濟發展有明顯正面助益，一項研究指出，每年美國對航天局的投資，可達6-10 倍的回報；第三、未來藉著星際殖民和採礦，有利於解決困擾人類資源枯竭、環境惡化和人口爆炸的嚴重生存問題。

　　從 1950 年代起，越來越多的人認同以下信念：哪一個國家最先掌握太空，就得以控制和主宰全球人類的未來命運。美國總統約翰甘迺迪，在 1961 年的就職演說中提到：「人們又一次生活

---

[87] 彭慕蘭：《大分流》，南京：江蘇人民，2003 年，第 8 頁（中文版序言）。

在一個充滿發現的時代，宇宙空間是我們無法估量的新邊疆」；[88]
美國空軍太空指揮部指揮官 Lance Lord 將軍表示：「我們必須建
立和維持太空優勢。簡而言之，這是美國的作戰方式……太空優
勢並非我們與生俱來的權利，但這是我們的天命。太空優勢是我
們每天的使命，是我們對未來的願景」。[89]在 2003 年，已有 60
多個國家參與太空技術的發展。[90]

　　中國在海權時代缺席，遭致鴉片戰爭後百餘年的困苦。布羅
代爾說：「教訓是：一次不能定成敗。成功取決於在一個特定時
代中是否趕上機會以及反覆和接連遇到機會。國力同金錢一樣是
可以累積起來的」。[91]歷史興衰是常態，處在太空時代的開端，
中國是否可以恢復昔日的輝煌，端視能否抓住歷史的機遇了。
但更要留意，中國發展的前景，並非沒有隱憂：人口問題、資
源問題、環境問題、區域發展不均問題，以及貧富不均問題等
等，[92]都在在考驗著中國人的智慧和決擇。

二、農民問題

　　當前中國農民稅費負擔和基層政府債務增長形成惡性循
環。以湖北省堅利縣為例，「人民公社時期……老百姓種一畝田
的負擔總共才十多塊錢。一直到 1992 年，一畝田的負擔也沒有

---

[88]　信強：〈太空權論〉，《國際觀察》，2000 年第 4 期，第 39-43 頁。

[89]　聯合報：〈外太空美國軍事新疆域〉，2005 年 5 月 30 日，美國紐約時報新聞精選，第 6 頁。英文原文參見同頁。

[90]　魏楓：〈浩渺太空　大國競雄〉，《時事報告》，2003 年第 3 期，第 42-46 頁。

[91]　布羅代爾：《15 至 18 世紀的物質文明、經濟和資本主義》第三卷，北京：三聯，1996 年，第 37 頁。

[92]　耿慶武：《中國區域經濟發展》，台北：聯經，2001 年，第 xvii-xx（自序）、469-496 頁。

超過 30 元。……以堅利縣 1999 年的年終總結為例，當年全縣農民實際人均收入下降了 800 元，上報的資料卻是增加了 200 元；全縣 80%的農民種田虧本，甚至難以維持簡單的再生產……現在一畝田 200-300 元，農民交不起了」。由於農民負擔加重，種田沒有獲利，一些農民便棄田到都市尋找機會，很多田便荒蕪。基層政府只好採取借貸和人頭稅的方式來籌措經費，但最後本息仍要由農民來出，這又加重農民負擔，如此惡性循環不已。由於農民負擔沈重，因此很難有餘錢來從事農業投資，所以所得難以增加，甚至惡化。[93]

根據中華人民共和國國家統計局網站資料：2003 年鄉村人口的比重佔 59.47%（1980 年佔 80.61%）、城鎮佔 40.53%，可能要到 2020 年，農村人口的比重才可降到 50%以下（作者估計）。城鎮居民和農村居民的消費水平比例，從 1985 年最低的 2.3 倍，惡化到 2003 年的 3.6 倍。農民所得很低，且呈現持續惡化跡象，並在「離土不離鄉」的政策下，不能改變農民身分，造成他們極易遭受不公平對待。另外，一份大膽、粗略估計指出，2003 年農村失業率（農村剩餘勞動力/農村勞動人口）高達 31.25%。[94]當佔人口比例大多數的農民，生計出現問題，感受不到正義和公理，不論對社會的整體穩定性和經濟發展（農民欠缺消費能力[95]），都有不良影響。

晚明興盛的海外貿易，對促進東南沿海地區經濟的繁榮，有不小貢獻。直至 1630 年代，經濟景氣雖有起伏，但基本上，東南沿海地區始終保持了繁華景象。要到 1630 年代中期以後，東

---

[93] 李昌平：〈農村的危機〉，《歧路中國》，台北：聯經，2004 年，第 157-176 頁。
[94] 國家安全局（台灣）：《2003 年大陸經濟統計手冊》，2004 年，第 17 頁。
[95] 龍安志：《中國的世紀》，台北：商周，2002 年，第 12-13 頁。

南富裕地區的經濟才開始轉壞。相對地，1620 年代起，中國西北地區的政經狀況持續惡化，最終造成明朝滅亡。

下文為《劍橋中國明代史》中的兩段文字，對照目前的情況（三農和城市流民問題），[96]實令人警惕。

> 中國由於出口奢侈品而得到大量的日本白銀和西班牙─美洲白銀，這個事實明顯地影響了 16 世紀後期中國某些經濟部門的增長。這種增長證明是一件好處多於壞處的事。在積極方面，在這個國家的先進地區，如南直隸南部、江西，以及沿海省分浙江、福建和廣東，已經是很快的經濟發展速度變得更快了……不管菲律賓的海運、關稅和其他記錄是多麼的不完全，都表明中國商人並沒有等待政府的批准才做生意。在 17 世紀 20 年代末，他們再次開始了同西班牙的大規模貿易。到 1632 年，通過馬尼拉流入中國手中的白銀數量，每年達 200 萬比索〔約合銀 160 萬兩〕，這是一個極大的數目，不完整和有時是矛盾的貿易數字，使概括發生困難，但看來在 17 世紀 30 年代初，由於葡萄牙人通過澳門運入大量白銀，中國同日本的商業活動也大有起色。這些發展似乎給明帝國的這些與海上貿易最直接有關的地區帶來了暫時的繁榮。[97]
>
> 北方─特別是在西北─防區的收縮和衰弱。氣候的變化可能使整個邊境線的勉強維持生計的農業產量降低，但

---

[96] 當代中國問題較明代農業中國複雜得多。中國未來經濟發展隱憂，除農民的問題外，還包括城市發展問題和金融問題。參見溫世仁：《中國經濟的未來》，台北：天下遠見，第 2003 年，第 12-13 頁。

[97] 牟復禮、崔瑞德：《劍橋中國明代史》，北京：中國社會科學，1992 年，第 635、664-665 頁。

社會因素也起了作用。在整個明朝後半期，對於這個地區圍攻的心理已因防守地帶的建立而被破壞無遺，貿易減少了。由於這個地區經濟的衰退和軍事形勢的限制，貨物和人口的流動減少了。文官政府經常關心的事情如果和軍務相比只能擺在次要地位。最後，國家的政策是對她的戍軍減發餉銀甚至拋棄他們（特別是對訓練不足者和年老體弱者更是如此），這就使這些兵卒淪為盜匪。所有這些因素在一起發生作用的結果，便日益增加了北方和西北方邊疆狹窄地帶不穩定的狀態。所以這個地區的地方性混亂狀態在明末的整個社會中雖然談不上是典型的，但它竟會滋生兩支大的流動股匪〔李自成和張獻忠〕，而使 17 世紀 30 年代中國其餘地方大受其害，就不足為奇了。其中一支被稱為李自成〝叛亂〞，它肆意劫掠華北地方，並且很幸運地乘機敲開了北京的大門。它在 1644 年正式地結束了明王朝。[98]

三、最後數語

「上起萬曆元年（1573 年）下迄崇禎十七年（1644 年），正處在歷史大發現後的經濟全球化時代……最讓今人難以相信的是，當時的中國竟然在經濟全球化的世界佔有如此重要的地位，

---

[98] 牟復禮、崔瑞德：《劍橋中國明代史》，北京：中國社會科學，1992 年，第 9-10 頁（導言）。其他的重要趨勢包括：第一、由開國時皇帝的直接統治漸漸向分權制演變；第二、明王朝的對外政策約在 15 世紀中期從積極轉向保守；第三、民間私人海外貿易的興盛發展；第四、中國漢族人口往南方和西南方邊疆地區的擴張；第五、從西北地區退卻（參見上述引文）。牟復禮、崔瑞德：《劍橋中國明代史》，北京：中國社會科學，1992 年，第 4-10 頁（導言）。

不僅鄰近的國家要與中國保持朝貢貿易，或者以走私貿易作為補充，而且遙遠的歐洲國家、美洲國家都捲入與中國的遠程貿易之中，使以絲綢為主的中國商品遍及全世界，作為支付手段的佔全世界產量三分之一或四分之一的白銀源源不斷地流入中國」。[99]

但這個新的經濟因素（經濟全球化、興盛的海外貿易），對晚明中國並未造成太大影響，中國仍約略維持在自身的「劇情主線」，緩慢向前；畢竟對外貿易額佔不到國內生產毛額的 0.4%。除此，晚明政府和民間對此一新情勢的回應，實際上，也不能算是很糟，「官員實際的回應相當機警、彈性和有效，中國商人、工匠、海員非常積極參與新世界的貿易，並在南中國海建立了殖民地」。[100]

「〔歐洲〕利用它從美洲獲得的金錢強行分沾了亞洲的生產、市場和貿易的好處－簡言之，從亞洲在世界經濟中的支配地位中謀取好處。歐洲從亞洲的背上往上爬，然後暫時站到了亞洲的背上」。[101]這裡的亞洲，首指中國，其次是印度。除此，從 15 世紀末開始的全球化初階段，還有兩件事值得注意。其一是中國從 15 世紀中葉起，白銀（秤重貨幣）取代大明寶鈔（不可兌換紙幣），亦即較原始的貨幣（銀塊）取代非常先進的貨幣（紙鈔），而 16 世紀中葉以後大量流入的白銀，更強化了銀塊貨幣制度。第二、16 世紀引進的高產作物（蕃薯、玉米），使中國原本過多的人口進一步增長，可能對中國長期的經濟發展產生巨大障礙。

歷史進展呈現各種不同的週期和多元模式。中國自鴉片戰爭

---

[99] 樊樹志：《晚明史（上卷）》，上海：復旦大學，2003 年，第 4-5 頁。

[100] J. E. Wills, Jr., 'Relations with maritime Europeans, 1514-1662', in D. Twitchett and F. W. Mote ed. *The Cambridge History of China (Vol. 8) – The Ming Dynasty 1368-1644 (Part 2)*, 333-375, Cambridge: Cambridge University Press, 1998.

[101] 弗蘭克：《白銀資本》，北京：中央編譯，2001 年，第 26 頁。

以後，處於下降、衰弱的階段，但 100 餘年在歷史上，只不過是一段很短的時間。目前種種跡象顯示，中國正處於一個新的時代：一個可能的上升階段，[102]但卻端視是否可以從歷史學到教訓、處理難題[103]和把握太空權時代的契機。

---

[102] 「日本趨勢大師大前研一……預估，大陸經濟體在 2007 年將超越英國，在 2008 年將超越德國與日本，躍升為全球第二大經濟體，人民幣在 2008 年之前，將會升值一倍，屆時大陸的經濟規模將是台灣的十到十五倍」，參見聯合報：〈前瞻 2004 年高峰會〉，2004 年 2 月 26 日，第 A10 版。另外，國家主席胡錦濤表示，大陸在 2020 年，GDP 將較 2000 年時成長 4 倍、變為 4 兆美元，人均 GDP 將達 3,000 美元，參見經濟日報：〈大陸 GDP 目標 2020 年 4 兆美元〉，2004 年 4 月 25 日，第 2 版。

[103] 北京大學丁元竹教授的調查報告指出：「這份被學界稱為『盛世危言』的調查報告……請九十八位中外專家進行一次諮詢性的預測。在回答的七十七位專家中，有五十一人認為大陸……最有可能的危機是在社會領域，包括貧富差距擴大、公共衛生狀況惡化、高失業率等；其次是經濟領域，包括三農問題、金融風險等……經濟與社會、城市與農村如果再不能得到協調發展，既定的發展目標將難以實現」。參見大陸新聞中心：〈盛世危言：貧富差距惡化成問題〉，《聯合報》，A13 版，2004 年 8 月 25 日。

參考文獻

外文部份

一、論文

1. W. S. Atwell, 'A seventeenth-century "general crisis" in East Asia?', in G. Parker and L. M. Smith ed. *The General Crisis of the Seventeenth Century*, 235-254, New York: Routledge, 1997.
2. W. S. Atwell, 'International bullion flows and the Chinese economy circa 1530-1650', *Past and Present* 95 (1982), 68-90.
3. W. S. Atwell, 'Ming China and the emerging word economy, c. 1470-1650', in D. Twitchett and F. W. Mote ed. *The Cambridge History of China (Vol. 8) – The Ming Dynasty 1368-1644 (Part 2)*, 376-416, Cambridge: Cambridge University Press, 1998.
4. W. S. Atwell, 'Some observations on the "Seventeenth-Century Crisis" in China and Japan', *Journal of Asian Studies* 45: 2 (1986), 223-244.
5. W. Barrett, 'World bullion flows, 1450-1800,' in J. D. Tracy ed. *The Rise of the Merchant Empire: Long-Distance Trade in the Early Modern World 1350-1750*, 224-254, Cambridge: Cambridge University Press, 1990.
6. D. K. Basset, 'The trade of the English East India Company in the Far East', in O. Prakash ed. *European Commercial Expansion in Early Modern Asia*, 208-236, Aldershot: Variorum, 1997.
7. L. Blusse, 'No boat to China: the Dutch East India Company and the changing pattern of the China Sea trade, 1635-1690', *Modern Asian Studies* 30:1 (1996), 51-76.
8. D. A. Brading and H. E. Cross, 'Colonial silver mining: Mexico and Peru', *The Hispanic American Historical Review* 52: 4 (1972), 545-579.
9. K. S. Chang, 'The maritime scene in China at the dawn of great European discoveries', *Journal of the American Oriental Society* 94: 3 (1974), 347-359.
10. C. N. Chen, 'Bimetallism: Theory and controversy in perspective', *History of Political Economy* 4: 1 (1972), 89-112.

11. C. N. Chen, 'Flexible bimetallic exchange rates in China, 1650-1850: A history of Optimum currency areas', *Journal of Money, Credit and Banking* 7: 1 (1975), 359-376.

12. J. de Vries, 'The population and economy of the preindustrial Netherlands', *Journal of Interdisciplinary History* 15: 4 (1985), 661-682.

13. K. G. Deng, 'Development and its deadlock in imperial China, 221 B.C. – 1840 A.D.' *Economic Development and Cultural Change* 51: 2 (2003), 479-522.

14. A. Dirlik, 'Chinese historians and the Marxist concept of capitalism,' *Modern China* 8: 1 (1982), 105-132.

15. D. F. Doeppers, 'The development of Philippine cities before 1900', *Journal of Asian Studies* 31: 4 (1972), 769-792.

16. K. Eiichi(加藤榮一), 'The Japanese-Dutch trade in the formative period of the seclusion policy: Particularly on the raw silk trade by the Dutch factory at Hirado 1620-1640', *Acta Asiatica* 30 (1976), 34-84.

17. J. K. Fairbank, 'Tributary trade and China's relations with the West', *The Far Eastern Quarterly* 1: 2 (1942), 129-149.

18. E. L. Farmer, 'The Cambridge History of China. Volume 7, The Ming Dynasty, 1368-1644, Part 1.' (Book Review), *American Historical Review* 95: 5 (1990), 1601-1602.

19. A. Feuerwerker, 'Presidential address: Questions about China's early modern economic history that I wish I could answer', *The Journal of Asian Studies* 51: 4 (1992), 757-769.

20. A. Feuerwerker, 'The state and the economy in late imperial China', *Theory and Society* 13: 3 (1984), 297-326.

21. R. Finlay, 'Portuguese and Chinese maritime imperialism: Camões's *Lusiads* and Luo Maodeng's *Voyage of the San Bao Eunuch*', *Comparative Studies in Society and History* 34: 2 (1992), 225-241.

22. D. O. Flynn, A. Giráldez and J. Sobredo, 'Introduction', in D. O. Flynn ed. *European Entry into the Pacific: Spain and the Acapulco-Manila Galleons*, xiii-xliii, Aldershot: Ashgate, 2001.

23. J. M. Headley, 'Spain's Asian presence, 1565-1590: Structures and aspirations', *The Hispanic American Historical Review* 75: 4 (1995), 623-646.

24. M. Heijdra, 'The socio-economic development of rural China during the Ming', in D. Twitchett and F. W. Mote ed. *The Cambridge History of China (Vol. 8): The Ming Dynasty 1368-1644 (Part 2)*, 417-518, Cambridge: Cambridge University Press,

1998.

25. C. L. Jones, 'The Spanish administration of Philippine commerce', *Proceeding of the American Political Science Association* 3 (1906), 180-193.

26. T. Kazui （田代和生）and S. D. Videen, Foreign relations during the Edo period: Sakoku reexamined, *Journal of Japanese Studies* 8: 2 (1982), 283-306.

27. S. S. Kim, 'East Asia and globalization: Challenges and responses', in .S. S. Kim ed. *East Asia and Globalization*, 1-26, Maryland: Rowman & Littlefield, 2000.

28. A. Kobata（小葉田淳）, 'The production and uses of gold and silver in sixteenth- and seventeenth-century Japan', *The Economic History Review* 18: 2 (1965), 245-266.

29. J. A. Larkin, 'Philippine history reconsidered: A socioeconomic perspective', *The American Historical Review* 87: 3 (1982), 595-628.

30. J. Lee, 'Trade and economy in preindustrial East Asia, c. 1500 - c. 1800: East Asia in the age of global integration', *The Journal of Asian Studies* 58: 1 (1999), 2-26.

31. L. M. Li, 'Introduction: Food, famine, and the Chinese state', *The Journal of Asian Studies* 41: 4 (1982), 687-707.

32. G. Parker and L. M. Smith, 'Introduction' in G. Parker and L. M. Smith ed. *The General Crisis of the Seventeenth Century*, 1-31, New York: Routledge, 1997.

33. C. C. Plehn, 'Commerce and tariffs in the Philippines,' *The Journal of Political Economy* 10: 4 (1902), 501-513.

34. C. C. Plehn, 'Taxation in the Philippines II', *Political Science Quarterly* 17: 1 (1902), 125-148.

35. J. Porter, 'The transformation of Macao', *Pacific Affairs* 66: 1 (1993), 7-20.

36. O. Prakash, 'Introduction', in O. Prakash ed. *European Commercial Expansion in Early Modern Asia*, xv-xxvi, Aldershot: Variorum, 1997.

37. O. Prakash, 'Trade in a culturally hostile environment: Europeans in the Japan trade 1550-1700', in O. Prakash ed. *European Commercial Expansion in Early Modern Asia*, 117-128, Aldershot: Variorum, 1997.

38. R. Ramano, 'Between the sixteenth and seventeenth centuries: The economic crisis of 1619-1622', in G. Parker and L. M. Smith ed. *The General Crisis of the Seventeenth Century*, 153-205, New York: Routledge, 1997.

39. A. Reid, 'The seventeenth-century crisis in southeast Asia,' *Modern Asia Studies* 24: 4 (1990), 639-659.

40. I. Seiichi（岩生成一）, 'Japanese foreign trade in the 16th and 17th centuries', *Acta Asiatica* 30 (1976), 1-18.

41. N. Steensgaard, 'The seventeenth-century crisis', in G. Parker and L. M. Smith ed. *The General Crisis of the Seventeenth Century*, 32-56, New York: Routledge, 1997.

42. J. J. TePaske, 'New World silver, Castile, and the Philippines, 1590-1800', in J. F. Richards ed. *Precious Metals in the Late Medieval and Early Modern Worlds*, 425-445, Durham: Carolina Academic Press, 1983.

43. R. von Glahn, 'Myth and reality of China's seventeenth-century monetary crisis', *The Journal of Economic History* 56: 2 (1996), 429-454.

44. Y. C. Wang, 'Notes on the sprouts of capitalism', in A. Feuerwerker ed. *Chinese Social and Economic History from the Song to 1900*, 51-57, Ann Arbor: Center for Chinese Studies, University of Michigan, 1982.

45. Y. C. Wang, 'Secular trend of rice prices in the Yangzi Delta', in T. Rawski and L. Li ed. *Chinese History in Economic Perspective*, 35-68, Berkeley: University of California Press, 1992.

46. J. E. Wills, Jr., 'Maritime Asia, 1500-1800: The interactive emergence of European domination', *The American Historical Review* 98: 1 (1993), 83-105.

47. J. E. Wills, Jr., 'Relations with maritime Europeans, 1514-1662', in D. Twitchett and F. W. Mote ed. *The Cambridge History of China (Vol. 8): The Ming Dynasty 1368-1644 (Part 2)*, 333-375, Cambridge: Cambridge University Press, 1998.

48. J. W. Witek, 'The seventeenth-century European advance into Asia: A review article', *Journal of Asian Studies* 53: 3 (1994), 867-880.

49. K. Yamamura （山村耕山）and T. Kamiki（神木哲男）, 'Silver mines and Sung coins: A monetary history of medieval and modern Japan in international perspective', in J. F. Richards ed. *Precious Metals in the Late Medieval and Early Modern World*, 329-362, Durham: Carolina Academic Press, 1983.

二、專書

50. E. H. Blair, J. A. Robertson and E. G. Bourne, *The Philippine Islands 1493-1898*, Cleveland: A. H. Clark, 1909.

51. E. G. Bourne, *Spain in America 1450-1580*, New York: Harper &

Row, 1968.

52. C. R. Boxer, *Fidalgos in the Far East*, London: Oxford University Press, 1968.

53. C. R. Boxer, *Four Centuries of Portuguese Expansion, 1415-1825: A Succinct Survey*, Berkeley: University of California Press, 1969.

54. C. R. Boxer, *Portuguese Merchants and Missionaries in Feudal Japan, 1543-1640*, London: Variorum, 1986.

55. C. R. Boxer, *Portuguese Trade in Asia under the Habsburgs, 1580-1640*, Baltimore: Johns Hopkins University Press, 1993.

56. C. R. Boxer, *The Dutch Seaborne Empire 1600-1800*, Harmondswoth: Penguin, 1990.

57. C. R. Boxer, *The Great Ship from Amacon*, Macao: Instituto Cultural de Macau, 1988.

58. C. R. Boxer, *The Portuguese Seaborne Empire, 1415-1825*, London: Hutchinson, 1969.

59. F. Braudel, *After Thoughts on Material Civilization and Capitalism*, Baltimore: Johns Hopkins University Press, 1977.

60. V. M. Campbell, *Formosa under the Dutch: Described from Contemporary Records with Explanatory Notes and a Bibliography of the Islands*, Taipei: SMC, 2001.

61. T´ien-tsê Chang, *Sino-Portuguese Trade from 1514-1644: A Synthesis of Portuguese and Chinese Sources*, Leyden: Late E. J. Brill, 1969.

62. P. Chaunu, *Les Philippines et le Pacifique des Iberiques*, Paris: S.E.V.P.E.N., 1960.

63. J. Cribb, B. Cook, and I. Carradice, *The Coin Atlas: The World of Coinage from its Origins to the Present Day*, New York: Macdonald, 1990.

64. R. T. Davies, *The Golden Century of Spain 1501-1621*, London: Macmillan, 1954.

65. M. Elvin, *The Pattern of the Chinese Past*, Stanford: Stanford University Press, 1973.

66. B. Felderer and S. Homburg, *Macroeconomics and New Macroeconomics*, Berlin: Springer-Verlag, 1987.

67. A. Felix, Jr., *The Chinese in the Philippines 1570-1770 (Vol. 1)*, Manila: Solidaridad Publishing House, 1966.

68. K. Glamann, *Dutch-Asiatic trade 1620-1740*, Hague: Martinus Nijhoff, 1958.

69. J. I. Israsel, *Dutch Primacy in World Trade 1585-1740*, Oxford: Oxford University Press, 1990.

70. S. S. C. Liao, *Chinese Participation in Philippine Culture and Economy*, Manila: S.N., 1964.

71. A. T. Mahan, *The Influence of Sea Power upon History 1660-1783*, Boston: Little Brown and Company Press, 1918.

72. R. B. Marks, *Tigers, Rice, Silk, and Silt: Environment and Economy in Late Imperial South China*, Cambridge: Cambridge University Press, 1998.

73. J. E. B. Mateo, *Spaniards in Taiwan (Documents), Vol. I: 1582-1641*, Taipei: SMC, 2001.

74. J. Murdoch, *A History of Japan (Vol. II)*, New York: Frederick Ungar Publishing, 1964.

75. S. Naquin and E. S. Rawski, *Chinese Society in the Eighteenth Century*, New Haven: Yale University Press, 1987.

76. G. Parker and L. M. Smith (ed.), *The General Crisis of the Seventeenth Century*, New York: Routledge, 1997.

77. K. Pomeranz, *The Great Divergence: China, Europe, and the Making of the Modern World Economy*, Princeton: Princeton University Press, 2000.

78. O. Prakash (ed.), *An Expanding World: The European Impact on World History 1450-1800 (Vol. 10)--European Commercial Expansion in Early Modern Asia*, Aldershot: Variorum, 1997.

79. A. J. R. Russell, *The Portuguese Empire 1415-1808: A World on the Move*, Baltimore: Johns Hopkins University Press, 1998.

80. W. L. Schurz, *The Manila Galleon: The Romantic History of the Spanish Galleons Trading between Manila and Acapulco*, New York: E. P. Dutton, 1959.

81. C. G. F. Simkin, *The Traditional Trade of Asia*, London: Oxford University Press, 1968.

82. G. B. Souza, *The Survival of Empire: Portuguese Trade and Society in China and the South China Sea, 1630-1754*, Cambridge: Cambridge University Press, 1986.

83. S. Subrahmanyam, *The Portuguese Empire in Asia, 1500-1700: A Political and Economic History*, New York: Longman, 1993.

84. N. Tarling, *The Cambridge History of Southeast Asia (Vol. 1): From Early Times to c. 1800*, Cambridge: Cambridge University Press, 1992.

85. D. Twitchett and F. W. Mote (ed.), *The Cambridge History of China (Vol. 8): The Ming Dynasty 1368-1644 (Part 2)*, Cambridge: Cambridge University Press, 1998.

86. J. C. van Leur, *Indonesian Trade and Society: Essays in Asian Social and Economic History*, Hague: W. van Hoeve, 1955.

87. R. von Glahn, *Fountain of Fortune: Money and Monetary Policy in China 1000-1700*, Berkeley: University of California Press, 1996.

88. E. Weber, *A Modern History of Europe: Men, Cultures, and Societies from the Renaissance to the Present*, New York: W. W. Norton, 1971.

89. 永積洋子：《唐船輸出入品數量一覽 1637～1833 年—復元 唐船貨物改帳・歸帆荷物買渡帳》，東京：創文社，1987 年。

90. 岩生成一：《新版朱印船貿易史の研究》，東京：岩波，1985 年。

91. 松浦章：《中國の海賊》，東京：東方書店，1995 年。

92. 松浦章：《寬政元年土佐漂著安利船資料—江戶時代漂著唐船資料集三》，吹田：關西大學東西學術研究所，1989 年。

中文部份

一、期刊

93. 丁順茹：〈明季葡萄牙殖民者佔據澳門緣由管見〉，《學術研究》，1999 年第 6 期，第 1-6 頁。

94. 王大慶：〈1980 年以來中國古代重農抑商問題研究綜述〉，《中國史研究動態》，2000 年第 3 期，第 11-18 頁。

95. 王業鍵：〈中國近代貨幣與銀行的演進（1644-1937）〉，《清代經濟史論文集（一）》，台北：稻鄉，2003 年，第 179-180 頁。

96. 王業鍵：〈近代中國農業的成長及其危機〉，《中央研究院近代史研究所集刊》，1978 年第 7 期，第 255-270 頁。

97. 史志宏：〈明及清前期保守主義的海外貿易政策〉，《中國經濟史研究》，2004 年第 2 期，第 33-41 頁。

98. 石錦：〈明清間農業結構的轉變〉，《新史學》，1990 年創刊號，第 97-105 頁。

99. 仲偉民：〈資本主義萌芽問題研究的學術史回顧與反思〉，《學術界》，2003 年第 4 期，第 223-240 頁。

100. 任克：〈明代絲織業中出現資本主義萌芽的原因淺探（下）〉，《蘇州絲綢工學院學報》，1999 年第 1 期，第 77-80 頁。

101. 全漢昇、李龍華：〈明代中葉後太倉歲出銀兩的研究〉，《中國文化研究所學報》，1974 年第 6 卷第 1 期，第 169-244 頁。

102. 全漢昇：〈明中葉後中日間的絲銀貿易〉,《中央研究院歷史語文研究所集刊》, 1984 年第 55 本第 4 分, 第 635-649 頁。

103. 全漢昇：〈明中葉後中國黃金的輸出貿易〉,《中央研究院歷史語文研究所集刊》, 1982 年第 53 本第 2 分, 第 213-225 頁。

104. 全漢昇：〈明季中國與菲律賓的貿易〉,《中國經濟史論叢》, 台北：稻禾, 1996 年, 第 417-434 頁。

105. 全漢昇：〈明清間美洲白銀的輸入中國〉,《中國經濟史論叢》, 台北：稻禾, 1996 年, 第 435-450 頁。

106. 全漢昇：〈珀金斯：〈一三六八至一九六八年中國農業的發展〉〉,《香港中文大學中國文化研究所學報》, 1973 年第 6 卷第 1 期, 第 347-351 頁。

107. 全漢昇：〈美洲白銀與明清間中國海外貿易的關係〉,《新亞學報》, 1983 年第 16 卷（上）, 第 1-22 頁。

108. 全漢昇：〈再論十七八世紀的中荷貿易〉,《中央研究院歷史語言研究所集刊》, 1993 年第 63 本第 1 分, 第 33-66 頁。

109. 全漢昇：〈自明季至清中葉西屬美洲的中國絲貨貿易〉,《中國經濟史論叢》, 台北：稻禾, 1996 年, 第 451-473 頁。

110. 全漢昇：〈明代中葉後澳門的海外貿易〉,《中國近代經濟史論叢》, 台北：稻禾, 1996 年, 第 135-157 頁。

111. 全漢昇：〈明代的銀課與銀產量〉,《中國經濟史研究》, 台北：新亞, 1991 年, 第 601-623 頁。

112. 全漢昇：〈明清時代雲南的銀課與銀產額〉,《新亞學報》, 1967 年第 9 期, 第 61-88 頁。

113. 朱華：〈中國資本主義發生條件再探討〉,《上海行政學院學報》, 2001 年第 1 期, 第 43-54 頁。

114. 朱雲鵬、譚瑾瑜：〈從世界經濟論壇競爭力報告談政府角色〉,《國家政策論壇》, 2002 年第 2 卷第 4 期, 第 170-180 頁。

115. 江太新：〈關於資本主義萌芽問題討論二三事〉,《中國經濟史研究》, 2003 年第 3 期, 第 14-24 頁。

116. 何孟興：〈從《熱蘭遮城日誌》看荷蘭人在閩海的活動（1624-1630 年）〉,《台灣文獻》, 2001 年第 52 卷第 3 期, 第 341-356 頁。

117. 何芳川：〈葡萄牙與近代太平洋貿易網的形成〉,《文化雜誌》, 1998 年第 34 期, 第 33-38 頁。

118. 何順果：〈資本主義萌芽問題新論〉,《北京大學學報（哲學社會科學版）》, 1998 年第 3 期, 第 69-76 頁。

119. 何耀光：〈中國歷代海權特質初探〉,《海軍學術月刊》, 1999

年第 33 卷第 2 期，第 16-29 頁。

120. 吳承明：〈要重視商品流通在傳統經濟向市場轉換中的作用〉，《中國經濟史研究》，2004 年第 2 期，第 1-2 頁。

121. 吳承明：〈從傳統經濟到現代經濟的轉變〉，《中國經濟史研究》，2003 年第 1 期，第 3-5 頁。

122. 吳承明：〈經濟學理論與經濟史研究〉，《中國經濟史研究》，1995 年第 1 期，第 1-7 頁。

123. 吳琦、趙秀麗：〈明代財政的症結—中央與地方的政策執行差異〉，《江西師範大學學報（哲學社會科學版）》，2004 年第 1 期，第 112-117 頁。

124. 吳聰敏：〈從平均每人所得的變動看臺灣長期經濟的發展〉，《經濟論文叢刊》，2004 年第 32 輯第 3 期，第 293-319 頁。

125. 李木妙：〈明清之際中國的海外貿易發展—以馬戛爾尼使華前的中英貿易為案例〉，《新亞學報》，1997 年第 18 卷，第 99-149 頁。

126. 李木妙：〈海上絲路與環球貿易—以十六至十八世紀中國海外貿易為案例〉，《新亞學報》，2003 年第 22 卷，第 303-356 頁。

127. 李伯重：〈明清江南棉紡織業的勞動生產力〉，《中央研究院第三屆國際漢學會議論文集（歷史組）—經濟史、都市文化與物質文化》，台北：中央研究院歷史語言研究所，2002 年，第 87-118 頁。

128. 李伯重：〈英國模式、江南道路與資本主義萌芽〉，《歷史研究》，2001 年第 1 期，第 116-126 頁。

129. 李昌平：〈農村的危機〉，《歧路中國》，台北：聯經，2004 年，第 157-176 頁。

130. 李金明：〈十六世紀中國海外貿易的發展與漳州月港的崛起〉，《南洋問題研究》，1999 年第 4 期，第 1-9 頁。

131. 李毓中：〈「太平洋絲綢之路」研究的回顧與展望〉，《新史學》，1999 年第 10 卷第 2 期，第 145-169 頁。

132. 汪敬虞：〈"同治銀幣"的歷史意義〉，《中國經濟史研究》，2003 年第 4 期，第 3-14 頁。

133. 周友光：〈從重商主義到工業主義〉，《武漢大學學報（哲學社會科學版）》，1994 年第 3 期，第 96-102 頁。

134. 孟祥才：〈中國資本主義萌芽問題斷想〉，《山東大學學報（社會科學版）》，2002 年第 3 期，第 1-4 頁。

135. 林天蔚：〈試論我國的重農抑商時代與重農輕商時代〉，《中國文化復興月刊》，1982 年第 15 卷第 5 期，第 27-32 頁。

136. 林滿紅:〈中國的白銀外流與世界金銀減產(1814-1850)〉,《中國海洋發展史論文集(第四輯)》,台北:中央研究院人文社會科學研究所,1991 年,第 1-44 頁。

137. 林滿紅:〈明清的朝代危機與世界經濟蕭條〉,《新史學》,1990 年第 1 卷第 4 期,第 127-147 頁。

138. 邱澎生:〈十八世紀雲南銅材市場中的官商關係與利益觀念〉,《中央研究院歷史語言研究所集刊》,2001 年第 72 本第 1 分,第 49-119 頁。

139. 信強:〈太空權論—地緣政治的新高點〉,《國際觀察》,2000 年第 4 期,第 39-43 頁。

140. 施子愉:〈從有關鄭和下西洋的三項文獻看明代的對外政策和輿論〉,《文化雜誌》,1995 年第 22 期,第 161-169 頁。

141. 施瀚文、龔抗云:〈論明代中後期海外貿易思想〉,《探求》,2004 年第 2 期,第 44-47 頁。

142. 范毅軍:〈明中葉以來江南市鎮的成長趨勢與擴張性質〉,《中央研究院歷史語言研究所集刊》,2002 年第 73 本第 3 分,第 443-552 頁。

143. 范毅軍:〈明代中葉太湖以東地區的市鎮發展與地區開發〉,《中央研究院歷史語言研究所集刊》,2004 年第 75 本第 1 分,第 149-221 頁。

144. 孫海峰:〈略論明朝的海洋政策〉,《河南大學學報(社會科學版)》,2003 年第 2 期,第 66-68 頁。

145. 晁中辰:〈朱元璋為甚麼實行海禁?〉,《歷史月刊》,1996 年第 104 期,第 81-87 頁。

146. 馬超群:〈鄭和下西洋與西方人航海的比較研究〉,《文化雜誌》,1995 年第 22 期,第 130-138 頁。

147. 張文木:〈論中國海權〉,《世界經濟與政治》,2003 年第 10 期,第 8-15 頁。

148. 張廷茂:〈明季澳門與馬尼拉的海上貿易〉,《嶺南文史》,1999 年第 1 期,第 12-15 頁。

149. 張廷茂:〈明清交替之際的澳門海上貿易〉,《文化雜誌》,1997 年第 33 期,第 81-85 頁。

150. 張和平:〈從韋伯的社會假說看資本主義萌芽與清代中國社會〉,《中國社會經濟史研究》,1998 年第 1 期,第 85-95 頁。

151. 張彬村:〈十六—十八世紀中國海貿思想的演進〉,《中國海洋發展史論文集(第二輯)》,台北:中央研究院三民主義研究所,1986 年,第 39-57 頁。

152. 張彬村：〈十六世紀舟山群島的走私貿易〉，《中國海洋發展史論文集（第一輯）》，台北：中央研究院中山人文社會科學研究所，1984 年，第 71-95 頁。

153. 張彬村：〈十六至十八世紀華人在東亞水域的貿易優勢〉，《中國海洋發展史論文集（第三輯）》，台北：中央研究院中山人文社會科學研究所，1988 年，第 345-368 頁。

154. 張增信：〈明季東南海寇與巢外風氣（1567-1644）〉，《中國海洋發展史論文集（第三輯）》，台北：中央研究院中山人文社會科學研究所，1988 年，第 313-344 頁。

155. 張德明：〈論 16 世紀葡萄牙在亞太地區擴張活動的性質〉，《世界歷史》，2003 年第 4 期，第 67-74 頁。

156. 戚洪：〈試析明清時期的澳門貿易〉，《徐州師範大學學報》，1999 年第 25 卷第 4 期，第 78-81 頁。

157. 曹永和：〈試論明太祖的海洋交通政策〉，《中國海洋發展史論文集（第一輯）》，台北：中央研究院中山人文社會科學研究所，1984 年，第 41-70 頁。

158. 梅新育：〈明季以降白銀內流及其對中國經濟制度之影響〉，《文化雜誌》，1999 年第 39 期，第 3-23 頁。

159. 盛菊、李令彬：〈從賃居到強佔－葡萄牙人入據澳門的歷史及其原因〉，《淮北師院學報（哲學社會科學版）》，1999 年第 4 期，第 61-64 頁。

160. 莊國土：〈16-18 世紀白銀流入中國數量估算〉，《中國錢幣》，1995 年第 3 期，第 3-10 頁。

161. 莊國土：〈略論早期中國與葡萄牙關係的特點 1513-1613〉，《文化雜誌》，1994 年第 18 期，第 4-8 頁。

162. 許壬馨：〈菲律賓早期的唐人街—八連（Pariah）的商業活動及其沿革 1582-1860〉，《暨南史學》，1998 年第 1 期，第 43-61 頁。

163. 許振明、唐正儀：〈如何提升國家競爭力〉，《國政研究報告》，2002 年 5 月 2 日，財金（研）091-020 號。

164. 許華：〈海權與近代中國的歷史命運〉，《福建論壇（文史哲版）》，1998 年第 5 期，第 25-28 頁。

165. 陳小錦：〈明清時期澳門在中西貿易中的地位〉，《廣西師範學報（哲學社會科學版）》，2001 年第 22 卷第 2 期，第 114-118 頁。

166. 陳玉英：〈明代貢舶貿易研究〉，《樹德學報》，1975 年第 3 期，

第 189-216 頁。

167. 陳東有：〈禁海與通商—明清時期海洋政策的本質〉，《歷史月刊》，2004 年第 192 期，第 44-49 頁。

168. 陳荊和：〈林鳳襲擊馬尼拉事件〉，《明代國際關係》，台北：學生，1968 年，第 109-130 頁。

169. 陳國棟：〈書評－韓振華著《航海交通貿易研究》〉，《漢學研究》，2003 年第 21 卷第 1 期，第 445-451 頁。

170. 陳捷先：〈略述明朝亡國的原因〉，《歷史月刊》，2004 年第 194 期，第 55-64 頁。

171. 陳新：〈我們為甚麼要敘述歷史〉，《史學理論研究》，2002 年第 3 期，第 5-18 頁。

172. 陳鴻琦：〈白銀在中國的流通〉，《國立歷史博物館館刊-兼記歷史博物館藏銀錠》，1999 年第 69 期，第 58-63 頁。

173. 喻常森：〈明清之際中國與荷屬東印度殖民地的交往〉，《中山大學學報（社會科學版）》，2001 年第 169 期，第 69-75 頁。

174. 彭小甫：〈十五至十九世紀中西海權的消長大事年表〉，《人文及社會科學教學通訊》，1991 年第 1 卷第 6 期，第 207-215 頁。

175. 彭澤益：〈從明代官營織造的經營方式看江南絲織業生產的性質〉，《明清資本主義萌芽研究論文集》，台北：谷風，1987 年，第 380-427 頁。

176. 程洪、羅翠芳：〈試論中西 16 世紀商業資本的不同命運〉，《武漢教育學院學報》，2000 年第 5 期，第 55-63 頁。

177. 童書業：〈重論「鄭和下西洋」事件之貿易性質〉，《明代國際貿易》，台北：學生，1968 年，第 97-108 頁。

178. 黃金茂：〈重商主義要論〉，《企銀季刊》，1995 年第 18 卷第 4 期，第 1-8 頁。

179. 黃啟臣、張德信：〈一部揭示貿易全球化的佳作—讀松浦章《清代海外貿易史の研究》〉，《史學集刊》，2003 年第 4 期，第 102-103 頁。

180. 黃啟臣、鄧開頌：〈明代澳門對外貿易的發展〉，《文化雜誌》，1987 年第 5 期，第 107-112 頁。

181. 黃啟臣：〈明末在菲律賓的華人經濟〉，《華僑華人歷史研究》，1998 年第 1 期，第 17-24 頁。

182. 黃啟臣：〈16-19 世紀中葉中國政府對澳門海關的管理〉，《文化雜誌》，1998 年第 34 期，第 53-62 頁。

183. 黃曉峰：〈澳門開埠時期的歷史觀察〉，《文化雜誌》，1997 年

第 33 期，第 73-80 頁。

184. 黃鴻釗：〈明清時期澳門海外貿易的盛衰〉,《江海學刊》,1999年第 6 期，第 118-132 頁。

185. 楊仁飛：〈走私與反走私—從檔案看明清時期澳門對外貿易中的中國商人〉,《文化雜誌》,2003 年第 48 期，第 81-88 頁。

186. 萬明：〈明代白銀貨幣化—中國與世界連接的新視角〉,《河北學刊》,2004 年第 24 卷第 3 期，第 145-154 頁。

187. 萬明：〈明代白銀貨幣化的初步考察〉,《中國經濟史研究》,2003年第 2 期，第 39-49 頁。

188. 萬明：〈晚明社會變遷—研究視角的轉換〉,《中國文化研究》,2004 年第 1 期，第 2-4 頁。

189. 趙岡：〈過密型生產模式的提法錯了嗎〉,《中國社會經濟史研究》,2004 年第 2 期，第 1-3 頁。

190. 劉小魯：〈貿易收支、銀貨危機與明末資本主義萌芽的夭折〉,《蘇州科技學院學報（社會科學）》,2003 年第 3 期，第 102-106頁。

191. 劉永成：〈論中國資本主義萌芽的歷史前提〉,《明清資本主義萌芽研究論文集》,台北：谷風，1987 年，第 1-29 頁。

192. 劉序楓：〈明末清初的中日貿易與日本華僑社會〉,《人文及社會科學集刊》,1999 年第 11 卷第 3 期，第 435-473 頁。

193. 劉景華、鄒自平：〈十七世紀危機中的經濟轉型〉,《長沙電力學院學報（社會科學版）》,2003 年第 1 期，第 64-66 頁。

194. 劉雲村：〈關於中國資本主義萌芽問題的商榷〉,《明清資本主義萌芽研究論文集》,台北：谷風，1987 年，第 105-140 頁。

195. 劉增泉：〈明清之際中國陶瓷西傳歐洲始末〉,《淡江史學》,1990年第 2 期，第 73-81 頁。

196. 劉學祥：〈從明朝中後期的民族政策看葡萄牙殖民者竊佔澳門得逞的原因〉,《中國邊疆史地研究》,2000 年第 36 期，第 53-64頁。

197. 樊樹志：〈"全球化"視野下的晚明〉,《復旦學報（社會科學版）》,2003 年第 1 期，第 67-75 頁。

198. 樊樹志；〈"倭寇"新論—以嘉靖"大倭寇"為中心〉,《復旦學報（社會科學版）》,2000 年第 1 期，第 37-46 頁。

199. 鄭永昌：〈中日有關明代白銀史研究之回顧〉,《國立台灣師範大學歷史學報》,1992 年第 20 期，第 235-253 頁。

200. 鄭永常：〈明太祖朝貢貿易體制的建構與挫折〉,《新亞學報》,

2003 年第 22 卷，第 457-498 頁。

201. 鄭樑生：〈明朝海禁與日本的關係〉，《漢學研究》，1983 年第 1 卷第 1 期，第 133-162 頁。

202. 錢江：〈1570-1760 年中國和呂宋貿易的發展及貿易額的估算〉，《中國社會經濟史研究》，1986 年第 3 期，第 69-78、117 頁。

203. 霍有光：〈宋代的銀礦開發冶鍊成就〉，《科學技術與辯證法》，1994 年第 5 期，第 28-34 頁。

204. 聶德寧：〈明末清初中國帆船與荷蘭東印度公司的貿易關係〉，《南洋問題研究》，1994 年第 3 期，第 67-74、87 頁。

205. 聶德寧：〈明末清初澳門的海外貿易〉，《廈門大學學報（哲學社會科學版）》，1994 年第 3 期，第 64-70 頁。

206. 顏廣文：〈再論明政府允許葡人租借澳門的原因〉，《中國邊疆史地研究》，1999 年第 2 期，第 42-50 頁。

207. 魏華仙：〈近二十年來明朝海禁政策研究綜述〉，《中國史動態研究》，2000 年第 4 期，第 12-18 頁。

208. 魏楓：〈浩渺太空　大國競雄〉，《時事報告》，2003 年第 3 期，第 42-46 頁。

二、專書

209. 王超華（編）：《歧路中國》，台北：聯經，2004 年。

210. 全漢昇：《中國經濟史論叢》，台北：稻禾，1996 年。

211. 朱維錚：《利瑪竇中文著譯集》，上海：復旦大學，2001 年。

212. 何炳棣：《中國歷代土地數字考實》，台北：聯經，1995 年。

213. 何曉東：《菲律賓古近代史》，台北：三民，1976 年。

214. 吳承明：《市場、近現代化、經濟史論》，昆明：雲南大學，1996 年。

215. 李伯重：《多視角看江南經濟史（1250-1850）》，北京：三聯，2003 年。

216. 李伯重：《江南早期的工業化（1550-1850 年）》，北京：社會科學文獻，2000 年。

217. 李伯重：《發展與制約—明清江南生產力研究》，台北：聯經，2002 年。

218. 李金明：《明代海外貿易史》，北京：中國社會科學，1990 年。

219. 李慶新：《明代海洋貿易制度研究》，南開大學歷史學研究所博士論文，2004 年。

220. 沈宗瑞：《略論資本主義的歷史與發展》，台北：幼獅，1993年。

221. 谷風編輯部（編）：《明清資本主義萌芽研究論文集》，台北：谷風，1987年。

222. 林仁川：《明末清初私人海上貿易》，上海：華東師範大學，1986年。

223. 林偉盛：《荷據時期東印度公司在台灣的貿易》，台灣大學歷史學研究所博士論文，1998年。

224. 范金民、金文：《江南絲綢史研究》，北京：新華，1993年。

225. 范金民：《明清江南商業的發展》，南京：南京大學，1998年。

226. 唐力行：《商人與中國近世社會》，台北：台灣商務，1997年。

227. 耿慶武：《中國區域經濟發展》，台北：聯經，2001年。

228. 張海英：《明清江南商品流通與市場體系》，上海：華東師範大學，2001年。

229. 張增信：《明季東南中國的海上活動（上編）》，台北：中國學術著作獎助委員會，1988年。

230. 張廣智、陳新：《西方史學史》，上海：復旦大學，2000年。

231. 曹永和：《中國海洋史論集》，台北：聯經，2000年。

232. 曹永和：《台灣早期歷史研究續集》，台北：聯經，2000年。

233. 曹樹基，《中國移民史—第五卷明時期》，福州：福建人民，1997年。

234. 曹樹基：《中國人口史—第五卷清時期》，上海：復旦大學，2001年。

235. 曹樹基：《中國人口史—第四卷明時期》，上海：復旦大學，2000年。

236. 許滌新、吳承明：《中國資本主義的萌芽》，北京：人民，1985年。

237. 陳烈甫，《菲律賓的歷史與中菲關係的過去與現在》，台北：正中，1968年。

238. 陳學文：《明清社會經濟史研究》，台北：稻禾，1991年。

239. 彭信威：《中國貨幣史》，上海：人民，1988年。

240. 湯綱、南炳文：《明史（上）》，上海：上海人民，1985年。

241. 黃仁宇：《中國大歷史》，台北：聯經，1993年。

242. 黃仁宇：《放寬歷史的視界》，台北：允晨文化，1999年。

243. 楊彥杰：《荷據時代台灣史》，台北：聯經，2000年。

244. 溫世仁：《溫世仁觀點—中國經濟的未來》，台北：天下遠見，2003年。

245. 萬明：《中國融入世界的步履—明與清前期海外政策比較研究》，北京：社會科學文獻，2000年。
246. 葉世昌、潘連貴：《中國古近代金融史》，上海：復旦大學，2001年。
247. 鄒逸麟（編）：《中國歷史人文地理》，北京：科學，2001年。
248. 樊樹志：《明清江南市鎮探微》，上海：復旦大學，1990年。
249. 樊樹志：《國史概要》，上海：復旦大學，2001年。
250. 樊樹志：《晚明史（上卷）》，上海：復旦大學，2003年。
251. 蕭清：《中國古代貨幣思想史》，台北：台灣商務，1992年。
252. 戴逸：《18世紀的中國與世界》，瀋陽：遼海，1999年。

三、翻譯

（1）論文

253. 內田直作：〈明代的朝貢貿易制度〉，《明代國際貿易》，台北：學生，1968年，第61-70頁。
254. 巴列托：〈16-17世紀澳門的地位〉，《文化雜誌》，1998年第36/37期，第69-82頁。
255. 永積洋子：〈由荷蘭史料看十七世紀的台灣貿易〉，《中國海洋發展史論文集（第七輯）》，第37-57頁，台北：中央研究院社會科學研究所，1999年。
256. 永積洋子：〈荷蘭的台灣貿易（下）〉，《台灣風物》，1993年第43卷第3期，第45-91頁。
257. 永積洋子：〈荷蘭的台灣貿易（上）〉，《台灣風物》，1993年第43卷第1期，第13-43頁。
258. 安娜・瑪麗亞・萊唐：〈耶穌會教士與對日貿易〉，《文化雜誌》，1993年第13/14期，第37-45頁。
259. 依查烏・山度士：〈十六、十七世紀圍繞澳門的葡中關係〉，《文化雜誌》，1989年第7/8期，第3-9頁。
260. 岩生成一：〈在台灣的日本人〉，《國立中央圖書館台灣分館館刊》，1998年第5卷第2期，第77-92頁。
261. 倪來恩、夏維中：〈外國白銀與明帝國崩潰—關於明宋外國白銀的輸入及其作用的重新檢討〉，《中國社會經濟史研究》，1990年第3期，第46-56頁。
262. 維因克：〈荷屬東印度公司和葡萄牙關於葡船通過馬六甲海峽的協定1641-1663〉，《文化雜誌》，1993年第13/14期，第15-32頁。

263. 濱下武志：〈近代中國の國際的契機—朝貢貿易システムと近代アジア〉,《中央研究院近代史研究所集刊》,1997 年第 28 期,第 275-289 頁。

264. 羅德里克‧帕達克,〈明朝年間澳門的檀香木貿易〉,《文化雜誌》,1987 年第 2 期,第 31-41 頁。

（2）專書

265. 布羅代爾（施康強、顧良譯）:《15 至 18 世紀的物質文明、經濟和資本主義（第三冊）》,北京:三聯,1996 年。

266. 弗蘭克（劉北成譯）:《白銀資本—重視經濟全球化中的東方》,北京:中央編譯,2001 年。

267. 托馬斯（袁南宇譯）:《英國得自對外貿易的財富》,北京:商務,1997 年。

268. 牟復禮、崔瑞德（張書生等譯）:《劍橋中國明代史（第一部）》,北京:中國社會科學,1992 年。

269. 何炳棣（葛劍雄譯）:《1368-1953 年中國人口研究》,上海:上海古籍,1989 年。

270. 利瑪竇（何高濟等譯）:《利瑪竇中國札記》,北京:中華,1997 年。

271. 李約瑟（胡菊人譯著）:《李約瑟與中國科學》,台北:時報文化,1979 年。

272. 孟西士（鮑家慶譯）:《1421 中國發現世界》,台北:遠流,2003 年。

273. 松浦章（卜鳳奎譯）:《清代台灣海運發展史》,台北:博揚文化,2002 年。

274. 珀金斯（宋海文等譯）:《中國農業的發展（1368-1968 年）》,上海:上海譯文,1984 年。

275. 郭輝、王世慶譯:《巴達維亞城日記》,台中:台灣省文獻委員會,1990 年。

276. 彭慕蘭（史建雲譯）:《大分流—歐洲、中國及現代世界經濟的發展》,南京:江蘇人民,2003 年。

277. 費正清（薛絢譯）:《費正清論中國—中國新史》,台北:正中,1994 年。

278. 黃仁宇（阿風等譯）:《十六世紀明代中國之財政與稅收》,台北:聯經,2001 年。

279. 黑格爾（王造時譯）:《歷史哲學》,北京:三聯,1956 年。

280. 詹姆斯、索普（顏可維譯）:《圖話世界古代發生全記錄》,台

北：世潮，2002 年。

281. 德•索托（王曉冬譯）:《資本的祕密—為甚麼資本主義在西方
　　　成功，在其他地方失敗？》，台北：經濟新潮社，2001 年。

282. 龍安志編著（劉世平譯）:《中國的世紀—全球景氣與和平的最
　　　後倚仗》，台北：商周，2002 年。

283. 藍迪斯（汪仲譯）:《新國富論—人類窮與富的命運》，台北：
　　　時報文化，1999 年。

284. 鹽澤君夫、近藤哲生（黃紹恆譯）:《經濟史入門—馬克思經濟
　　　學歷史理論概述》，台北：麥田，2001 年。

285. 堺屋太一等（黃恒正譯）:《德川家康の研究》，台北：遠流，
　　　1992 年。

四、中國古籍

286. 中央研究院歷史語言研究所編:《明實錄》，台北：中央研究院
　　　歷史語言研究所，1965 年。

287. 王俊華（明）:《江寧縣志》，北京：書目文獻，1998 年。

288. 王鏊（明）:《姑蘇志》:台北：台灣商務，1983 年。

289. 印光任、張汝霖（清）:《澳門紀略》，台北：成文，1968 年。

290. 計六奇:《明季北略》，台北：台灣商務，1979 年。

291. 桓寬（漢）:《鹽鐵論》，台北：三民，1995 年。

292. 高拱乾（清）:《臺灣府志》，台北：臺灣銀行，1960 年。

293. 張燮（明）:《東西洋考》，台北：台灣商務，1971 年。

294. 陳文達（清）:《臺灣縣志》，台北：臺灣銀行，1961 年。

295. 陳和志（清）:《震澤縣志》，台北：成文，1970 年。

296. 陳荀纕（清）:《吳江縣志》，台北：成文，1975 年。

297. 馮夢龍（明）:《醒世恆言》，台北：光復，1998 年。

298. 楊家駱主編:《明史》，台北：鼎文，1982 年。

299. 楊家駱主編:《漢書》，台北：鼎文，1982 年。

300. 錢爾復（清）:《沈氏農書》，台北：藝文，1967 年。

301. 顧炎武（清）:《天下郡國利病書》，台北：台灣商務，1971 年。

附錄 A：匯率[1]

葡萄牙

cruzado[2] = tale =1.25 peso = 400 reis =1.33 xerafines

xerafim = 0.75 cruzado = 300 reis = 2 guilders 7 stuivers

中國

tale = 0.0375kilogram = 1.25 peso = 1 cruzado= 3 guilders 2 stuivers（1636 前）= 3 guilders 2 stuivers（1637-40）

西班牙

peso = 8 reals = 0.8 tale = 0.8 cruzado = 1.07 xerafines = 2 guilders 10 stuivers

荷蘭

guilder = 20 stuivers = 0.33 rsd = 0.4 peso = 0.32 cruzado = 0.43 xerafim = 0.32 tale（1636 前）= 0.35 tale（1637-40）

rijksdaalder = 2 guilders 8 stuivers（至 1665）=1.2 peso = 0.96 cruzado = 1.29 xerafins

---

[1]　本論文所用的匯率，引用 G. B. Souza, *The Survival of Empire*, Cambridge: Cambridge University Press, 1986, pp. xv-xvii. 所列 17 世紀早期亞洲海上貿易的匯率。C. R. Boxer（*Portuguese Trade in Asia under the Habsburgs, 1580-1640*, p. xvii）指出 16 世紀末到 17 世紀中葉，各金銀幣間的匯率變動不大，由於本研究的焦點是主要放在 1570-1644 年間，所以使用 Souza 的匯率是適宜的。

[2]　葡萄牙在西班牙統治時期（1680-1640），發行了面額為 1、2、4 的金質克魯賽羅（gold cruzado），但到了 1643 年，葡王 Joao IV 停止鑄造金質的克魯賽羅，改以銀質，但仍維持 1 克魯賽羅等於 400 裏爾的面值（1 cruzado = 400 reis）。參見 J. Cribb, B. Cook, and I. Carradice, *The Coin Atlas*, New York: Macdonald, 1990, p. 60.

附錄 B：重量換算[3]

picol（擔）= 133.33 pound = 60.53 kilogram = 100 catty

quintal（葡；擔）= 130 pound

quintale（西；擔）= 100 pound

Dutch pound = 1.09 pound = 0.494 kilogram

---

[3]　G. B. Souza, *The Survival of Empire*, Cambridge: Cambridge University Press, 1986, pp. xvi-xvii.

附錄 C：地名中英對照

Acapulco 阿卡普爾科
Aden 亞丁
Ambonia 安汶
Bahama 巴哈馬
Bantam 萬丹
Batavia 巴達維亞
Bengal 孟加拉
Bijapur 比賈布林
Borneo/Burney 婆羅洲
Burma 緬甸
Calicut 卡利刻特
Callao 卡洛
Cambay 坎貝灣
Cambodia 柬埔寨
Cape of Good Hope 好望角
Cebu 宿務
Ceuta 休達
Ceylon 錫蘭
Cochinchina 交趾
Coromandel 科羅曼得爾
Deshima 出島
Diu 第烏
Dominica 多明尼加
Gibraltar 直布羅陀
Goa 果阿
Golconda 戈爾康達
Guinea 幾內亞
Gujarat 古吉拉特
Hayti 海地
Hirado 平戶
Hormuz 荷莫茲島
Iberia 伊比利
Jambi 占卑
Jaratan 紮拉丹
Kanara 卡納拉

Levant 黎凡特
Lima 利馬
Lisbon 里斯本
Luzon 呂宋島
Madeira 馬德拉群島
Makassar 望加錫
Malabar 馬拉巴爾海岸
Mindanao 民答那峨
Moluccas 摩鹿加群島、香料群島
Moro 摩洛
Mozambique 莫三比克
Orissa 奧裏薩邦
Palos 巴羅斯
Patani 北大年
Pegu 白古
Persian Gulf 波斯灣
Potosi 波多西
Ryukyu 琉球
Sahara 撒哈拉
Sakai 界市
Sam Lucar 聖路加
Samar 莎馬
Segovia 塞戈維亞
Seville 塞維爾
Siam 暹邏
Sulu 蘇祿
Sumatra 蘇門答臘
Surat 蘇拉特
Ternate 特內島
Tidore 帝兜島
Timor 帝汶島
Tonkin 東京
Tordesillas 托德西利亞斯
Verde 維德角

附錄 D-1：葡萄牙世界的商品貿易線

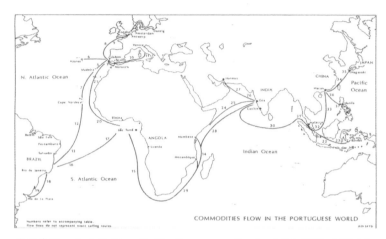

資料來源：A. J. R. Russell, *The Portuguese Empire 1415-1808: A World on the Move*, Baltimore: Johns Hopkins University Press, 1998, p. xxxi.

說明：表中數字所代表的貿易線，請對照表 2-1。

附錄 D-2：印度尼西亞群島、菲律賓

及周遭地區

資料來源：C. R. Boxer, *The Dutch Seaborne Empire 1600-1800*, Harmondswoth: Penguin, 1990, p. 104.

說明：圖中之英文地名，請對照附錄 C。

附錄 D-3：中國東南沿海、澳門和臺灣

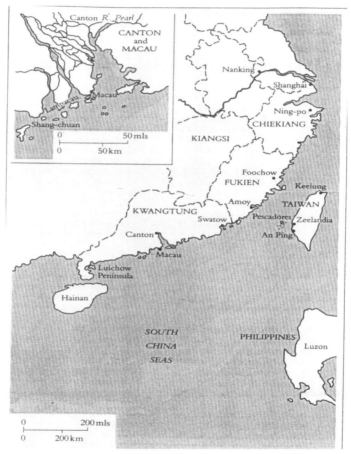

資料來源：S. Subrahmanyam, *The Portuguese Empire in Asia, 1500-1700: A Political and Economic History*, New York: Longman, 1993, p. 314.

說明：Amoy 安海、An Ping 安平、Canton 廣州、CHIEKIANG 浙江、Foochow 福州、FUKIEN 福建、Keelung 基隆、KWANGTUNG 廣東、Macau 澳門、Nanking 南京、Ning-po 寧波、Pescadores 澎湖、Philippines 菲律賓、TAIWAN 臺灣、Zeelandia 熱蘭遮城。

附錄 D-4：明代手工業和經濟都會分布圖

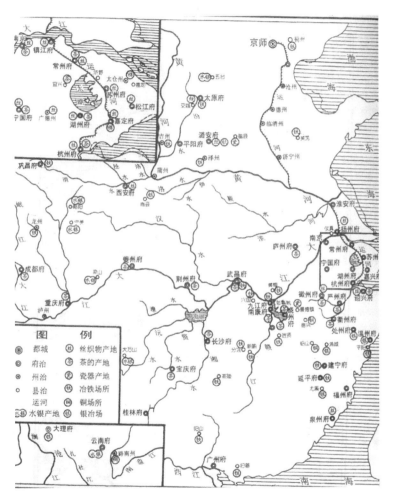

資料來源：鄒逸麟：《中國歷史人文地理》，北京：科學，2001 年，第 344 頁。

附錄 E-1：荷蘭盾

（1596 rijksdaalder）

資料來源：The Irving Goodman Collection 網站
（http://www.goldbergcoins.net/catalogarchive/20020604/、查
詢日期：2003/10/10）。

附錄 E-2：西班牙披索

(1600's piece of eight)

資料來源：eBay 網站
（http://cgi.ebay.com/ws/eBayISAPI.dll?ViewItem&item=3051
697898&category=528、查詢日期：2003/10/10）。

附錄 E-3：葡萄牙克魯賽羅

（c. 1650）

資料來源：eBay 網站
（http://cgi.ebay.com/ws/eBayISAPI.dll?ViewItem&item=3052
069900&category=45157、查詢日期：2003/10/10）。

附錄 F：明代帝系

廟號	年號	期間（西元年）
太祖	洪武	1368-1398
惠帝，惠宗	建文	1399-1402
太宗，成祖	永樂	1403-1424
仁宗	洪熙	1425
宣宗	宣德	1426-1435
英宗	正統	1436-1449
代宗，景帝	景泰	1450-1456
英宗	天順	1456-1464
憲宗	成化	1465-1487
孝宗	弘治	1488-1505
武宗	正德	1506-1521
世宗	嘉靖	1522-1566
穆宗	隆慶	1567-1572
神宗	萬曆	1573-1620
光宗	泰昌	1620
熹宗	天啓	1621-1627
懿宗，思宗，懷宗，莊烈帝	崇禎	1628-1644

國家圖書館出版品預行編目

晚明海外貿易數量研究：兼論江南絲綢產業與
白銀流入的影響／李隆生著. -- 一版.
臺北市：秀威資訊科技, 2005[民 94]
面； 公分. -- 參考書目：面
ISBN 978-986-7263-59-9（平裝）
1. 貿易－中國－明（1368-1644）
2. 金融－中國－明（1368-1644）

558.09206   94014315

社會科學類　AF0027

晚明海外貿易數量研究
——兼論江南絲綢產業與白銀流入的影響

作　　者／李隆生
發 行 人／宋政坤
執行編輯／李坤城
圖文排版／張慧雯
封面設計／羅季芬
數位轉譯／徐真玉　沈裕閔
銷售發行／林怡君
網路服務／徐國晉
出版印製／秀威資訊科技股份有限公司
　　　　　台北市內湖區瑞光路 583 巷 25 號 1 樓
　　　　　電話：02-2657-9211　　　傳真：02-2657-9106
　　　　　E-mail：service@showwe.com.tw
經 銷 商／紅螞蟻圖書有限公司
　　　　　台北市內湖區舊宗路二段 121 巷 28、32 號 4 樓
　　　　　電話：02-2795-3656　　　傳真：02-2795-4100
　　　　　http://www.e-redant.com

2006 年 7 月 BOD 再刷
定價：350 元

讀 者 回 函 卡

感謝您購買本書，為提升服務品質，煩請填寫以下問卷，收到您的寶貴意見後，我們會仔細收藏記錄並回贈紀念品，謝謝！

1.您購買的書名：_____

2.您從何得知本書的消息？

　□網路書店　□部落格　□資料庫搜尋　□書訊　□電子報　□書店

　□平面媒體　□ 朋友推薦　□網站推薦 □其他_____

3.您對本書的評價：(請填代號　1.非常滿意 2.滿意 3.尚可 4.再改進)

　封面設計____　版面編排____　內容____　文/譯筆____　價格____

4.讀完書後您覺得：

　□很有收獲　□有收獲　□收獲不多　□沒收獲

5.您會推薦本書給朋友嗎？

　□會　□不會，為什麼？_____

6.其他寶貴的意見：_____

_____

_____

_____

讀者基本資料

姓名：_____　年齡：_____　性別：□女 □男

聯絡電話：_____　E-mail：_____

地址：_____

學歷：□高中(含)以下　□高中　□專科學校　□大學

　　　□研究所(含)以上 □其他_____

職業：□製造業 □金融業 □資訊業 □軍警 □傳播業 □自由業

　　　□服務業 □公務員 □教職　□學生 □其他_____

To：114

台北市內湖區瑞光路 583 巷 25 號 1 樓

秀威資訊科技股份有限公司　　　　收

寄件人姓名：

寄件人地址：□□□

(請沿線對摺寄回,謝謝!)

秀威與 BOD

BOD（Books On Demand）是數位出版的大趨勢,秀威資訊率先運用 POD 數位印刷設備來生產書籍,並提供作者全程數位出版服務,致使書籍產銷零庫存,知識傳承不絕版,目前已開闢以下書系:

一、BOD 學術著作—專業論述的閱讀延伸
二、BOD 個人著作—分享生命的心路歷程
三、BOD 旅遊著作—個人深度旅遊文學創作
四、BOD 大陸學者—大陸專業學者學術出版
五、POD 獨家經銷—數位產製的代發行書籍

BOD 秀威網路書店：www.showwe.com.tw
政府出版品網路書店：www.govbooks.com.tw

永不絕版的故事‧自己寫‧永不休止的音符‧自己唱